Early Childhood Matters

Evidence from the Effective Pre-school and Primary Education Project

主 编

凯西·西尔瓦（Kathy Sylva）

爱德华·梅尔休伊什（Edward Melhuish）

帕姆·萨蒙兹（Pam Sammons）

艾拉姆·西拉杰-布拉奇福德（Iram Siraj-Blatchford）

布伦达·塔加特（Brenda Taggart）

学前教育的价值

——关于学前教育有效性的追踪研究

余珍有　易　进◎译

教育科学出版社
·北　京·

序

冯晓霞

近几十年，世界许多国家的学前教育政策发生了较大的变化，越来越多的国家开始把发展学前教育视为政府责任，纷纷通过立法来保证儿童接受早期教育的权利，通过制定政策来保证学前教育的数量和质量，通过提供公共资金支持学前教育。学前教育逐渐从慈善事业、福利事业转变为公共服务事业。

这种变化在很大程度上取决于实证性研究成果所揭示的学前教育的价值。有人总结认为，有两类研究对政策变化影响很大。一是有关脑科学和儿童发展的研究。这类研究让人们充分认识到，学前期是儿童发展最为迅猛，同时也是最易受到伤害的时期，早期保育和教育环境对儿童一生的成长影响巨大，良好的学前教育具有奠定儿童终身发展的基础和国家未来人力资源之根基的意义。二是教育经济学有关早期教育效能的研究，这类研究结果肯定了早期教育的投入具有极高的社会效益，不仅可以促进后继教育的成绩，而且可以降低解决社会问题的代价，特别是在减少贫困、犯罪、各种社会矛盾和冲突方面能够起到社会问题早期预防的效果，因而具有促进社会和谐和国家安定的巨大社会价值。因此，许多国家都把发展学前教育放在重要的、甚至优先发展的位置。

呈现在读者面前的就是这样一本用实证研究资料证明学前教育价值的学术著作。本书译者在译者序中称它是“循证教育”研究的一个典范。为了理解这个评价，我认真地阅读了这本书，并且对“循证教育”这个新概念进行了一番学习。

无论是在百度还是谷歌，当输入中文“循证教育”一词时，首先或者说更多出现的是循证医学方面的条目。在目前可以搜索到的唯一一篇有关循证教育的中文论文中，作者也谈到，循证教育是受循证医学的启发而提出的，而循证医学最基础的意义就是"遵循证据进行治疗的医学"①，"任何医疗卫生方案、决策的确定都应遵循客观的临床科学研究产生的最佳证据"是其核心思想②。依此类推，循证教育，自然强调的也是教育决策必须要基于科学研究所获得的证据。

教育政策的制定是一种更为宏观、影响更大的决策，因而更需要真实可信的研究成果为依据。而提供这种依据是大学、研究机构和每一位教育科研工作者不可推卸的责任。英国的学前教育研究者为了敦促政府改革本国的学前教育状况，完善国家的学前教育政策，花费十几年的时间，通过系统而严谨的研究获得了证实学前教育价值的有力证据，揭示了优质学前教育的特征，不仅对国家政策产生了重要影响，也积极推动了学前教育实践的改革和质量的提高。

这些年，我国的学前教育工作者也一直关注学前教育发展的现实状况和问题，也在努力为政府解决学前教育存在的问题提供决策依据。但在阅读这本报告的时候，我常常不由自主地将我们的工作与之相比较，深感有许多需要学习和借鉴的地方。

例如为了唤起社会和政府对学前教育的关注，我们也会从不同的角度论证学前教育的价值、意义，但作为论据的往往是国际公认的研究成果和他国的相应政策。这固然是一种论证方式，但缺乏自己国家的实证研究资料不能不说是一件遗憾的事，毕竟他国的成果多少会让人有一种距离感并产生"在我国国情下当如何"的疑问。

再如，我们也曾有过类似《六省市学前教育机构质量评价》《幼儿园与小学衔接的研究》等规模较大、系统性较强、较为严谨的实证研究，但客观地讲，知晓者更多是学术界——"圈内人"，对教育政策和公众的影响似乎不大。

而有效学前教育（Effective Provision of Pre-school Education，EPPE）项

---

① 杨文登，叶浩生. 缩短教育理论与实践的距离：基于循证教育学的视野［EB/OL］.［2011－09－28］. http：//yangwendeng. blog. 163. com/blog/static/1356206201011168132295l.

② 循证医学［EB/OL］.［2011－09－28］. http：//baike. baidu. com/view/181884. htm（百度百科词条）.

目研究对英国学前教育政策的影响是十分显著的。研究者总结经验后指出，要使一项学术研究能够影响政策和实践，需要满足四个基本条件：一是“时机”，即“在需要的时候提供了研究成果”；二是“研究方法的严谨性和研究证据的可靠性”；三是易于被决策者或相关人员理解和运用的“清楚的信息”；四是“对正在变化的政策需求敏感”。

书的译者在译者序中对EPPE项目是如何满足这四个基本条件的进行了详细的分析，我想一定会引起不少近几年参与我国学前教育政策研究的学者的共鸣。

如果说在《国家中长期教育改革和发展规划纲要（2010—2020年）》和《国务院关于当前发展学前教育的若干意见》颁发之前，研究者将主要的关注点放在论证和宣传学前教育的价值、意义、性质以及国际学前教育发展趋势和各国政策等方面，是在“正确的时间做正确的事”的话，那么，现在，当国家发展学前教育的大政方针已经确定之后，学前教育研究者更加需要对“正在变化的政策需求”有高度的“敏感性”，发现亟待研究的课题，把握时机，在“正确的时间做正确的事”，为如何具体落实《国家中长期教育改革和发展规划纲要（2010—2020年）》以及《国务院关于当前发展学前教育的若干意见》提供可靠的实证研究依据。

译者序

余珍有

“学前教育非常重要”“学前教育在一个人一生的发展中起到了奠基作用”等观点在我国已经深入人心了，不仅在大量学前教育理论研究论文中得到引用，而且已经成为我国有关学前教育政策制定和教育实践的理论依据。例如2010年《国务院关于当前发展学前教育的若干意见》直接提出：“学前教育是终身学习的开端，是国民教育体系的重要组成部分，是重要的社会公益事业。”但是，在中国社会和文化背景下，学前教育对儿童的发展具有哪些短期和长期影响？哪些类型的学前教育机构更有利于儿童的认知和社会性发展？什么是高质量、有效的学前教育？目前还很少有研究能够回答这些问题。如果这些问题没有明确的答案，那么，我国有关政策制定的理论依据和一些具体要求就有可能遭到质疑。例如《国务院关于当前发展学前教育的若干意见》出台后，有人就提出疑问：为什么要“大力发展公办幼儿园”？什么是“科学的保教”？为了能够给相关教育政策制定提供科学依据，并使这些政策得到很好的实施，我国迫切需要相关的“循证教育”（evidence-based education）研究。

“循证教育”或“实证教育”的概念起源于20世纪90年代。[①] 到目前为止，“循证教育”尚没有一个得到普遍认可的定义。科（Coe）认为，循证教育是“根据有效的证据进行调整的教育政策或教育实践”[②]。按照怀特

---

① 杨文登，叶浩生. 2011. 缩短教育理论与实践的距离：基于循证教育学的视野［J］. 教育研究与实验. 3：11－17.

② Coe，R. A manifesto for evidence-based education［EB/OL］.［2011－09－08］. http：//www. cemcentre. org/evidence-based-education/manifesto-for-evidence-based-education.

赫斯特（Whitehhurst）的观点，循证教育是“在教育过程中将专业智慧与最佳、最有效的经验证据整合起来进行决策”①。而荷兰三所大学所建立的循证教育研究所则认为，循证教育是“将研究证据运用到教育政策制定与教育实践的一种范式”，“循证”决策必须以理论观点为依据，循证教育研究应包括四个方面的内容：推动有效实践的研究和发展，倡导对科学研究的整理和评估，传播科学研究成果，发展和支持“循证文化”。② 循证教育研究已经在一些国家的政府文件中出现。例如2001年美国颁布的《不让一个孩子掉队法》反复提到“基于科学的研究”，要求教育实践工作者遵循“基于科学的研究”进行实践。其中，“基于科学的研究”指的是“应用严谨、系统、客观的方法获取可靠知识的研究”。

本书为循证教育研究提供了一个很好的范式。本书作者明确指出，他们开展的有效学前教育项目（EPPE）并不是一个“纯科学”的研究，初衷是为英国有关学前保育和教育政策的制定以前教育实践的开展提供有说服力的依据。③

有效学前教育项目是欧洲规模最大、旨在考察学前保育和教育如何影响儿童发展成果的研究，不仅对英国学前保育和教育政策制定产生了巨大的推动作用，而且对影响儿童社会性发展和认知学习的日常教育实践也产生了深远的影响。这本书是有效学前教育项目的几个相关研究成果的集成。

1997—2003年，有效学前教育项目启动，在此期间，该项目还开展了北爱尔兰有效学前教育、幼小衔接与特殊教育需要和幼儿园有效教学等三个相关研究。2003—2008年，该项目又继续开展了有效学前和小学教育研究。

这些研究主要关注学前教育对儿童发展的影响，具体目标包括以下几个方面：

（1）比较家庭和学前机构教育对儿童发展的影响；

（2）在控制家庭学习环境、小学教育等变量的前提下单独分析学前机

---

① Whitehurst, G. J. Evidence-based Education [EB/OL]. [2011-09-06]. Student Achievement and School Accountability Conference. 2002. http://www.ed.gov/nclb/methods/whatworks/ed/edlite-slide001.html.

② 参见 http://winginstitute.org/Evidence-Based-Education/what-is-evidence-based-education.

③ Sylva, K., Melhuish, E., Sammons, P., Siraj-Blatchford, I., Taggart, B. 2010. Early Childhood Matters: Evidence from the Effective Pre-school and Primary Education Project [M]. Abingdon: Routledge. p. 229.

构教育对儿童产生的影响；

(3) 比较不同类型的学前教育机构对儿童早期认知、情感和社会性发展产生的不同影响；

(4) 揭示高质量学前教育机构在组织结构和保教过程等方面的突出特征；

(5) 分析学前机构教育对儿童发展的短期和长期的影响；

(6) 分析学前机构教育如何与小学教育交互作用，影响儿童的发展成果。①

其中，有效学前教育研究重点回答了第一、第三个问题，也部分回答了第二、第五个问题。有效学前和小学教育研究则继续跟踪了有效学前教育研究的样本，主要关注学前机构教育是否可以产生持续的影响，有效小学教育有哪些突出特征，弱势或者抗逆性差的儿童有哪些特征，校外学习环境（如家庭、社区、互联网等）对儿童发展有什么影响②，回答了第六个问题，并部分回答了第五个问题。幼小衔接与特殊教育需要研究关注了特殊教育需要"高危"儿童的发展及其影响因素。2001 年，该项目组受英国教育与技术部以及儿童、学校与家庭部的共同委托，探讨了如何在学前阶段根据儿童的认知或社会行为发展水平鉴别有特殊教育需要的儿童，还具体分析了学前机构教育对弱势或"高危"儿童在入小学时和小学一年级结束时学业的作用，学前教育机构的质量特征与不同"高危"儿童后期的发展进步之间的关系，也分析了儿童的特殊需要与他们自身、父母和家庭特征之间的关联程度。③

幼儿园有效教学研究对有效学前教育研究样本中有效或高质量的 14 所幼儿园进行了个案研究，通过搜集大量翔实的质性数据和定量数据，"分析

① Sylva, K., Melhuish, E., Sammons, P., Siraj-Blatchford, I., Taggart, B. 2010. Early Childhood Matters: Evidence from the Effective Pre-school and Primary Education Project [M]. Abingdon: Routledge. p. 28.

② Sylva, K., Melhuish, E., Sammon, P., Siraj-Blatchford, I., Taggart, B. 2005. Effects of Pre-school and Primary Education 3—11 Project: A longitudinal study funded by the DfES [C]. The British Educational Research Association Annual Conference. University of Glamorgan, 14th—17th September, 2005.

③ Sylva, K., Melhuish, E., Sammons, P., Siraj-Blatchford, I., Taggart, B. 2010. Early Childhood Matters: Evidence from the Effective Pre-school and Primary Education Project [M]. Abingdon: Routledge. pp. 168 - 169.

了有效教育实践的特征及其背后的教学论依据”①，重点回答了上述的第四个问题。

上述研究主要是以英格兰3 000多名儿童为样本开展的。1998年有效学前教育项目组接受北爱尔兰教育部的资助，开展了北爱尔兰有效学前教育研究，研究内容与英格兰有效学前教育研究相似，但研究样本为来自北爱尔兰80所幼儿园的685名儿童和152名没有幼儿园经历的儿童。②

该项目研究成果显示，学前机构教育对儿童的认知和社会性发展具有重大的积极影响，既包括短期（入小学前、小学一年级结束时）的影响，也包括中期（小学毕业时）的影响。该项目研究结果充分显示：所上幼儿园的质量高、在园时间长，对儿童的未来学业进步和学习成果的积极作用更大；高质量或有效的学前机构教育与包含“保持共同思考”的师幼互动、高素质教师（包括学历和专业训练）、家园教育目标一致等因素有关。③研究结果还表明，个人及其家庭背景特征对儿童的认知和社会性发展也具有一定的影响，其中，早期家庭学习环境的质量对儿童认知发展具有重要促进作用，高质量的早期家庭学习环境可以保证儿童未来的成功④，特殊教育需要“高危”或弱势儿童在学前机构教育中获益最大。

本书除了展示有效学前教育项目研究成果之外，还专门用一章的篇幅，分析了这个项目研究成果是如何为循证政策的制定提供依据的，并结合这个项目的研究成果用通俗的语言回答了政策制定者关心的“谁是学前教育的受益者”“儿童多大开始学前机构教育”“儿童该在幼儿园待多长时间”“学前教育能否帮助特殊教育需要‘高危’儿童减少不良环境带来的消极影响”“哪些类型的幼儿园能使儿童获得最好的发展成果”“需要什么样的保

① Sylva, K., Melhuish, E., Sammons, P., Siraj-Blatchford, I., Taggart, B. 2010. Early Childhood Matters: Evidence from the Effective Pre-school and Primary Education Project [M]. Abingdon: Routledge. p. 194.

②③ Siraj-Blatchford, I., Sylva, K., Muttock, S., Gilden, R. and Bell, D. 2002. Researching Effective Pedagogy in the Early Years (REPEY): DfES Research Report 356. London: DfES, HMSO.

④ Sylva, K., Melhuish, E., Sammons, P., Siraj-Blatchford, I., Taggart, B. 2010. Early Childhood Matters: Evidence from the Effective Pre-school and Primary Education Project [M]. Abingdon: Routledge. pp. 209-210.

教人员”等六个问题。[①]

这个项目为有关英国学前教育的政策制定，提出了普及学前教育将使所有儿童获益、提高学前教育质量将有利于所有儿童提高发展水平、保育和教育结合应当成为对儿童及其家庭服务的核心、支持所有家庭的家庭学习环境创设、幼儿园施行“平衡的”教育、普及“早期干预”等六个方面的具体建议。[②]

本书作者认为，要使研究能够在教育政策制定和教育实践中发挥作用，必须同时满足“恰当的时机”“正确的方法和可靠的研究发现”“清楚的信息传达”和“对正在变化的政策需求非常敏感”等四个基本条件。[③] 有效学前教育项目的研究就是按照这种思路进行的。

首先，这个项目的研究是在“正确的时间、沿着正确的方向”开展的。20 世纪 90 年代英国学前教育正在从“不均衡”向规范化方向发展。[④] 当时的英国首相托尼·布莱尔在蓝皮书《迎接学前教育的挑战：国家学前教育战略》中提到儿童教育时说，“高质量的学前教育……对他们个人幸福和安全成长非常关键，可以使他们在交往时充满自信并从中获益”，还说“学前教育已经太长时间没人关心了”。[⑤] 但当时，英国的相关研究相当缺乏，该项目研究就是在这样的背景下产生，并不断扩大研究范围、调整研究内容的。正是因为该项目研究的目的与政府的政治新举措方向一致，才导致该项目的研究成果在英国后来一系列有关学前保育和教育政策的制定以及教育实践过程中得到运用。例如受有效学前教育研究发现的启示，1999 年英国开

---

① Sylva, K., Melhuish, E., Sammons, P., Siraj-Blatchford, I., Taggart, B. 2010. Early Childhood Matters: Evidence from the Effective Pre-school and Primary Education Project [M]. Abingdon: Routledge. pp. 211－215.

② Sylva, K., Melhuish, E., Sammons, P., Siraj-Blatchford, I., Taggart, B. 2010. Early Childhood Matters: Evidence from the Effective Pre-school and Primary Education Project [M]. Abingdon: Routledge. pp. 230－231.

③ Sylva, K., Melhuish, E., Sammons, P., Siraj-Blatchford, I., Taggart, B. 2010. Early Childhood Matters: Evidence from the Effective Pre-school and Primary Education Project [M]. Abingdon: Routledge. pp. 206－207.

④ Sylva, K., Melhuish, E., Sammons, P., Siraj-Blatchford, I., Taggart, B. 2010. Early Childhood Matters: Evidence from the Effective Pre-school and Primary Education Project [M]. Abingdon: Routledge. p. 14.

⑤ Sylva, K., Melhuish, E., Sammons, P., Siraj-Blatchford, I., Taggart, B. 2010. Early Childhood Matters: Evidence from the Effective Pre-school and Primary Education Project [M]. Abingdon: Routledge. p. 220.

始实施确保开端计划，将目标群体确定为居住在最贫困的（20%）地区的儿童及其家庭，旨在弥补贫富群体之间的差异。[①] 英格兰《早期奠基方案》推动的一种教学法是，通过成人或儿童发起的“保持共同思考”的游戏过程，对课程进行协商和共同建构。[②] 英国财政部2004年在《为父母选择，儿童的最佳起点：学前教育十年战略》文件中清楚说明：“有关英国学前教育对儿童发展价值的分析的主要资料来源是有效学前教育项目。”[③]

其次，这个项目综合运用了多种研究方法，使其研究结果更加令人信服。为了回答学前教育环境“产生什么影响”和“对哪类儿童产生什么影响”等问题，该项目先用量化统计的方法，分析儿童个人及其家庭、居家学习和学前教育机构等不同因素对儿童在不同时间点的认知和社会行为发展产生的影响，并采用多层统计模型探讨不同类型的学前教育机构对儿童发展影响的差异性。然后，该项目采用一系列的质性研究对量化研究结果进行扩展和印证，也为研究学前教育实践问题提供实践案例和范本。[④] 此外，这个项目不仅研究了英格兰的儿童，也研究了北爱尔兰的儿童；不仅研究了学前教育对正常儿童可能产生的影响，也研究了学前教育对弱势或“高危”儿童可能产生的影响。他们认为，这种综合性的研究设计可以促进不同研究领域的融合，也可以通过丰富多样的证据解答政策制定者和实践工作者各自关心的问题。[⑤]

再次，这个项目利用多种场合、采用多种方式使相关政策制定者和实践

---

① Sylva, K., Melhuish, E., Sammons, P., Siraj-Blatchford, I., Taggart, B. 2010. Early Childhood Matters: Evidence from the Effective Pre-school and Primary Education Project [M]. Abingdon: Routledge. p. 2.

② Sylva, K., Melhuish, E., Sammons, P., Siraj-Blatchford, I., Taggart, B. 2010. Early Childhood Matters: Evidence from the Effective Pre-school and Primary Education Project [M]. Abingdon: Routledge. p. 162.

③ Sylva, K., Melhuish, E., Sammons, P., Siraj-Blatchford, I., Taggart, B. 2010. Early Childhood Matters: Evidence from the Effective Pre-school and Primary Education Project [M]. Abingdon: Routledge. pp. 210 – 211.

④ Sylva, K., Melhuish, E., Sammons, P., Siraj-Blatchford, I., Taggart, B. 2010. Early Childhood Matters: Evidence from the Effective Pre-school and Primary Education Project [M]. Abingdon: Routledge. pp. 25 – 26.

⑤ Sylva, K., Melhuish, E., Sammons, P., Siraj-Blatchford, I., Taggart, B. 2010. Early Childhood Matters: Evidence from the Effective Pre-school and Primary Education Project [M]. Abingdon: Routledge. p. 25.

工作者能够比较容易地获得、理解并运用其研究成果。正如本书所提到的，该项目研究者能够及时向公众宣传他们的研究成果及其对教育政策制定、教育实践的启示。他们非常频繁地在各种国际、国内研讨会上作专题报告，如参加国际学前教育研究会年会、美国教育研究会年会等国际学术研讨会，每年在英国教育研究会的年会上都组织一个有效学前教育研究的专场汇报会。从 1998 年开始到本书出版之前，他们先后合作发表了 75 篇技术论文、研究报告和学术论文①，出版了五部学术专著。他们还及时向政府不同部门的政策制定者提供不同读者对象对研究成果的反馈意见。同时，他们还给英国政府不同部门（如内阁办公室、财政部等）提交多份经过精心准备的报告及易懂的研究总结。

最后，他们还对及时变化的政策需求非常敏感。该项目最初只是一个为期六年的研究，但随着政府政策要求和社会形势的变化，该项目不断延长研究的年限、增加研究的内容。例如 1998 年该项目开展了北爱尔兰有效学前教育项目，在有效学前和小学教育研究结束前一年即 2007 年，又启动了有效学前、小学和中等教育研究，对前期研究的样本进行继续追踪，直到他们中学毕业，从而得以发现学前教育对儿童发展可能产生的更长远的影响。

到目前为止，世界上影响较大的有关学前教育有效性的大型研究除了英国的有效学前教育项目之外，还有美国高瞻课程研究所从 1962 年开始的佩里学前教育研究、初学者全日制保育方案以及美国联邦儿童健康与人类发展研究会主持实施的儿童早期保育和教育研究等，但在我国几乎没有如此大规模的、系统研究学前教育效果的研究项目。当前我国政府空前重视学前教育，有关学前教育的一系列中央和地方政策已经或即将出台，因此，借鉴国外有关循证教育研究的方法，开展较大规模的学前儿童发展与教育的基线调查，并在此基础上开展更加缜密的纵向研究，为适合我国学前儿童发展的教育政策的制定提供依据，是我国学前教育研究面临的一个重要课题。

本书的内容简介、前言、第一、四、五、九、十、十一、十二章和部分

① 参见 http：//eppe. ioe. ac. uk/eppe/eppepdfs/List of EPPE_ EPPE related publications 2007_ 03_ 07. pdf.

附录由余珍有翻译，第二、三、六、七、八章和部分附录由易进翻译，参与翻译工作的有李舒雅（第四、五、十、十一章）、刘烜（第二、八章）、朱丽玲（第三章和部分附录）、胡爱萍（第六章和部分附录）、严优（第七章）。全书由余珍有统稿。

目　　录

图　次

表　次

前　　言

在任何公共政策领域，没有任何一个研究项目——即使有也很少——能如此强有力地影响政策和实践，就像有效学前教育项目对英国早期教育政策和实践的影响一样。20 年前第一个有关早期教育的政府报告《朗博尔德报告》（*The Rumbold Report*，DES，1990）发表的时候，整个英国早期教育服务极不均衡和协调，在为年幼儿童提供服务的机构方面属于整个欧洲提供服务数量最少的国家之一。英国没有任何一项研究揭示早期教育的有效性，也没有扩大早期教育服务的政治意愿。

工党政府在 1997 年上台以来的第一个执政年度，提出了一个非常重要的扩大早期教育服务的计划，该计划一直持续至今。他们同时也注意到，即将启动的一项研究可能会产生重要作用，这就是有效学前教育项目。该项目最初设计为期六年，研究随机选取的学前教育机构对3 000名学前儿童发展影响的有效性。后来，该研究一直追踪到这些儿童小学毕业。现在正在进行的是有效学前、小学、中等教育项目（Effective Pre-school，Primary and Secondary Education，EPPSE），即继续追踪到这些儿童中学毕业（获得普通中等教育证书，General Certificate of Secondary Education，GCSE）之后（2013 年）。

尽管本书有一章分析幼儿园对儿童 11 岁时产生的中期影响效果，但本书重点仍在儿童发展的学前阶段。它以一个开放的态度，汇集了 1999—2008 年发表的 37 篇研究论文和学术报告。

EPPE 项目是第一个揭示不同学前教育机构对儿童发展产生持续影响的大规模、多层次的纵向研究，也是英国第一个获得如下发现的研究：①学前教育可以为儿童接受学校教育提供一个更好的开端；②（学前教育的）效果可以持续产生影响；③接受学前教育有利于减轻社会不良环境可能产生的影响。作为一项学术研究，该项目综合使用了多种研究方法，既有量的分析也有质的分析，既使用了量表评定、问卷调查，也进行了访谈和现场观察。

这项研究之所以产生广泛的影响，不仅在于发表了一系列相关研究成果，同时也是因为时机的适宜。EPPE 项目从政府获得资助，一直坚守致力于推动社会公平和提高生活质量的承诺，推动政府以科研证据为基础制定政策。该项目的研究发现为政府积极推进 10 年儿童保育和教育提供了证据。

一般情况下，一项学术研究能既影响政策又影响实践的情形并不多见（当然也有其他研究确实做到了，不过那是另外一回事），但是，EPPE 项目已经做到了这一点。研究发现，政府对学前教育给予普遍的资助可以使所有的儿童受益，受此影响，政府增加了为所有 3—4 岁幼儿提供保育和教育服务的机构的数量。研究证据显示，提供适宜的课程、聘请经过良好培训的教职工（包括相当比例的有教师资格证的教师）的高质量的幼教机构，比雇用缺乏良好培训的教职工、质量较差的幼教机构，（对儿童发展）能够产生更好、更长远的影响。尽管政府对此的反应是新建一支早教师专业队伍而不是增加幼儿教师的数量，但是政府的课程改革以及人力资源发展战略却已经受到这一研究结果的影响。研究发现，能够很好整合保育和教育的学前教育机构最为高效，应当成为发展的重点。因此，政府决定依据确保开端地方项目（Sure Start local programmes）和早期培优中心（early excellence centres）的标准新建 3 000 个儿童中心。EPPE 项目研究结果还表明，处境最不利儿童在高质量的学前教育机构中获益最大，在普及服务（universal services）①的背景下早期干预可以避免许多儿童到小学后接受费用更高的专业教师的特殊指导。受此影响，政府已经开始采取措施，关注如何缩小正常发展儿童和发展落后儿童之间的差距，特别是制定了试验性的方案，为贫困地区的 2 岁幼儿提供照看服务。

EPPE 项目研究在其他两个重要领域也产生了显著的影响。有充分证据

① “普及服务”用于与公众生活密切相关的公益性、垄断性行业或领域，其基本要求包括针对所有的服务对象、免费或服务价格可接受性和保证服务质量等。普及服务是现代文明社会的基本特征。——译者注

表明，家庭学习环境（home learning environment，HLE）可以对儿童的全面发展产生影响。这一研究结果导致政府采取重要的措施，为作为儿童首任教师的家长提供额外的支持。更加深入的个案研究结果表明，高质量机构中的有效教育能够平衡成人发起的活动和儿童主导的活动——儿童的认知发展和社会性发展能够相互补充，通过“保持共同思考”（sustained shared thinking）[①] 儿童可以学得最好。这些研究成果对英国第一个基础阶段国家指南的制定产生了非常重要的影响，对最近发布的《早期奠基方案》（*Early Years Foundation Stage*，DCSF，2008）影响最大。

正如这本书所言，这项研究结果对政策的影响得到加强，并不仅仅是因为时机合适（即在需要的时候提供了研究结果），而且还因为研究方法的严谨性、研究证据的可靠性和作者将明确的研究结论公布于众这一强烈的使命感。很少有一个研究团队能够如此重视及时向政府的政策制定者提供人们对他们研究发现的反馈意见，给特别委员会（the Select Committee）、内阁办公室（the Cabinet Office）和财政部（the Treasure）提交众多经过精心准备的专门报告，提供通俗易懂的研究总结，频繁地在各种国际国内研讨会上作专题报告。

这本书将来自这项研究的主要证据统整在一起，是上述所有努力的结晶。这本书表明一种方法——自上而下和自下而上的方法同时使用，同等重视对早期教育实践和政策制定者产生影响——的有效性。在将来的若干年，本书将成为所有与幼儿及其家庭有关的政策制定者、研究者和实践工作者特别宝贵的资源。

---

① 按照西拉杰－布拉奇福德等（Siraj-Blatchford，etc.，2003）的观点，“保持共同思考”指的是一种有效的教育交往，在这种交往过程中，两个或两个以上的人通过积极思考，共同解决问题、澄清概念、评价活动以及续编故事等。——译者注

致　谢

本书作者要感谢1996年EPPE项目开始以来所有支持此项目研究的儿童、家庭以及幼儿园和小学的教职员工，还有地方政府和各早期教育专家。另外，如果没有参与现场调查和后期分析的专家团队，没有参与项目基础工作的支持团队——特别是我们的追踪研究员卫斯里·韦尔科姆（Wesley Welcomme）——的帮助，这本书不可能完成。我们也要向英国儿童、学校与家庭部（Department of Children，Schools and Families）的全体表示感谢。我们还要向指导我们学前阶段研究的政府官员表达特别的谢意，要向指导委员会和早期教育顾问组的所有成员表示感谢。

如果没有团队全体成员的全身心投入，这个长达12年之久的EPPE纵向研究项目不可能顺利完成。在研究的过程中，每一个人都作出了他们独特的贡献，我们向以下人员表示衷心感谢。

行政支持人员：安娜·凯尼格（Anna Keonig）、杰克·加德（Jackie Gadd）、杰克·里德（Jackie Reid）、洛列塔·法赫德（Loleta Fahad）、艾莉森·斯莱德（Alison Slade）和苏茜·切舍（Susie Chesher）。

地区研究人员：安妮·多布森（Anne Dobson）、玛琪·杰文斯（Marje Jeavons）、伊莎贝拉·休斯（Isabella Hughes）、玛格丽特·基霍伊（Margaret Kehoe）、凯蒂·刘易斯（Katie Lewis）、莫里亚·莫拉汉（Moria Morahan）和莎伦·萨德勒（Sharon Sadler）。

高级分析人员：伊冯·安德斯博士（Dr Yvonne Anders）、索芙卡·巴罗博士（Dr Sofka Barreau）、卡伦·埃利奥特博士（Dr Karen Elliot）、史蒂夫·亨特博士（Dr Steve Hunt）、海伦娜·耶利契奇博士（Dr Helena

Jelicic)、阿齐扎·梅奥博士（Dr Aziza Mayo）、丽贝卡·斯米斯博士（Dr Rebecca Smees）和卫斯里·韦尔科姆（Wesley Welcomme）。

研究人员：琳达·伯顿（Linda Burton）、安娜莉丝·克莱门茨（Annalise Clements）、罗斯玛丽·埃利斯（Rosemary Ellis）、伊丽莎白·乔治（Elizabeth George）、安妮·霍尔（Anne Hall）、吉尔·海德（Jill Head）、罗斯·詹宁斯（Rose Jennings）、劳拉·迈尼（Laura Manni）、海伦·米勒曼（Helen Mirelman）、斯代拉·马托克（Stella Muttock）、约翰·斯多克（John Stokes）和詹姆士·沃克－霍尔（James Walker-Hall）。

EPPE 项目研究得到了英国儿童、学校与家庭部的资助。书中所述观点为本书全体作者所有。

第一章

导论：为什么开展 EPPE 项目

凯西·西尔瓦和 EPPE 项目组

导论部分主要介绍 20 世纪八九十年代早期教育的研究背景和政策背景，正是这些背景导致了 EPPE 项目的开始。

EPPE 项目是欧洲最大的调查学前保育和教育效果的纵向研究，到 20 世纪 90 年代末共调查了 2 800 名学前儿童，这些儿童是从英国各学前教育机构随机选取的。后来，又有一批居家幼儿（没有接受幼儿园教育的幼儿）成为调查对象，使研究样本增加到 3 000 名。该项目对儿童的发展轨迹进行了详细的调查。调查采用令人愉悦的和卓有成效的方式，并对政策制定作出了贡献。政府文件《每个孩子都重要》（*Every Child Matters*，DfES，2003）特别强调了这种方式。结果发现，一些儿童在认知、社会行为等方面的发展出现困难，于是，EPPE 项目开始探索不同发展轨迹背后可能存在的原因。收集的资料不仅包括儿童自身的信息，而且还包括他们的教育背景、家庭背景和邻里背景等方面的信息。收集资料采用的方法是访谈儿童的家长和教师，以详细了解有关他们在家和在幼儿园或学校接受教育和照料的情况。EPPE 关注的核心问题是儿童个人的发展特点如何受到周围环境的影响。儿童和周围环境之间相互影响的观点源自布朗芬布伦纳（Bronfenbrenner，1979），他的理论将儿童置于一系列错综复杂的社会文化影响因素的中心，这些影响因素中就包括家庭环境和教育环境。

政策背景

最初 EPPE 项目的开展是为了描述学前教育对儿童的认知和社会性发展产生的影响，特别是对他们在上学之初（5 岁时）的发展状况和到第一学段

(Key Stage 1，5—7 岁)[①] 的进步状况产生的影响。1997 年竞选上台的工党政府认识到社会处境不利对人生机会可能产生影响，并致力于打破“处境不利怪圈”（cycle of disadvantage），即贫困家庭的孩子只能接受差的公共服务，并在随后人生历程中经历一系列的挫折和困难。1998 年，首相托尼·布莱尔（Tony Blair）代表他的新一届政府许下诺言：“各部门之间将相互协调，制定有关幼儿健康、照料、抚养的措施，保证所有幼儿在入学时做好了学习准备。”

在工党新政府上台之前，英格兰乃至整个英国的学前教育的发展是不均衡的，有些是由地方政府的教育或社会服务部门（Local Authority Education or Social Services Department）举办，有些是由诸如学前机构学习联盟（Pre-school Learning Alliance）等志愿团体举办，还有一些是由私人机构举办。较其他许多欧洲国家而言，特别是与斯堪的纳维亚地区的国家相比，（英国的）幼教机构得到的政府财政支持很少。不同类型的办学机构（详见第二章）有不同的验收办法，人员构成也不同。地方教育部门的幼教机构聘请许多经过训练的教师到幼儿班或幼儿学校（nursery classes and schools）任教，而像游戏小组（playgroups）之类的其他机构中的工作人员接受教育和职业资格培训的情况差异较大。因此，当 EPPE 项目开始的时候，各类幼教机构的办学形式差异非常大，大多数刚刚开始使用一个通用课程（DfES Desirable Learning Outcomes，1996），几乎没有公认的最低限度的“标准”，还有大量 3—4 岁幼儿（即法定入学年龄前两年）的保育和教育需求没有得到满足。

自从 1997 年 EPPE 项目研究开始以来，英国为学前儿童及其家庭提供的服务有了一些改变（Sylva and Pugh，2005）。现在有一个专门针对 0—5 岁儿童的通用法定课程（a common entitlement curriculum）和一整套详细的办学标准（standard of provision），所有课程要求和办学标准在《早期奠基方案》之中有明确阐述。政府颁布了一系列针对学前儿童及其家庭的新政策，而本研究招募的儿童及其家庭正是在这个变化期间接受了学前教育。1998

① 英国的义务教育分为不同的学段：5—7 岁为第一学段（Key Stage 1），7—11 岁为第二学段（Key Stage 2），11—14 岁为第三学段（Key Stage 3），14—16 岁为第四学段（Key Stage 4）。其中，15—16 岁为普通中等教育证书课程学习阶段。——译者注

年，免费学前教育使所有 4 岁幼儿的家庭受益；2004 年，这种福利延伸到了 3 岁幼儿的家庭（也有人说，1997 年工党政府就学前教育作出郑重承诺以来，参与 EPPE 项目研究的幼儿及其家庭是第一批受益者）。即使参与 EPPE 研究的幼儿确实是第一批受益者，但是在整个 EPPE 项目研究期间，政策却是不断变化的。事实上，塔加特（Taggart）在第十一章中指出，在新世纪刚开始的几年里，EPPE 项目在研究早期教育政策产生的影响，而同时 EPPE 项目也在影响早期教育政策的改革。

21 世纪开始的前几年，英国颁布了更多的学前教育新政策，其中之一就是确保开端计划（Sure Start）。这个目标宏大的计划于 1999 年开始实施，目标群体确定为居住在最贫困的（20%）地区的儿童及其家庭，目标是弥补贫富群体之间的机会差异。

随后，2003 年政府又推行了邻里托儿所改革方案（Neighbour Nurseries Initiative，Mathers and Sylva，2007；Smith et al.，2007）。该方案要求托儿所为婴儿和学步儿提供照看服务，设置在贫困地区，以便这些婴儿和学步儿的父母可以出去工作。儿童中心计划（the Children's Centre programme）最早于 2004 年开始实施，首先面对居住在贫困地区的家庭，然后（到 2010 年时）才推广到英格兰所有的社区。在这个急剧变化的时期，参与 EPPE 项目研究的儿童有些上了幼儿园，有些则依然待在家里。

研究背景

早期教育政策的“变革”基于有关学前教育的积极作用的可靠研究证据。其中，多数研究证据是由梅尔休伊什（Melhuish，2004）整理，并提交给政府的。有关学前教育效果的最有说服力的研究是实验研究，在这些研究中，儿童被随机分配到实验组和控制组。其中两个条件得到很好控制的实验非常有名：一个是针对 3—4 岁幼儿的高瞻课程（High/Scope programme）佩里学前教育研究（Perry Pre-school Study，Schweinhart，Barnes and Weikhart，1993），另外一个是针对 0—5 岁儿童的全日制启蒙项目（Abecedarian full-day care programme，Ramey and Ramey，1998）。这两个研究都采用了教育实验方法，将儿童随机分配到“实验”组和“非实验”组。两大研究结果都证明，接受集体学前保育和教育（group pre-school education and care）对儿童长远的发展具有显著的积极作用。

美国有关儿童保育和教育对儿童发展效果的最新研究是由美国联邦儿童健康与人类发展研究会（National Institute of Child Health and Human Development）主持实施的（NICHD，2002；Belsky et al.，2007）。这项大规模的非实验研究调查了1 100个儿童，从儿童出生时开始，一直追踪到儿童11岁为止。该研究结果表明，5岁前获得的幼儿园经历对儿童的发展具有较小但却是积极的效果，同时也发现对那些很早就进入儿童中心的儿童有一些消极的影响（Belsky et al.，2007）。

随着EPPE和NICHD研究的深入，人们开始将注意力从单独探讨早期教育的效果转向研究年幼儿童发展轨迹变化背后的家庭和教育过程因素。布鲁克斯－冈恩（Brooks-Gunn，2003）阐述了贫穷、低教育水平、低社会经济地位是如何共同“造就”这样一种家庭环境的：信心低，期望值低，缺乏启发孩子思考的亲子互动。对于目前探讨早期教育效果的研究来说，同时考虑儿童家庭环境因素非常重要。儿童的发展结果是家庭和学前教育机构共同作用的产物，任何一项关注早期教育效果的研究必须考虑来自家庭的影响。这也是EPPE项目研究的一个重要组成部分。

在EPPE项目之前，英国几乎没有一个大规模的系统研究早期教育效果的项目。正确开端研究（‘Start Right’Enquiry，Ball，1994；Sylva，1994）对英国有关研究论据进行了综述，并得出结论：小规模的研究表明确有积极的作用，而大规模的研究则证据不足。正确开端研究建议在基线调查的基础上开展更加缜密的纵向研究，这样就可以增加幼儿园在儿童发展中的权重。

正确开端研究结果发表的几年后，范恩斯坦（Feinstein et al.，1998）试图采用出生组群（birth cohort）① 样本评价上幼儿园对儿童后续发展的影响。但是，由于缺乏儿童最终成就方面的数据，因此，无论是英国出生组群研究（Birth Cohort Study，Butler and Golding，1980）还是英国儿童发展研究（National Child Development Study，Davie，Butler and Goldstein，1972），都不能用来分析幼儿园对儿童进步所产生的影响。同时，这些研究历时长，学前教育的性质本身发生了许多变化，这都会影响这些研究的

① 出生组群是指特定时期内出生的一组人群。——译者注

成果。

因此，EPPE 项目是英国第一个大规模的、旨在考察不同学前教育形式效果以及同一类型不同幼教机构影响的研究。和美国最近的研究一样，EPPE 项目同时研究机构教育和家庭教育对幼儿学习与发展的影响。为了理解儿童的发展轨迹，非常有必要将二者都考虑进去。

以下四个问题与政策有特别的关联：

- 幼儿园教育在入小学时有何效果？
- 早期的效果会随时间的推移而消失吗？
- 幼儿园教育的积极效果会因儿童的背景不同而不同吗？
- 不同类型的幼儿园教育会对儿童产生相似的效果还是不同的效果？

EPPE 研究遵循了教育有效性（educational effectiveness）的设计思路，对可能产生影响的因素进行多层模型（multi-level models）分析（Goldstein，1995），探讨儿童在 3—11 岁期间的发展。EPPE 也遵循群体儿童“自然发展”的思路，调查可能影响儿童发展的因素并确认它们的作用。这些影响因素包括儿童的性别、出生时的体重等个体特征，包括父母的资历和职业等家庭因素，也包括家庭为支持孩子在家学习而创设的家庭学习环境，还包括儿童在幼儿园或小学的教育环境。除了入不同类型幼儿园的幼儿之外，EPPE 项目还招募了一些根本没有接受正式“集体看护”的幼儿（居家组）。由于他们的发展状况可以用来与入园幼儿的发展进行对比，所以，他们的加入非常有价值。

EPPE 项目第一阶段（即儿童为 3—7 岁）研究成果已经表明，所有入园的幼儿都已获益（Sylva et al.，2004；Sammons et al.，2002；Sammons et al.，2003；Siraj-Blatchford et al.，2003）。第二阶段（儿童已经到 7—11 岁）研究结果（Sylva et al.，2008；Melhuish et al.，2008；Sammons et al.，2008a；2008b）表明，无论在认知方面还是社会行为方面，儿童在幼儿园获得的经验到 11 岁时依然在起作用。

有效学前教育项目的最新研究成果证明了早期教育有利于儿童的发展，也影响了政府的政策制定，特别是 2002 年及之后，这种影响一直存在（*Children's Plan*，DCSF，2007；Taggart et al.，2008）。EPPE 项目研究结果显示，无论是在家还是在学前教育机构，早期获得的一些经验比其他经验作用更大，这也为政府的政策（具体条款的制定和扩充）提供了有力的证据。其中对个案的质性研究（Siraj-Blatchford et al.，2006）对于确认“有效”早期教育的内涵产生了一定的影响。

有效学前教育项目（EPPE）现在已经变成了有效学前、小学与中学教育项目，即 EPPSE 项目（Effective Pre-school，Primary and Secondary Education），将在第三学段（Key Stage 3）、普通中等教育证书课程学习阶段一直到 16 岁后的选修课程学习阶段继续追踪参与研究的儿童。但这本书主要集中在学前阶段，只有第七章简单讨论了学前教育在儿童 11 岁时产生的中期效果。

在这本书中，我们将介绍研究过程及其主要成果，我们也将阐述 20 多年以来研究对政策制定和教育实践产生的影响，并分析这项研究可能对未来儿童及其家庭服务发展的启示。

参考文献

Ball, C. (1994) *Start Right: The Importance of Early Learning*. London: Royal Society of the Arts, Manufacturing and Commerce.

Belsky, J., Vandell, D. Burchinal, M. Clarke-Stewart, K. A., McCartney, K., Owen, M. and the NICHD Early Child Care Research Network (2007) Are there long-term effects of early child care? *Child Development*, 78, 681 – 701.

Blair, T. (1998) *Foreword. In H. M. Treasury, Modern Public Services for Britain: Investing in Reform. Comprehensive Spending Review: New Public Spending Plans 1999 – 2002*. London: HM. Treasury. Accessed on May 26, 2009 at http://www.archive.official-documents.co.uk/document/cm40/4011/foreword.htm.

Bronfenbrenner, U. (1979) *The Ecology of Human Development*. Cambridge, MA: Harvard University Press.

Brooks-Gunn, J., Currie, J., Emde, R. E. and Zigler, E. (2003) Do you believe in magic? What we can expect from early childhood intervention programs. *Social Policy Report*, XVII, 1, 3 – 15. Society for Research in Child Development.

Butler, N. R. and Golding, J. (1986) *From Birth to Five: A Study of the Health and Behaviour of Britain's 5-Year-Olds*. Oxford: Pergamon Press.

Davie, R., Butler, N. R. and Goldstein, H. (1972) *From Birth to Seven.* London: Longmans.

Department for Children, Schools and Families (DCSF) (2007) *The Children's Plan: Building Brighter Futures.* Available at http://www.dcsf.gov.uk/childrensplan.

Department for Children, Schools and Families (DCSF) (2008) *Early Years Foundation Stage.* Nottingham: DCSF Publications.

Department for Education and Employment (DfEF) (1996) *Nursery Education Desirable Outcomes for Children's Learning on Entering Compulsory Schooling.* London: Schools Curriculum and Assessment Authority/DfEE.

Department for Education and Skills (DfES) (2003) *Every Child Matters.* Norwich: HMSO.

Feinstein, L., Robertson, D. and Symons, J. (1998) *Pre-school Education and Attainment in the NCDS and BCSI.* London: Centre for Economic Performance.

Goldstein, H. (1995) *Multilevel Statistical Models*, 2nd edn. London: Edward Arnold.

Mathers, S. and Sylva, K. (2007) *National Evaluation of the Neighbourhood Nurseries Initiative: The Relationship between Quality and Children's Behavioural Development.* London: DCSF. Accessed at http://www.dcsf.gov.uk/research/data/uploadfiles/SSU2007FR024.pdf on 26 May 2009.

Melhuish, E. (2004) *A Literature Review of the Impact of Early Years Provision upon Young Children, with Emphasis Given to Children from Disadvantaged Backgrounds.* Report to the Comptroller and Auditor General. London: National Audit Office.

Melhuish, E., Sylva, K., Sammons, P., Siraj-Blatchford, I., Taggart, B., Phan, M. and Malin, A. (2008) Pre-school influences on mathematics achievement. *Science*, 321, 1161 – 1162.

National Institute of Child Health and Development (NICHD) (2002) Early child care and children's development prior to school entry: results from the NICHD Study of Early Child Care. *American Educational Research Journal*, 39(1), 133 – 164.

Ramey, C. T. and Ramey S. L. (1998) Early intervention and early experience. *American Psychologist*, 53, 109 – 120.

Sammons, P., Sylva, K., Melhuish, E. C., Siraj-Blatchford, I., Taggart, B. and Elliot, K. (2002) *The Effective Provision of Pre-school Education (EPPE) Project: Technical Paper 8a—Measuring the Impact of Pre-school on Children's Cognitve Progress over the Pre-school Period.* London: DfES/Institute of Education, University of London.

Sammons, P., Sylva, K., Melhuish, E. C., Siraj-Blatchford, I., Taggart, B. and Elliot, K. (2003) *The Effective Provision of Pre-school Education (EPPE) Project: Technical Paper 8b—Measuring the Impact of Pre-school on Children's Social/Behavioural Development over the Pre-school Period.* London: DfES/Institute of Education, University of London.

Sammons, P., Sylva, K., Melhuish, E., Siraj-Blatchford, I., Taggart, B. and Hunt, S. (2008a) *The Effective Pre-school and Primary Education 3—11 (EPPE 3—11) Project: Influences on Children's Attainment and Progress in Key Stage 2: Cognitive Outcomes in Year 6*. London: DCSF/Institute of Education, University of London.

Sammons, P., Sylva, K., Melhuish, E., Siraj-Blatchford, I., Taggart, B. and Jelicic, H. (2008b) *The Effective Pre-school and Primary Education 3—11 (EPPE 3—11) Project: Influences on Children's Development and Progress in Key Stage 2: Social/Behavioural Outcomes in Year 6*. London: DCSF/Institute of Education, University of London.

Schagen, I. (1994) Multilevel analysis of the Key Stage 1 National Curriculum assessment data in 1991 and 1992. *Oxford Review of Education*, 20, 163 – 171.

Schweinhart, L. J., Barnes, H. and Weikhart, D. (1993) *Significant Benefits: The High/Scope Perry Pre-school Study through Age 27*. Ypsilanti, MI: High/Scope Press.

Siraj-Blatchford, I., Sylva, K., Taggart, B., Sammons, P., Melhuish, E. C. and Elliot, K. (2003) *The Effective Provision of Pre-school Education (EPPE) Project: Technical Paper 10—Intensive Case Studies of Practice across the Foundation Stage*. Nottingham: DfES Publications.

Siraj-Blatchford, I., Sammons, P., Sylva, K., Melhuish, E., and Taggart, B. (2006) Educational research and evidence-based policy: the mixed method approach of the EPPE project. *Evaluation and Research in Education*, 19, 2, 63 – 82.

Smith, T., Smith, G., Coxon, K., Sigala, M., Sylva, K., Mathers, S. L., LaValle, I., Smith, R., Purdon, S., Dearden, L., Shaw, J. and Sibieta, L. (2007) *National Evaluation of the Neighbourhood Nurseries Initiative*. London: DCSF. Accessed at http://www.surestart.gov.uk/_doc/P0002386.pdf on 26 May 2009.

Sylva, K. (1994) School influences on children's development. *Journal of Child Psychology and Psychiatry*, 35, 135 – 170.

Sylva, K. and Pugh, G. (2005) Transforming the early years in England. *Oxford Review of Education*, 31, 1, 11 – 27.

Sylva, K., Melhuish, E., Sammons, P., Siraj-Blatchford, I. and Taggart, B. (2004) *The Effective Provision of Pre-school Education (EPPE) Project: Final Report*. London: DfES/ Institute of Education, University of London.

Sylva, K., Melhuish, E., Sammons, P., Siraj-Blatchford, I. and Taggart, B. (2008) *The Effective Pre-school and Primary Education 3—11 (EPPE 3—11) Project: Final Report from the Primary Phase: Pre-school, School and Family Influences on Children's Development during Key Stage 2 (Age 7—11)*. London: DCSF/Institute of Education, University of London.

Taggart, B., Siraj-Blatchford, I., Sylva, K., Melhuish, E. and Sammons, P. (2008) Influencing policy and practice through research on early childhood education. *International Journal of Early Childhood Education*, 14, 2.

第二章

EPPE 项目的背景：英国幼儿园概况

艾拉姆·西拉杰－布拉奇福德

本章描述英格兰幼儿园的基本状况，介绍参与 EPPE 项目的儿童所进入幼儿园的环境条件，具体内容包括儿童在幼儿园的早期经验是什么样的，这些经验与《早期奠基方案》（DCSF，2008）有怎样的联系。这里的“幼儿园”一词取其广义，代表各种类型的学前教育机构。

英国由英格兰、威尔士、苏格兰和北爱尔兰四个部分组成，人口超过 6 000万。全国各地在学校课程和相关法令方面的差异日益扩大。例如北爱尔兰的义务教育入学年龄是 4 岁，其他地区则是 5 岁；在英格兰，早期教育包括从出生到 5 岁的教育，主要反映在《早期奠基方案》中；在威尔士，早期教育也被称为“基础阶段”（foundation phase），指向 3—7 岁的教育。在此想强调一点，以下所介绍的情况主要集中于英格兰地区（该地区居民约占英国总人口的 83%），EPPE 项目主要在这一地区选取幼儿园样本。本章将集中介绍 EPPE 项目中面向 3—5 岁儿童的幼儿园的情况。本书第十章介绍了北爱尔兰地区的一项类似研究，该研究的结果与本研究相似。

英国幼儿园的类型

为了理解不同幼儿园所采取的不同教育方式，我们有必要对英格兰幼儿园在保育和教育方面的大致情况作简要说明。EPPE 项目在开始阶段对此进行了调查。英国审计署（The Audit Commission，1996）注重学前教育提供者的多样性：

- 公办托儿机构，（国家出资）委托地方（local authority，LA）举办的托儿所（例如学校系统中的托儿学校和小学中的托儿班）；

- 公办小学里的预备班（reception classes）；
- 地方政府举办的日托中心（local authority day nurseries）；
- 私立机构，如私立的日托中心（private day nurseries）；
- 游戏小组（playgroups，多为志愿性质）；
- 综合保教家庭中心（combined care and education family centres）；
- 育儿员（childminders）。

2007 年，112 600 个早期保教机构和个人提供了 2 494 000 个早期保教学位——经英国教育视导机构教育标准办公室（The Office for Standards in Education，the English inspection and regulatory body，Ofsted）注册。自 EPPE 项目实施以来，多种保教机构在数量上有所增加。下面对各类机构进行简要介绍。

公办托儿学校（local authority nursery schools）

据穆尼（Mooney）等人的报告（2006），2004 年英格兰有 470 所公办托儿学校，平均每校 83 名儿童。这是由地方政府开办的“传统式”的托儿学校（国家全额出资），师幼比例为1∶13。校长通常是四年制本科毕业的合格教师，并有早期教育的专业背景。这些托儿学校的大部分员工拥有教师资格证，通常有 1/2 是四年制本科毕业的合格教师，其他人员则接受过两年的儿童保育培训。这种幼儿园通常是为 3—5 岁的儿童提供半日服务（有些孩子会在入学前全天参加托儿学校的活动）。现在，许多托儿学校已经成为儿童中心，扩大了服务范围和内容（详情见后）。EPPE 项目中包括这类托儿学校。

公办托儿班（local authority nursery classes）

这种托儿班往往是小学的一个独立部分，招收 3 岁及以上的儿童，师幼比例为1∶13。通常 1/2 的员工是四年制本科毕业的合格教师，其他人员接受过两年的儿童保育培训。这些托儿班一般按学期开放，每周 5 天，只提供半日服务。目前，在托儿班就读的有 131 200 名 4 岁儿童和 119 200 名 3 岁儿童（Hughes，2009）。这类幼儿园包括在 EPPE 项目中。

小学预备班（reception classes）

虽然父母没有义务将未满 5 周岁的子女送入小学，但有报告称（Hughes，2009），2009 年进入小学预备班的 4 岁儿童有 83 800 人。对于孩子在一年中哪个时间可以进入预备班，各地政府有不同的规定，但招生时间通常是在 9 月或 1 月。几乎所有小学预备班的保教人员都是本科毕业的合格教师，但不一定有早期教育的专业背景。他们的工资待遇和其他小学教师一样。他们的工作常常会有经过（学前教育专业）培训或未经培训的教学助手的协助。

志愿游戏小组（voluntary playgroups）

穆尼等人报告（Mooney et al.，2006），2005 年英格兰有 9 900 个游戏小组，提供了 241 100 个学位。游戏小组招收两岁以上的儿童，师幼比例为 1∶8（保教人员学历不等，有的未经任何专业培训，有的是本科毕业）。最普遍的专业培训是学前机构学习联盟（一个全国性的组织）的短期课程。游戏小组在各个学期开放，每天按不同的时间段提供服务，多数孩子的参与时间少于每周五天。相对于其他幼教机构，游戏小组的资源（设施、材料和专用活动室）往往有限。他们常常借用社区公共场所，如教堂的大厅或社区服务中心等。EPPE 项目中包括游戏小组。

日托中心和私立托儿所（day care centres and private nurseries）

教育标准办公室称，2005 年有 12 900 所日托中心，提供了553 100个学位（Ofsted，2006），其师幼比例为 1∶8（保教人员大多接受过两年儿童保育培训，但有些保教人员培训较少）。这些托儿所为 0—5 岁儿童提供收费的全日制服务。不过，许多儿童并没有全日入托。尽管有些托儿所属于合办性质，但大部分是营利性的。1999 年，英格兰有 400 家由社会服务机构开设的公立日托中心，但近年来大部分转由各地的《儿童托管法案》（*Children's Trusts*）执行部门举办。有些日托中心的保教工作由中心的一位或几位专任教师与和其他中心共享的“兼职”教师共同承担。这种日托中心包括在 EPPE 项目的幼儿园样本中。

综合或联合中心（integrated or combined centres）

2009 年，英格兰有 3 000 个集教育、保健、看护为一体的机构，现被称为确保开端儿童中心（Sure Start Children's Centres）。EPPE 项目开始时，这样的中心只有 70 所。政府为扩展这类学前教育服务投入了大量经费。根据现有政策，英格兰计划在 2010 年将这类机构增加到 3 500 所。这种机构与托儿学校（见上）颇为相似，但增加了全天看护、家长参与等更多服务。中心招收 0—5 岁的孩子，其中，3—4 岁儿童的师幼比为 1∶9（以前的师资配备与为 3 岁以上儿童提供服务的托儿学校一样，但新设立的确保开端儿童中心要求整个中心至少有一位教师）。新设立的儿童中心综合性很强，注重为家长和家庭提供服务，特别是支持父母提高养育和就业技能。这些中心包括在 EPPE 项目中，经常被称为综合中心或联合中心。

育儿员或家庭看护（childminders or family daycare）

在英格兰，由育儿员照顾的有 33 500 名 3 岁儿童和 24 000 名 4 岁儿童（Hughes，2009）。这些育儿员要经过地方政府严格的注册登记程序，并接受地方政府和教育标准办公室的视导。他们在自己家中为 5 岁以下（或以上）儿童提供保教服务，并收取一定费用。每天服务时间或长或短。政府建议 5 岁以下师幼比例为 1∶3。育儿员在收费照管其他孩子的同时，可以照看自己的孩子，但自己的孩子也包括在 1∶3 的师幼比内。由于每个育儿员只照看几个孩子，因此 EPPE 项目没有将它包括在样本中。要得到统计意义上的结果，EPPE 项目只能将规模比较大的学前教育机构纳入其中。不过，关于育儿员的更多细节，读者可以参见《学前教育有效教学研究》（*Researching Effective Pedagogy in Early Years*，REPEY，Siraj-Blatchford et al.，2002）。

EPPE 项目中样本幼儿园的特征

EPPE 的样本最早是在 1997 年选取的，其构成保证了每种类型幼儿园均达到一定的数量，使项目可以对幼儿园“类型”的效应进行检验（研究设计的细节见第三章）。最初，我们通过研究者到幼儿园实地考察并与管理者访谈，了解各个幼儿园的情况。总计有来自五个地区（六个地方政府）的

140 名管理者接受了访谈（Taggart et al. ，1999）。各类幼儿园的受访人数如下：24 名来自托儿班，20 名来自托儿学校，24 名来自公办日托中心，34 名来自民办游戏小组，31 名来自私立日托中心，7 名来自公办综合中心。

设计访谈的目的是获得一些背景信息，使研究者可以对观察资料进行分类整理，对各类幼儿园的有效性进行区分（Sylva et al. ，1999；Siraj-Blatchford et al. ，1999）。访谈也有助于个案研究的开展（Siraj-Blatchford et al. ，2003）。

访谈内容包括：一般情况，如幼儿园的办园历史、开放时间、主要目标等；家园合作情况，如保教人员与家长联系的机会、为家长提供的书面材料、家长学历等；师资情况，如工作条件和待遇、专业资格、人员流动等；保教质量和组织建设情况，如计划和档案工作等（Taggart et al. ，2000）。

访谈结果揭示了幼儿园之间的巨大差异。总的来说，公办幼儿园（包括托儿班、托儿学校、联合中心）同私立和民办机构相比，在资源、师资培训、专业设施和保教人员专业发展等方面条件更加优越，保教人员工资和工作条件比较好，人员流动较少。综合/联合中心的出现意味着，较小的儿童在由全年开放和全日制的机构照管，其保教人员的标准较高；而游戏小组和私立日托中心的资源相对较落后。下面将作详细说明。

师资情况

私立日托中心的保教人员最年轻，托儿班的保教人员年龄最大。公办日托中心和联合中心的保教人员最具种族多样性，二者通常都设在市区中心地带。

在幼儿园的管理者中，综合中心（现在是儿童中心）的主管工作时间最长。这可能反映了该机构的开放时间比较长，服务比较广泛。对保教人员而言，私立日托中心的保教人员工作时间最长。

无论何种类型的幼儿园，如果招聘了固定的保教人员，则极少发现问题，但是，整个行业在招聘恰当的“补充”人员方面均遇到了困难。总的来说，全职保教人员比兼职保教人员有更好的专业发展机会。对兼职保教人员多于全职保教人员的机构，如游戏小组和私立日托中心，这个发现很有启发意义。

除部分游戏小组外，幼儿园一般不需要借助义工来满足师幼比的法定要求。所有的幼儿园都有一些经常与儿童接触的义工。托儿班和托儿学校的师幼比似乎明显低于法定要求。

保教人员的资历和专业发展

由地方政府（受国家委托）举办的公办幼儿园的师资质量（在儿童保育和早期教育方面的专业资格）最好，这里也是保教人员工资最高的地方。专业学历最高（有教育学学士学位或教育专业研究生毕业）的主管大多是在“教育”类而不是“保育”类机构。综合中心的师资也有比较高的（保教专业）学历。游戏小组的主管专业学历最低，50% 以上只取得了职业资格证书而没有专业学历（职业资格在国家二级或二级以下）。幼儿园保教人员在儿童保育方面的专业资格情况，最常见的是托儿所保教委员会（Nursery Nursing Education Board，NNEB）颁发的两年制继续教育专业培训证书（现在等同于儿童保育和教育工作许可证），第二常见的就是无资格证书。

游戏小组保教人员的培训机会比其他几类幼儿园都少。游戏小组保教人员受评估的机会较少，缺少稳定的培训资源，较少获得培训资料，单位也很少为他们的培训付费。

管理者看重保教人员的哪些素质？

访谈时，针对保教人员的保育和教育素质问题，管理者说，他们希望保教人员有相关的经验和专业训练，具备与幼小儿童相处的个性特征。他们希望保教人员能满足儿童的个体需求，在愉悦的环境中帮助儿童获得社会技能、自信和独立性。他们还认为，营造有助于父母参与和对儿童比较友善的环境是非常重要的。在幼儿园管理者看来，幼儿园除了照看儿童外，最重要的目标是使儿童的语言和推理能力、交往和分享能力得以发展，并促进儿童形成积极的自我概念。

规划和监控儿童发展

与民办幼儿园的保教人员相比，公办幼儿园的保教人员在评估和监控儿童发展方面受到的训练要更好一些。后者比前者更经常进行评估工作，所运用的评估策略也更加广泛。

访谈和实地考察结果发现，每日计划表和集体备课在幼儿园很普遍。但是，公办幼儿园更多从课程角度进行各项活动的设计。他们很好地利用了一系列的课程文件。当时最常用的是《理想的学习成果》（*Desirable Learning Outcomes*，DLO）。游戏小组保教人员在设计活动时对课程文件的利用最少。这可能是因为有些游戏小组很少有 4 岁的孩子，而 20 世纪 90 年代后期的 DLO 所针对的是这个年龄及以上的孩子。

公办幼儿园管理者所报告的特殊需要儿童的人数比较多，他们一致表示幼儿园有一套进行早期诊断的系统。相比之下，公办幼儿园使用《特殊教育实用手册》（*The Code of Practice for Special Educational Needs*）的情况更普遍（该手册提供了辅助特殊需要儿童的基本内容，见第九章），也更多安排专门人员负责特殊需要儿童。

家长参与

尽管大多数幼儿园表示他们为定期与家长联系创造了机会，但他们很少谈到，这样的机会在现实中往往会“缩水”很多。这种差别在私立日托中心最明显。民办幼儿园较少安排正式的家长会，更多依赖非正式的沟通。在讨论家园联系时，我们必须考虑劳工家长（working parents）的问题，某种形式的专用空间（家长室）可能有助于家园联系的进行。公办幼儿园为家长提供的信息比民办幼儿园要多。综合中心、托儿学校和托儿班比较注重为家长提供“教育”方面的信息，而游戏小组更多是向家长散发讨论比较广泛的问题的传单。

英国幼儿园发展背景

以上关于 EPPE 样本幼儿园的描述仅仅是对 20 世纪末幼儿园状况的“快照”。我们需要在当时的政治和法律背景下对之进行思考。本章接下来将讨论这些幼儿园发展的历史背景，指出在 EPPE 研究进行期间，早期教育和保育获得了哪些对 21 世纪的政策和实践有所推动的发展。

幼儿园从“不均衡”向规范化发展

在 1997 年工党执政之前，入园机会、有效性、质量和花费等方面的不均衡性是学前教育服务的基本特点（The Audit Commission，1996，p. 30，见

第一章)。例如由家长出资和管理的半日游戏小组满足大量 4 岁以下儿童的需要，而国家开办的托儿所提供免费的半日服务。同时，社会服务部门在日托中心及综合性的托儿所开设全日制保育项目。

在 EPPE 项目开展之初还属于社会服务机构的幼儿园（地方举办的日托中心)，现在大部分已改属地方和国家教育部门。尽管国家在积极推动建立“早期发展与保育协作关系”（Early Years Childcare and Development Partnerships)，现在还通过各地方政府儿童服务部门（Children's Services）的《儿童托管法案》提供合作性的且更加综合化的服务，但是，由来已久的“保”“教”分离的情况仍然存在并将继续存在一段时间，这一点体现在幼儿园类型的多样性和不均衡性上。目前，一些地方政府在提供整合性的保教人员培训项目，鼓励各类幼儿园保教人员一起参加。这是聚合各类幼儿园的一种举措。

教学方面也存在同样的不均衡性。不同幼儿园的教学方法纷繁多样，与之相应的是师资队伍参差不齐（Sylva et al.，1992；Taggart et al.，2000)。过去，教育机构和保育机构对保教人员的起始培训要求一直是不一样的。教师和保育员主要是在公办（教育性的）幼儿园，通常是小学附设的托儿班。这些教师都接受过三年或四年的大学教育。以保育为主的幼儿园的保教人员通常是在两年继续教育中接受儿童发展与保育方面的培训。另外，民办幼儿园和育儿员多是在当地接受依据国家组织开发的培训方案而进行的培训。不同的早期教育工作者对早期教育的实质、教育测评、游戏以及如何在早期教育课程和教学中整合这些要素，持有完全不同的看法（Siraj-Blatchford et al.，1999)。

2000 年以来，政府一直试图对不同类型的学前教育机构建立同样的标准，以保证在保持家长选择机会的同时，使儿童有更加平等的权利和机会进入高质量的幼儿园。这是对 2000 年以前人们对学前教育提出的批评的一种回应，也是使幼儿所受保教服务“标准化”的一种努力。最值得关注的是一套针对所有儿童的早期学习目标。政府提出了《基础阶段课程指南》（*Curriculum Guidance for the Foundation Stage*，QCA，2000)，凡是为 3—5 岁儿童提供教育服务的机构和个人都必须遵循。2008 年，政府对上述早期学习目标进行了更新，并与《0—3 岁计划》（*Birth to Three Framework*）整合，形成了针对从出生到 5 岁儿童的《早期奠基方案》（EYFS-DCSF，2008)，试图使儿童在六个领域取得积极的学习成果。本章稍后部分会对这一课程进行介绍。

21 世纪的儿童保育和教育

最近 10 年，英格兰在早期保育和教育方面的政策有明显的进展。那个过去非常不协调和不均衡的体系，现在已形成一系列严格的规定。所有面向 0—5 岁儿童的幼儿园都必须接受教育标准办公室的视导，其视导报告会揭示各个幼儿园在满足儿童需要和帮助儿童实现早期学习目标方面存在多大差距，揭示他们是否达到了保育和教育方面的法定标准。另外，还有针对 3—4 岁儿童的免费学前教育（目前每周 12 小时，到 2010 年增加到 15 小时，以后会继续增加到 20 小时），只要家长愿意，就可以让孩子接受这种服务。这些服务由中央政府资助，150 个地方政府协办。

然而，这期间最具革命性的发展可能还是政府出资举办确保开端儿童中心。这项工作在 1999—2002 年开始，当时认证了 29 所早期培优中心。这些中心之前大多是托儿学校或综合中心，它们受到教育与就业部（Department for Education and Employment，DfEE）的支持，逐步形成更具综合性的服务特色，为家长提供支持，组织各种“拓展”（outreach）项目，包括为家庭提供保健和就业信息等。在这些试点中心之后，政府承诺到 2004 年增加 100 所此类中心。这些举措后来被纳入确保开端社区计划。大多数以社区为中心的服务旨在改善处境不利地区家庭和儿童的状况。这项伟大计划（涵盖保健及其他相关方面）的最主要成果是将确保开端地方项目（Sure Start Local Programmes）发展成确保开端儿童中心（SSCC）。早期培优中心的发展则是发挥早期（20 世纪 70 —90 年代）建立的 70 个综合中心的优势，通过多部门的协作，集思广益，为家庭和儿童提供“一站式”、综合性的保教服务。在一份年度评估报告中，伯特伦（Bertram）等人（2002）提出，当时形成的综合性服务有四个重要特征：

- 对与儿童和家庭沟通的态度、愿景和原则意见一致；
- 早期培优中心的客户感觉到服务的整体性和综合性；
- 早期培优中心的员工感觉他们有归属感和共同的目标，工作方式一致；

● 早期培优中心的举办者承诺为综合性的服务提供资金和设备保证。

负责儿童、家庭、学校和社区等方面工作的部门很多。根据一份重要的法案，即《每个孩子都重要》绿皮书，延展学校（extended school，针对学龄儿童）和儿童中心（针对0—5 岁儿童）将是促使这些相关部门协作的最恰当的手段。正如较早时候指出的，到 2010 年将有 3 500 所儿童中心为学前儿童及其家庭提供综合服务。这与为学龄儿童开设的延展学校的发展相一致。一些儿童中心选址时选择与中小学在一起，试图随着儿童的成长为之提供连续性的服务（Siraj-Blatchford and Siraj-Blatchford，2009）。

早期教育实践的发展

20 世纪 90 年代早期出现了对小学教育标准的关注，特别是公布了一系列国际联合测验成绩一览表（见第十一章）。1997 年的工党政府看到了全面提高教育标准尤其是小学教育标准的需要，为学校确立了需要达成的具体目标。其中最重要的目标之一是到 2002 年提高小学生的数学和英语学业成就。为实现这些目标，政府支持小学缩小 5—7 岁学生的班级规模，并在教育发展比较落后的地区建立教育行动区（Educational Action Zone）。在 EPPE 项目收集数据的时候，政府正在为改善学生的学习成绩组建早期培优中心、暑期读写学校、校外学习活动和家庭读写计划等。这些服务主要针对处境不利地区的儿童。此外，政府在 1998 年提出了提升读写和数学能力的教学建议，并在 1999 年出台了《国家小学教育实施方案》（*National Primary Strategy*）。

在重点关注义务教育之后，政府在 1996 年将关注点转向 5 岁以下的儿童。根据美国高瞻佩里计划（High/Scope Perry Pre-school）及其他国家的研究（见第一章），政府相信高质量的幼儿园可以让儿童终身受益，特别是使来自社会经济水平较低阶层的儿童受益。我们现在知道，良好的学前教育可以使儿童形成有益于终身学习的学习态度，并获得社会性和行为能力的发展（Sylva et al.，2008）。在社会日益复杂和相互联系越来越紧密的背景下，这样的学前教育有特别的益处。有研究发现，良好的学前教育可以减少将来对补救性教育措施的依赖。也有证据显示，良好的学前教育可以减少犯罪，减少将来的社会福利支出（Schweinhart et al. , 1993）。然而，该研究主要是在美国进行，而且主要针对处境不利群体。在 EPPE 项目尚在实施期间，关于英国儿童的受益程度还缺少事实依据。学前教育的发展还使政府将鼓励女性外出工作提到议事日程（见第十一章）。

基于以上情况，政府在新教育改革方案中提出要发展英格兰的学前教育，这就毫不令人惊奇了。政府宣称其用意在于提高绝大多数儿童的教育成就。一个必须回答的关键问题是，这是否能打破低学业成就与低社会阶层相关的怪圈，或者只是在另一个层面形成阶级分化。事实上，英国很早就有人致力于让早期教育发挥社会平衡器的作用。早在 19 世纪，罗伯特·欧文（Robert Owen）之所以开设第一所托儿所，就是因为他认为让某个社会阶层的教育成就凌驾于其他阶层之上是不合理的。他还相信，学校可以帮助穷困家庭和劳工家庭打破低成就的循环（Siraj-Blatchford，1997）。

1996 年，英国审计署应邀对英格兰和威尔士 5 岁前儿童教育状况进行调查。这次大规模调研的结果发表在《数到 5：5 岁前的教育》（*Counting to Five*：*Education of Children Under Five*）中。这份文件报告了关于早期教育价值的一些研究，其结论是“儿童的早期教育经历对其终身发展所需的社会化和学习技能的发展至关重要”（The Audit Commission，1996，p. 4）。

《基础阶段课程指南》的颁布是促进所有幼儿平等接受高质量教育的一个里程碑。该指南现已改为《早期奠基方案》。其中提出六大学习领域，以期使儿童平稳过渡到《英国国家课程》（*English National Curriculum*，20 世纪 80 年代发布的针对所有中小学生的一项法令）。对 0—5 岁儿童进行保教工作的人们必须保证促进儿童在以下几方面的发展：

- 个性、社会性和情绪；
- 交往、语言和读写；
- 问题解决、推理和计算；
- 关于世界的知识和理解；
- 身体发育；
- 创造性。

早在《朗伯尔德报告》中，上述学习领域就被认为适合年幼儿童，但该报告所提出的有些方面却被《基础阶段课程指南》排除在外（见 Siraj-Blatchford，1998）。在一份名为《托儿所教育：接下来的步骤》（*Nursery Education*：*The Next Steps*）的文件中（DfEE，1996），有一系列表格显示各学习领域与第一学段课程标准的联系，这清楚说明了较早颁发的《理想的学习成果》与国家课程之间的联系。改革仍在继续。2009 年的《罗斯小学教育报告》（*The Rose Review of Primary Education*）的关注点是如何通过《早期奠基方案》引领儿童平稳过渡到已修改过的小学课程。

建设高水平的师资队伍

EPPE 项目的一个重要发现是，保教人员资历与园所环境质量之间存在一定的联系（见第五章）。EPPE 项目还发现幼儿园质量与儿童发展结果之间有相关性（见第六、第七章）。之前的介绍已表明，学前教育师资在整体上存在不均衡性。考虑到师资队伍的重要性，我们需要进一步探讨英格兰现有的学前教育师资情况以及政府为提高学前教育教师的技能和资历采取措施。

英国教育与技能部在 2005 年 4 月颁布了《儿童工作者计划》（*Children's Workforce Strategy*）。该计划提出了对学前教育师资队伍进行改革的若干关键领域。后来，经过改进的《儿童工作者计划》于 2007 年 3 月颁布，反映了该计划颁布以来已取得的进展。较早的《儿童工作者计划》所提出的一系列挑战中包括儿童保育十年规划，其目标是在学前教育领域加强学前教育专业人员的作用，使更多学前教育工作者的培训达到专业水平，让更多机构的管理者具有本科学历。

表 2－1 显示提升私立和民办幼儿园管理者学历水平的任务有多么艰巨。具有本科学历的人数所占比例平均不到 5%。这与学校系统的情况形成鲜明对比。后者要求有教师资格的人员担任管理者，而他们大多拥有本科学历。

表 2-1 管理者具有本科学历的幼儿园——2005

幼儿园类型	幼儿园数量	主管人员具有六级及以上专业资格	
		数量	百分比
全日制日托中心	11 811	1 450	13
分时服务	9 966	750	8
校外机构	8 609	1 050	13
育儿员	57 650	1 200	2

注：DCSF 学前教育师资改革讨论会资料，参见 DCSF（2006）。

《儿童工作者计划》（DfES，2006）提出，政府的目标是，到 2015 年，所有全日制幼儿园都要雇用一位具有本科学历的早教师（Early Years Professional，EYP）。早在 2006 年，儿童工作者发展委员会（Children's Workforce Development Council，CWDC）就开始与其合作伙伴一起研发了早教师资格（Early Years Professional Status，EYPS）认证体系。

对儿童中心而言，其举办者必须雇用至少 0.5 个有教师资格证的教师，后者至少一半的工作时间从事促进儿童发展的工作。政府还打算到 2010 年为所有儿童中心招聘有早教师资格证的人员。现任职于儿童中心，已通过某种培训途径获得早教师资格证的学前教育专业教师将来可能会得到教师资格证。然而，公办幼儿园的保教人员不需要早教师资格证，因为公办幼儿园的保育和教育人员大多有教师资格证（Qualified Teacher Status，QTS）。

《儿童工作者计划》提出的愿景和承诺是，到 2008 年使师资队伍的任职资格有所提高，专业职级达到三级及以上的保育和教育人员比例增大。《8 岁前儿童保育国家标准》（*National Standards for Under 8s Day Care and Childminding*，DfES，2003）提出，全日制幼儿园的监管者在儿童保育和教育方面的专业职级不应低于三级；其他保育和教育人员中，达到二级儿童保教专业职级的人员不能少于一半。

根据 2005 年的幼儿园普查结果，专业职级达到三级的保育和教育人员数量和比例在持续增长。

政府为促进培训设立了改革基金（Transformation Fund）。该基金现已成为大学毕业生领袖基金（Graduate Leader Fund），一是鼓励他们通过儿童工作者发展委员会取得早教师资格证，二是支持幼儿园对他们的聘用。根据《儿童规划》（*Children's Plan*），这方面的投入将在 2008—2011 年增加到 3.05 亿英镑。其中，2.32 亿英镑通过地方政府提供给幼儿园，7 300 万英镑通过儿童工作者委员会的早教师资格证认证培训提供给教师。但是，这些资助不能满足学前教育领域对有教师资格证的教师的需要。EPPE 项目显示，幼儿园师资专业职级越高，对儿童发展的益处就越大，但最好的情况是幼儿园里有具有教师资格证的教师。在我们对幼儿园开始研究的时候，还没有出现早教师这个职业，因此对早教师和有教师资格证的教师进行比较研究是很有意义的。幼儿园举办者的多样性似乎继续衍变出培训的多样性，同时伴随着师资职级的更加多样化。师资职级与幼儿园类型的组合进一步加剧了学前教育服务的多样化，薪资较少的学前教育教师主要分布在各种私立和民办幼儿园，而有教师资格证的教师则主要在公办幼儿园。目前仍然需要改善培训，以使教师能够落实《早期奠基方案》。

表 2－2　达到三级专业职级的师资比例

幼儿园类型	2003（%）	2005（%）
全日制日托中心	57	63
分时服务	44	55
校外机构①	37	52
育儿员	16	43②

注：

①2003 年和 2005 年的样本抽取方法不同。百分比不具有直接可比性，只能反映发展趋势。

②对这一数据要审慎分析。有些育儿员只是取得了三级证书的某个单项认证，但她们在报告时将这种情况也算作是完全达到三级要求（DCSF 学前教育师资改革讨论会资料，2007）。

学前教育面临的挑战

地方当局面临的一个主要问题是如何协调不同政府部门提出的为数众多的计划。当然，在经过若干年的不协调和财政赤字之后，大家对提高学前教育标准、扩大学前教育服务范围、协调培训和政策等举措还是很欢迎的。和谐有序的综合性服务需要一些时日才能实现。目前需要与高等教育机构合作开发培训项目，以确保学前教育工作者能够理解并运用有效教学手段，通过学习活动促进儿童形成终身学习的态度（Siraj-Blatchford，1999）。教育、社会及其他与学前教育有关的部门的协作，为解决这些重要而复杂的问题提供了机会。政府已经意识到完善现有视导系统的需要。在视导机构——教育标准办公室——增设一个学前教育分部就是这方面的一种尝试。地方当局和学前教育组织仍需要向政府施加压力，要求对各种形式的幼儿园一视同仁进行高质量的视导。培训方面要解决专业资格、服务条件和薪酬待遇不平等等问题。

《早期奠基方案》及相应的测评细则使各种类型的幼儿园可以设置同样的课程，开展同样的评估，并以同样的方式促进保教人员专业发展。然而，依据《儿童保育法案》（*Child Care Act*，2006，其中39—48条指出，《早期奠基方案》以已有的《0—3岁很重要》《奠基方案》和日托及育儿国家标准等文件为基础，并对这些文件进行整合；这个新方案的目标是支持学前教育机构为0—5岁儿童提供高质量的、综合性的早期保育和教育服务），学前教育主要属于福利事业。尽管培训重心已从教育专业本科毕业（教师）转向一种更宽泛的职业培训（早教师资格培训），但后者往往没有相应的薪酬补偿。因此，《早期奠基方案》的目标很难在短时间内实现。

在EPPE研究期间，甚至到今天，英格兰仍就没有形成幼儿园等级评定体系。师资专业职级、工作条件、薪酬、年龄和工作年限等仍然并将继续存在差异。在本书随后几章中，EPPE项目将探讨这些变量及各种幼儿园特征变量是否会对儿童的发展和日常学习经验带来影响。

以下网站可以提供关于英格兰师资培训、视导、课程等方面的详细信息：

- 英格兰幼儿园保教视导机构——http：//www. ofsted. gov. uk；
- 主管教育的政府部门，现在负责早期教育——http：//www. dcsf. gsi. gov. uk；
- 提供学前教育课程和测评信息的主要机构——http：//www. qca. org. uk。

上述多样性对儿童有影响吗？下一章我们要介绍 EPPE 项目的研究设计，谈谈我们如何对比不同幼儿园类型对儿童发展的影响，对比各类幼儿园对儿童的影响。后面几章我们还要检验幼儿园的质量问题（第五章），对比较高效的幼儿园进行案例分析，探讨什么是好的学前教育实践和教学（第八章）。

参考文献

The Audit Commission(1996) *Counting to Five: Education of Children Under Five*, London: HMSO.

Bertram, T., Pascal, C., Bokhari, S., Gasper, M. and Holtermann, S. (2002) *Early Excellence Centre Pilot Programme: Second Evaluation Report 2000—2001* (DfES research report 361), London: DfES (available at http://publications.dcsf.gov.uk/eOrderingDownload/RR361.doc, accessed 9 January 2009).

Department for Children, Schools and Families(2006) *Childcare and Early Years Providers Survey 2006—Technical Appendix*, DCSF-RW017, London: DCSF.

Department for Children, Schools and Families (2007) *Early Years Workforce Strategy Action Plan: Discussion Paper*, Early Years Workforce Development Team, 19 July 2007, London: DCSF.

Department for Children, Schools and Families(2008) *Early Years Foundation Stage Framework*, London: DCSF.

Department for Education and Employment (1996) *Nursery Education Desirable Outcomes for Children's Learning on Entering Compulsory Schooling*. London: Schools Curriculum and Assessment Authority/DfEE.

Department for Education and Science(1990) *Starting with Quality*, London: HMSO.

Department for Education and Science(DfES)(2003) *National Standards for Under 8s Day Care and Childminding: Childminding*, London: DfES.

Department for Education and Science(DfES)(2006) *Children's Workforce Strategy: Building an Integrated Qualifications Framework*, London: DFES.

HM Treasury(2003) *Every Child Matters* (Cm 5860), London: The Stationery Office (available at http://publications.everychildmatters.gov.uk/eOrderingDownload/CM5860.pdf, accessed 18 March 2009).

Hughes, B. (2009) Written Answers: Pre-school Education, London, Commons Hansard, 3 March 2009 Col 1561W.

Mooney, A., Boddy, J., Statham, J. and Warwick, I. (2006) *Diversity in Early Years Provision, Healthy Early Years Study*, London: Thomas Coram Research Unit.

Office for Standards in Education (Ofsted) (2006) *Quarterly Childcare Statistics as at: 31 December 2005*, London, Ofsted.

Qualifications and Curriculum Authority (2000) *The Foundation Guidance*, London: DfEE and QCA.

Schweinhart, L. J., Barnes, H. V. and Weikart, D. P. (1993) *Significant Benefits: The High Scope Perry Pre-school Study through Age 27*. Monograph of the High/Scope Educational Research Foundation, No 19, Ypsilanti, MI: High Scope Press.

Siraj-Blatchford, I. (ed.) (1998) *A Curriculum Development Handbook for Early Childhood Educators*, Stoke-on-Trent: Trentham Books.

Siraj-Blatchford, I. (1999) Early childhood pedagogy, practice, principles and research, in P. Mortimore (ed.) *Understanding Pedagogy and its Impact on Learning*, London: Paul Chapman.

Siraj-Blatchford, I. and Siraj-Blatchford, J. (2009) *Improving Development Outcoms for Children through Effective Practice in Integrating Early Years Services*, London: Centre for Excellence and Outcomes (C4EO).

Siraj-Blatchford, I., Sylva, K., Melhuish, E., Sammons, P. and Taggart, B. (1999) *The Effective Provision for Pre-school Education Project, Technical Paper 3. Contextualising the EPPE Project: Interviews with Managers and LEA Co-ordinators*, London: DfEE and University of London, Institute of Education.

Siraj-Blatchford, I., Sylva, K., Muttock, S., Gilden, R. and Bell. D. (2002) *Researching Effective Pedagogy in the Early Years*, Research Report 356 Nottingham: Department for Education and Skills.

Siraj-Blatchford, I., Sylva, K., Taggart, B., Sammons, P., Melhuish, E. C. and Elliot, K. (2003) *The Effective Provision of Pre-school Education (EPPE) Project: Technical Paper 10—Intensive Case Studies of Practice across the Foundation Stage*, DfES Research Brief No. RBX 16—03 October 2003. Nottingham: DfES Publications.

Siraj-Blatchford, J. (1997) *Robert Owen: Schooling the Innocents*. Nottingham: Educational Heretics Press.

Sylva, K., Siraj-Blatchford, I. and Johnson, S. (1992) *The Impact of the UK National Curriculum on Pre-school Practice*, *International Journal of Early Childhood*, 24, 41 – 51.

Sylva, K., Melhuish, E., Sammons, P., Siraj-Blatchford I. and Taggart, B., (2008) *Effective Pre-school and Primary Education (EPPE 3—11) Project: Final Report from the Primary Phase: Pre-school, School and Family Influences on Children's Development during Key Stage 2 (age*

7—11) DCSF Research Report RR061, Nottingham; DCSF

Sylva, K., Siraj-Blatchford, I., Melhuish, E. C., Sammons, P., Taggart, B., Evans, E., Dobson, A., Jeavons, M., Lewis, K., Morahan, M. and Sadler, S. (1999) *The Effective Provision of Pre-school Education (EPPE) Project: Technical Paper 6—Characteristics of the Centres in the EPPE Sample: Observation Profiles*. London: DfEE/Institute of Education, University of London.

Taggart, B., Sylva, K., Siraj-Blatchford, I., Melhuish, E. C., Sammons, P. and Walker-Hall, J. (2000) *The Effective Provision of Pre-school Education (EPPE) Project: Technical Paper 5—Characteristics of the Centres in the EPPE Sample: Interviews*. London: DfEE/Institute of Education, University of London.

第三章

EPPE 项目研究设计
——教育有效性聚焦

帕姆·萨蒙兹

本章介绍 EPPE 研究的主要目标以及幼儿园和儿童样本的抽样方法。本章还将简要说明数据收集的整个过程，包括如何在研究的不同时间点对儿童进行测评。另外，本章还将讨论我们研究设计的指导思想，为什么对幼儿园的“教育有效性”进行探讨，研究的方法论和分析策略是什么。

EPPE 项目是首个采用教育有效性设计探讨儿童发展及早期保育和教育影响效应的追踪研究。我们选用这种设计来调查幼儿园对儿童在学前直至小学阶段认知和社会行为发展的持续影响。EPPE 项目主要依据一些著名的经典调研方法，但它试图解答的问题是“有效”的幼儿保教方式是什么，这个问题具有现实性和实践意义。研究团队将一些先前彼此独立的研究者和研究方式聚集起来，将具有一定广度的量化研究与深入的质性研究结合，形成严谨的分析结果，实现对政策和实践的影响，促进人们理解幼儿园对儿童的影响。

本章介绍研究设计的背景信息，即为什么选用混合研究设计来解答研究团队所探寻的问题是最适宜的。本章还对我们收集的数据类型和其他资料进行了说明。研究工具和研究方法的详细说明列在附录 1 中。本研究最初是想检验学前教育对儿童早期发展的影响，计划对儿童进行追踪调查到 7 岁（小学第一学段结束），但随后扩展为检验学前教育的影响是否会持续更长时间——直至小学结束（第二学段，11 岁）。本研究的两个阶段——学前阶段和小学阶段将分别进行介绍。

本章描述了研究设计和研究目的，我们还有必要说说 EPPE 项目不能解决什么问题。本研究没有打算探讨具体的学前教育措施及其结果，因为这需要一种实验性的研究设计（参阅 Ramey 和 Ramey 1998 年关于早期干预作用的讨论）。我们试图研究的是英格兰儿童的学前教育经历有哪些不同情形。我们对进入不同类型幼儿园的样本儿童从学前到小学进行追踪调查，探寻学前教育的长期效果。

我们之所以选择大规模的研究设计对众多儿童和幼儿园进行研究，是因为我们想要研究学前教育效果的差异性，并确定具有统计意义的模型和效应。我们没有提供深入分析的质性研究结果——这往往要通过对个别儿童和家庭的案例分析才能获得（在本项目的后续研究中，我们对个别儿童和家庭进行了追踪调查，探寻他们的经历和观点。参阅 Siraj-Blatchford，2006）。当然，我们的研究含有对教育有效性较高的幼儿园的案例分析，这些分析对幼儿园的教育教学实践提供了丰富的资料，可以促进我们对有效性的理解。我们的研究没有提及个别人的独特视角和观点，这往往是其他一些小规模的质性研究所探讨的。

背景

美国的麦卡特尼和乔丹（McCartney & Jordan，1990）曾指出，对学前保育和教育效果的研究应该与对学校教育效果的研究建立更加紧密的联系。他们认为这两个研究领域的研究问题都经历了三个阶段的发展变化：

- 早期阶段——教育环境有影响吗？
- 第二阶段——有什么影响？
- 第三阶段——对哪类儿童有哪些影响？

1996 年开始计划的 EPPE 项目，明确提出将上述两个独立的研究领域结合起来，探讨学前教育和保育对儿童的影响。我们认为混合性的研究设计最适宜，一方面可以促进上述两个研究领域的融合，另一方面可以通过丰富多样的证据解答政策制定者和实践工作者各自关心的问题。

我们先用量化分析，找出儿童、家庭、居家学习和幼儿园学习等方面的哪些因素对儿童学前期的认知和社会行为发展存在显著性的影响，同时也检验儿童入园情况的影响。之后，我们采用多层统计模型探讨各种幼儿园对儿童发展不同方面的影响（有效性）有何差异，并为后续研究找出“特别的”

幼儿园个案①。与此配合，另有一系列的质性研究对量化研究结果进行扩展和印证，同时为我们研究学前教育实践问题提供实践案例和范本。

直到最近，学校有效性（School Effectiveness）才作为独立于学校改进（School Improvement）的研究领域在英国发展出来。EPPE研究力图通过创新设计将这两个领域结合起来。图3－1是对本研究所采用的混合研究设计的简要说明。另有多篇论文（Sammons et al.，2002，2003；Siraj-Blatchford et al.，2003）讨论多层建模和数据收集过程。本章主要概述本研究中量化分析（有效性和质量特征）和质性分析（个案研究）的联系。图3－1阐明了我们联结这两种研究方式的分析过程。按照塔沙克里（Tashakkori）和特德力（Teddlie）提出的惯例，矩形表示量化研究阶段，椭圆形表示质性研究阶段。该图突出了三个彼此平行的分析层面：有效性研究；识别（幼儿园的）质量特征；个案研究（Siraj-Blatchford et al.，2006）。

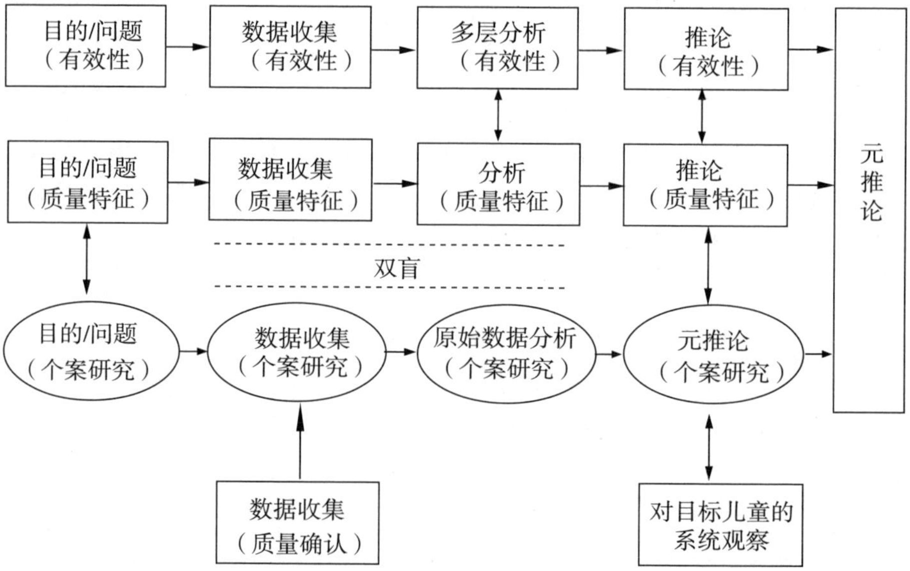

图3－1 混合研究设计

学前教育的效果研究

在英国，一直以来，幼儿园的类型都很多样，不同地区和不同举办者开

① 多层模型是一种分层回归分析（Goldstein，1995），特别适合研究机构效应。

设的幼儿园存在巨大差异，这反映了20世纪90年代中期各地地理条件（例如城市和乡村）的差异及各地方当局对学前教育的重视程度和资金投入的差异。一系列的报告质疑英国的学前教育是否发挥了其应该发挥的作用。这些报告要求对学前教育进行更好的协调，并要求对不同类型幼儿园的教育效果进行研究（Siraj-Blatchford，1995）。

然而，在英国，极少有关于幼儿园教育效果的系统的追踪研究。当时只有儿童健康教育研究，它表明，接受过某种形式学前教育的儿童入学后的表现比较好一些（Osborn and Milbank，1987）。另有一些研究提供了关于不同幼儿园环境对儿童发展不同影响的资料（Melhuish，1993；Sylva and Wiltshire，1993）。一些研究采用横向比较的方法（cross-sectional）探寻不同类型幼儿园的教育效果（Davies and Brember，1997）。无论是出生组群研究（Birth Cohort Study，1970）还是国家儿童发展研究（National Child Development Study，1958），都缺乏儿童入园时的发展数据，这意味着它们都未能探究儿童在学前阶段的发展进步。此外，过去30年，学前教育的服务和应用范围以及小学教育均发生了明显的改变，20世纪70年代的数据不能反映当前的实践现状。关于早期教育和保育的一本重要著作——《正确开端》（*Start Right*，Ball，1994）——主张结合基线调研（baseline measurement）展开追踪研究，以揭示学前教育可以给儿童的哪些发展方面带来“增值”。这样的研究结果可以为政策制定者提供建议。

目前，最著名和最详尽的早期教育研究已在美国进行。斯莱文等人（Slavin et al.，1994）采用“最佳证据综合法”（best evidence synthesis），确定了针对处境不利儿童的成功干预的基本特征。他们的结论是，比较成功的干预包括几个方面，如儿童与家庭的深度参与及持续数年时间。佩里学前教育方案（The Perry Pre-school Project），后来被称为高瞻干预，对处境非常不利儿童产生了令人瞩目的长期的社会和经济效益（Schweinhart et al.，1993）。该研究采用的是随机对照实验设计（randomised control trial，RCT），但用随机实验设计研究学前教育的效果在操作性和伦理性方面有一定的局限。有人提出，英格兰的大多数家长不会接受将儿童随机分配到不同的幼儿园的做法，因为英格兰在推动增加家长选择机会的政策，尤其是在属于非义务教育的学前教育阶段。而且，在运用随机对照实验检验某种具体干预措施的效果时，其结论很难推广到其他人群和情境，也很难揭示干预措施的哪些要素最重要。

对学前教育效果的研究需要一种追踪研究设计，以将学前教育的影响同儿童个人和家庭特征的影响分离开。它还需要扩大所研究的儿童的范围，包括多种人群（处境不利儿童及其他）。这一研究还应该找出并清楚地描述能带给儿童积极发展成果的教育过程，包括教学方式（Sylva，1994）。因此其抽样需要涵盖多种不同类型的幼儿园，包括不同的举办者和不同的环境条件。在 EPPE 项目设计之时，还没有研究尝试运用恰当的追踪数据和方法探讨不同类型幼儿园对儿童发展的不同影响以及各幼儿园的教育效果。EPPE 项目的研究目标包括：

- 对比来自不同社会和文化背景且有不同学前教育经历的 3 000 多名儿童的发展进程；
- 将幼儿园的影响、家庭的影响与从小学预备班到二年级（5—7 岁）的小学教育的影响区分开；
- 探讨是否有一些幼儿园比其他幼儿园能更有效地促进儿童早期（3—5 岁）的认知和社会/情绪发展；
- 揭示有效性较高的幼儿园在结构和过程方面的突出特征。

此外，当研究扩展到追踪儿童样本直到小学教育结束（11 岁）时，研究目标也扩展为揭示：

- 学前教育是否能在近期和远期（六年小学之后）持续影响儿童发展；
- 学前教育如何与小学教育交互作用，影响儿童的发展。

关于有效性的研究设计

教育有效性的研究设计按儿童在日常情境，如幼儿园或学校里的自然分组情况（按照儿童进入不同学校或幼儿园的情况进行分组），探讨教育机构的教育效果，并建立模型。逐步发展的学校有效性研究领域已经形成一种恰当的方法，即多层“增值”模型（Goldstein，1995），能将入园前儿童特征对其发展的影响与学校的影响进行区分。但在 EPPE 项目进行研究设计之时，学前教育领域还没有采用这些技术。

学校有效性研究可以总结为回答这样一个问题："上学是否对儿童产生影响?"（Mortimore et al.，1988）最近，人们开始重视有效性的内在变量，如教师或班级变量以及特定学校的长期教育效果等问题。EPPE 项目首次尝试通过大规模追踪研究检验单个幼儿园对不同发展结果（认知和社会行为）的影响效果。本研究的另一个重要特征是，研究样本中包括入学前没有上过幼儿园的居家儿童。这使项目有一个对照组（居家儿童），可以进一步对比不同幼儿园类型、在园时间和幼儿园服务质量的教育效果。但是，对于居家儿童，我们并没有运用增值研究的方式来探讨儿童的发展过程和社会行为发展结果。这样的追踪分析只用于幼儿园儿童样本——在他们 3 岁多进入幼儿园时收集了相关的基线数据。

儿童样本

对 EPPE 研究目标来说，按出生组群抽样是不合适的，因为可能找不到足够多的孩子。另外，按出生组群抽样具有很大的随机性，可能使某些类型幼儿园的样本太少。为了最大化地揭示幼儿园的教育效果及幼儿园类型的影响，本研究样本是按幼儿园类型（如托儿班、游戏小组等）和地区（见图 3－2）分层抽取的：

- 来自英格兰五个地区的六个地方（Local Authorities，LAs），包括城市、郊区、农村，具有种族多样性，并包括处境不利地区；
- 包括六种类型的幼儿园：游戏小组、公办日托中心、私立日托中心、托儿学校和托儿班、综合/联合中心（强调保教合一，具体见第二章）。

EPPE 项目力图在每种类型幼儿园抽取 500 名儿童，每一类幼儿园 20—25 所，每所 25 人，以此确保分组样本量。但在一些地方，某些类型的幼儿园不是很常见。由于有些幼儿园（如农村的游戏小组）规模较小，我们选取的幼儿园比最初计划的多了一些，总计有 141 所幼儿园，超过 3 000 名儿童。

我们从幼儿园样本儿童所进入的小学预备班里另外抽取了 300 多名没上过幼儿园的居家儿童。五个地区的儿童人数不同，这反映了学前教育服务和入园机会的差异。居家儿童集中于某些地理区域及某些族裔和社会群体。因

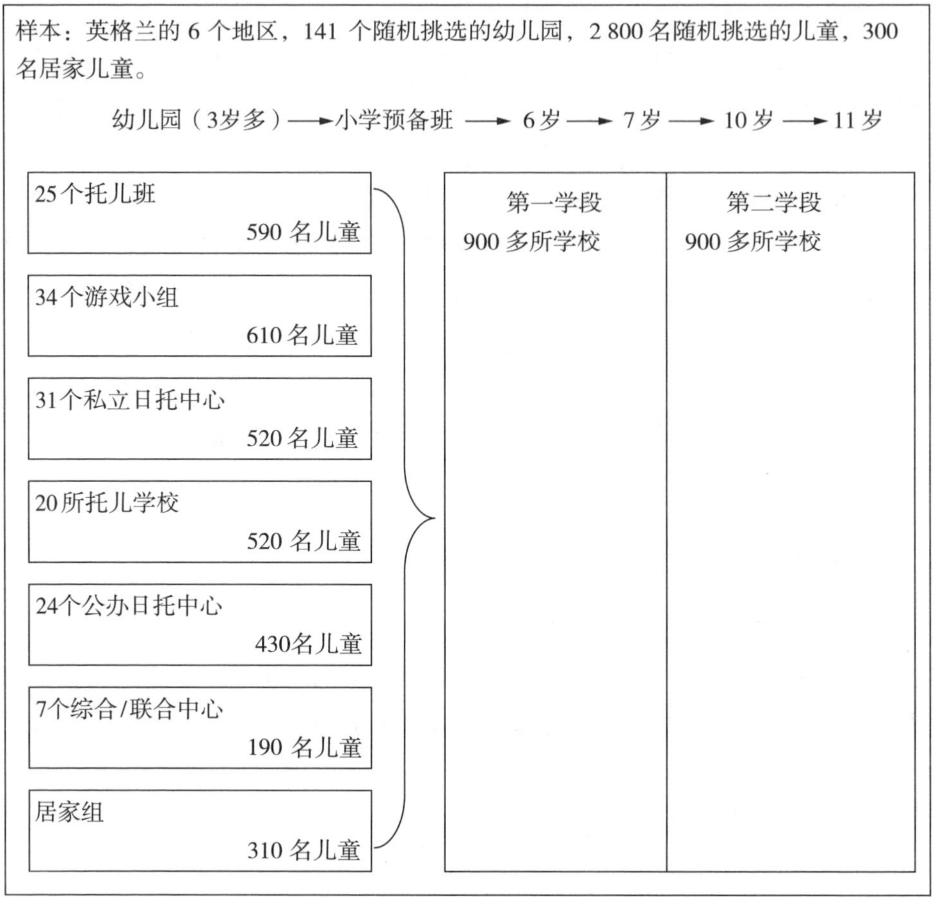

图 3－2 项目取样和数据收集的时间点

为这一点，我们的研究设计中有一个重要部分是，一旦确定抽取某个儿童，就要收集关于该儿童及其家庭情况和家庭环境的详细背景数据。这样做很有必要，有助于对儿童背景因素的潜在影响进行统计控制，更好地比较入园时间和园所质量的教育效果。

按同样年龄抽取儿童是不可能的，因为实际上儿童入园年龄各不相同，这取决于学位的多少及父母的需要。我们在抽取 EPPE 样本之后，在儿童进入目标幼儿园的 10 周之内，对年龄在 3 岁至 4 岁 3 个月之间的儿童进行基线调查。对 3 岁前就入园的儿童，尽量在最接近其 3 岁生日的时候进行测评。因为儿童入园年龄不同，所以我们在分析中把年龄作为一种背景因素来考虑是很重要的。我们还要考虑儿童在入学前的在园时间（以月计算）。

我们收集了儿童注册的学期数和出勤信息，以便对其在园时间和经验进行量化统计。我们发现，在 141 个目标幼儿园中，儿童的入园年龄存在显著差异。研究还考察了 EPPE 项目基线调查之前儿童的在园时间（以月计算）。在我们所调查的幼儿园中，平均每个孩子在入学前有 18 个月的部分时间（part time）在园经历①。

我们对 EPPE 儿童进行了四年追踪（直到他们 7 岁），考察他们的进步和发展。儿童的流动是一个很复杂的因素，他们可能从一种类型的幼儿园流动到另一种类型的幼儿园。我们对流动儿童进行了追踪调查，以便对他们进行独立的分析。后面的统计模型中包括了儿童变换幼儿园的测量数据，以便对这种流动因素进行控制（详见第六章关于幼儿园教育效果的报告）。

儿童评估

我们采用共同的测评要点对儿童自 3 岁多到第一学段的发展进行研究，因此能够追踪调查学前教育对 7 岁时的长期影响。然后，我们继续追踪学生直到第二学段的五年级和六年级。附录 1 列出了我们所使用的各种测评工具。本章主要介绍研究儿童从 3 岁多到入学时的发展进展的测评方法。

初入园（3岁到4岁3个月）

这时的基线测评为随后研究幼儿园儿童样本的发展过程提供了对照资料，所用测评工具是《英国能力量表Ⅱ》（*The British Ability Scale Ⅱ*，BAS，Elliot et al.，1996）。它通过言语和非言语两个子量表测出儿童的一般认知能力（General Cognitive Ability，GCA）②。另由幼儿园中熟悉儿童的工作人员完成一份《社会适应行为评估表》（*Adaptive Social Behaviour Inventory*，ASBI，Hogan et al.，1992），测量儿童的社会性和行为发展。

初入学（预备班，接近5岁）

儿童初入小学时进行一次测评。这次的测评力求与《理想的学前教育学习成果》一致：研究者用《英国能力量表Ⅱ》的言语和非言语分量表进

① 指 18 个月内每天有部分时间（如两小时）到幼儿园。——译者注

② 英语不流利的儿童只进行搭积木、图片相似性及社会和情绪行为的测评。

行测评，其中包括早期数概念。对前阅读能力的测评运用了“字母再认”（Marie Clay）和“头韵尾韵”（Bryant and Bradley，1985）测验[①]。我们对《社会适应行为评估表》进行了扩展，使之能够覆盖更大范围的行为，并改其名为《儿童社会行为问卷》（*Child Social Behavioural Questionnaire*）。它包含四个分量表：自我调节、多动、反社会行为、同伴交往。

第一学段结束（二年级，7岁）和第二学段结束（11岁）

我们收集样本儿童在全国英语和数学测验中的成绩。此外，各班教师为每个样本儿童填写了《儿童社会行为问卷》。

儿童和家庭背景特征

选定研究样本之后，我们通过家长访谈了解家长教育经历、职业、就业史及家庭结构等方面的丰富信息，回应率很高（97%）。我们还收集了关于孩子入托经历、健康情况以及家长参与教育或游戏活动（如给孩子读书、教童谣等）的具体信息。据此形成了《家庭学习环境调查表》（参见 Melhuish et al.，2008 和第四章）。入学后，我们通过一份家长问卷搜集关于家庭收入和家长就业的背景数据，考察儿童家庭环境和家庭学习的变化。此阶段问卷回收率接近 80%。

确定幼儿园的教育效果

本研究的第一阶段探讨儿童、家庭及其环境特征对儿童在其 3 岁多测得的认知及社会行为的影响。第二阶段主要是在控制基线得分和背景效应的情况下，考察儿童在学前阶段的进步和发展（Sammons et al.，2002，2003a；Sammons et al.，2004）。我们通过情境模型（contextual models）探讨某个给定时间点各背景因素对儿童认知或社会行为的影响，通过增值模型对基线数据和背景因素进行控制，探讨儿童随时间推移发生的变化。

增值模型可以表明儿童发展成果的差异有多少源于个体差异，又有多少源于幼儿园的差异。我们还考察了测评年龄、在园时间和经历、出勤率的影

① 英语不流利的儿童进行图片相似性、模型建构及社会行为的测评。另外还采用了《英国能力量表Ⅱ》中的临摹项目，测评其空间能力。

响。测评年龄特别重要，在进行初入园的《英国能力量表Ⅱ》测评时，量表编制者（NFER，即英国国家教育研究基金会）专门为 EPPE 项目进行了标准化处理（平均年龄 39 个月），后续的测评也进行了这样的处理（儿童初入学的平均年龄是 4 岁 9 个月）。

在增值模型中，未来认知或学习成果的预测变量（predictor variables）是最初的发展得分（《英国能力量表》言语和非言语得分的总和），社会行为成果的预测变量则是最初的社会行为得分（《社会适应行为评估表》的各维度得分）。此外，模型中还包含各种（个人、社会、家庭，包括早期家庭学习环境）背景特征，因为许多研究已经发现这些因素会影响学生的发展。这样，我们还可以对幼儿园招生情况的差异进行探讨。

我们分别在初入园和初入学时，检验不同群体儿童在认知和社会行为方面的差异。弄清这些差异的程度和范围与有关公平问题的讨论相关，也与近期的政策热点相关。最近人们很关注学前教育在促进社会融合方面的潜在作用。

我们的模型使我们可以得出 141 所幼儿园中的每一所相对于某种儿童发展成果的有效性。表 3－1 是对各个幼儿园有效性进行的分类，从效果极好（增值超过预期值零的置信区间达到 95%）到效果极差（增值低于零的置信区间达到 95%）共五类，同时显示了相对于五种认知成果，各类幼儿园都有多少。①

在 EPPE 样本中，大部分幼儿园的儿童数量相对较少，因此，被认定为效果极好或极差的幼儿园的数量是对在相对有效性方面的真实差异的一种保守估计。

表 3－2 是两所（虚构的）幼儿园在认知成果方面的有效性类型分布。按照前面提及的五类效果，一所幼儿园（公园路托儿所）在多个方面比较高效，另一所幼儿园（榆树街托儿所）则在多个方面比较低效。在 EPPE 项目中，没有任何一所幼儿园能在各个领域都高效。但是，从各个幼儿园在各分项上类型的分布看，它们往往不是总体上高效就是总体上低效，极少有混合分布的情况。我们用所测评的四种社会行为发展成果构建了类似的分布

① 评估各幼儿园的效果时，我们用到了残余估计和与它们相关的置信区间。幼儿园的学生人数会影响统计意义上很显著的异常值的辨识。学生数量越少，与残余估计相关的置信区间就越大。

表 3－1 依据认知结果有效性对幼儿园的分类

有效性分类	前阅读能力		早期数字概念		语言		非言语推理		空间意识/推理[2]	
	n[1]	%	n	%	n	%	n	%	n	%
显著高于期望值（置信区间为 95%）	10	7.1	7	5.0	1	0.7	1	0.7	3	2.1
高于期望值（置信区间为 68%）	18	12.8	2	14.2	16	11.3	13	9.2	8	5.7
期望值	83	58.9	95	67.4	108	76.6	113	80.1	118	84.3
低于期望值（置信区间为 68%）	24	17.0	14	10.0	14	9.9	12	8.5	9	6.4
显著低于期望值（置信区间为 95%）	6	4.3	5	3.5	2	1.4	2	1.4	2	1.4

注：

① n 表示每种种类的幼儿园数量。

② 空间意识/推理中，由于数据丢失，分析数据仅包括 140 个幼儿园。

表 3－2 两个（虚拟的）幼儿园在认知成果增值有效性类型上的分布

有效性分类	前阅读能力	早期数概念	语言	非言语推理	空间意识/推理
“优秀”—显著高于期望值（置信区间为 95% *）	公园路				
“良好”—高于期望值（置信区间为 68%）			公园路	公园路	
一般—符合期望值	榆树街	公园路			公园路和榆树街
较差—低于期望值（置信区间为 68%）		榆树街		榆树街	
很差—显著低于期望值（置信区间为 95%）			榆树街		

注：公园路托儿所的有效性类型分布普遍较好（比较有效），榆树街托儿所的有效性类型分布普遍较差（比较低效）。

图，并依据这些分布图选择个案研究对象。

我们依据对 141 所幼儿园的有效性类型分布图的分析，确定哪些幼儿园有效或高效，再根据这些信息选择后续质性研究要深入调查的幼儿园。本章后面将作介绍（另见第八章）。

在教育研究中，通过效应值（effect size，ES）可以测量不同预测变量的相对重要性。效应值是根据两组平均数的差与一个标准差的比值来计算的。通常，在干预研究（特别是随机对照实验）中，可以对效应值进行多层分析（Tymms et al.，1997）。EPPE 项目运用效应值说明不同的儿童、家庭及其环境因素的相对影响，说明儿童在园时间和幼儿园类型、质量等因素的相对作用（Elliot and Sammons，2004）。表 3－3 列出了儿童特征及幼儿园质量和在园时间等因素各自对前阅读和早期数概念发展的影响，这些数据是根据增值模型得出的。

表 3－3　部分背景因素的效应值举例——学前阶段前阅读和早期数概念的发展

	前阅读效应值	早期数概念效应值
免费校餐（FSM）	0.12	无
性别	0.21	0.09
出生时体重较轻	0.19	无
出生时体重非常轻	0.23	0.47
母亲受教育年限超过 18 年	0.21	0.23
学前教育质量	0.18	0.16
学前教育持续时间	0.38	0.28

注：效应值仅对幼儿园样本进行计算，用增值多层模型进行，控制了入园时的发展状况及当时儿童、家庭及其环境的影响。

与未进过幼儿园的儿童比较：居家儿童的测评结果

在对比居家儿童与入园儿童的发展成果时，不可能运用增值模型，因为该模型需要儿童先前的发展状况，但我们没有对居家儿童进行这方面的调查。我们采用了背景因素多层模型，将儿童、家庭及其环境等方面的重要测评数据以及以月为单位计算的在园时间（家庭小组为“0”）作为儿童入学发展状况的预测因素。由此可以测得儿童是否具有幼儿园经历以及这种经历的持续时间。该模型使我们可以将背景特征（如儿童的性别等）各自对儿童发展的影响与在园时间长短的影响进行对比。

质量特征

实地调查员（Field Officer）定期访问幼儿园，观察保教人员和儿童，并访谈幼儿园主管。他们收集的信息包括：班级规模、师幼比、专业培训、目标、规章、课程和父母参与等。过程性的质量特征包括师幼互动、同伴交往和活动组织等。我们还运用《学前教育环境等级量表修订版》（*Early Children Environment Rating Scale Revised*，ECERS-R，Harms et al.，1998）搜集一些信息。该量表包括以下几个分量表：

- 空间和设施；
- 生活常规；
- 语言和推理；
- 活动；
- 交往；
- 课程结构；
- 家长和保教人员。

我们通过《保教人员互动量表》（*Caregiver Interaction Scale*，CIS，Arnett，1989）搜集更多的信息。该量表包含“积极关系”“惩罚”“放任”“游离关系”等方面。

西尔瓦等人（Slyva et al.，2003）开发了《学前教育环境等级量表增补版》（*Early Children Environment Rating Scale Extension*，*ECERS-E*）。它包含四个针对教育质量的分量表：语言、数学、科学和环境、多样性。我们对上述三个量表的测评结果进行对比，发现用它们测出的优质幼儿园基本一致。研究显示，无论类型相同或不同，各幼儿园之间在质量方面都存在明显的差异（Slyva et al.，1999，2006）。第五章将更详细地讨论我们测评幼儿园质量的方法。总体而言，综合中心和托儿学校的质量等级较高，游戏小组和私立日托中心的平均得分明显偏低。私立日托中心在每个量表上都显示较大的标准差，表明其质量差异较大。

我们通过多层分析检验儿童入园经验的各个方面（是否入园、在园持续多少月、幼儿园的多方面质量特征等）是否与儿童的发展过程和结果有显著相关。换句话说，在考虑儿童发展的背景因素时，幼儿园能否发挥作用，使儿童到入学时能有更好的发展？第六章和第七章将说明幼儿园教育效果的大小及统计意义上的显著性。除了检验幼儿园是否能为儿童提供一个更好的小学起点（进入预备班时有较好的认知和社会行为发展成果），我们还追踪样本直到他们 7 岁和 11 岁。这样做是为了探索幼儿园的教育效果能否在三年或六年之后仍然保持对儿童发展的中长期影响，看看幼儿园的教育效果会不会只在短时间内有效，随后逐渐消失。鉴于政府为幼儿园投入了大量资源，因此，保证其有长效收益是非常重要的。另一个大家感兴趣的问题是，幼儿园是否让所有儿童受益，它可以在多大程度上帮助处境不利的儿童。

图 3－3 阐明了在各个时间点研究各种因素（与本研究关注的五个方面有关）对儿童发展的影响的量的分析思路。为了探讨学前教育在小学第一学段和第二学段结束时的影响，我们必须在模型中增加小学方面的信息。因为根据有关小学教育有效性的已有研究，小学对儿童的认知和社会行为发展也有重要影响。

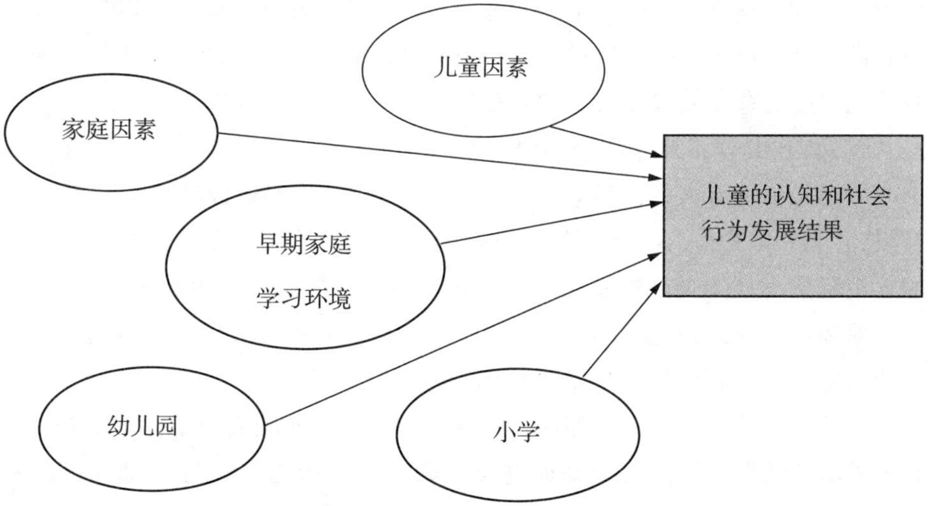

图 3－3　对儿童认知和社会行为发展的多层模型分析思路

质性研究部分

EPPE 项目在运用混合研究设计时，最大的一个特点是其过程的系统性（但非线性），我们称之为“三角互证”（iterative triangulation）。除了使用这一方法提高内在效度外，我们还关注让我们的“思维模式在归纳和演绎间来回转换”（Creswell，1994，p. 178）。核心团队成员的多样化背景及每周的例会大大促进了这种对话。尽管我们都同意合作研究，但我们仍决定采用“互盲”的方式对12个幼儿园个案作初步分析，以避免（无意识）偏见的产生。无论是质性调查的主要负责人，还是参加质性数据收集和初步分析的其他研究者，他们都不知道所选幼儿园个案的儿童发展结果。对个案幼儿园的初步分析也不会参照有关儿童发展结果与幼儿园质量特征相关性的研究结果。

个案研究

有效性研究表明，141所幼儿园里没有任何一所在所有儿童发展方面都显著高于或低于期望值，但是研究发现有些幼儿园有特别的优势，而另一些幼儿园则在某些领域很薄弱。我们采用目标抽样法选取了12所幼儿园，它们在某一项或几项认知或社会行为发展成果方面评级为“良好”（68%的置信水平）或“优秀”（95%的置信水平）。这些个案研究样本提供了深入对比分析的材料。这一研究过程的一个重要特征是，实地调研人员不知道哪一所幼儿园在儿童发展方面属于“良好”，哪一所属于“优秀”。

因为EPPE样本儿童在个案研究时已经离开了幼儿园，所以必须保证被选取的幼儿园没有大的改变。我们会再次采用《学前教育环境等级量表增补版》，只保留得分与之前相似或较之前略好的幼儿园。保证幼儿园没有大的管理调整（如园长或副园长、高层管理团队保持原样）也很重要。同时，在实地调查前后，幼儿园不会遇到可能对保教人员行为或园所服务有较大影响的困境（如教育标准办公室正在或即将入园视导）。

个案研究的总体目标是探讨什么因素使一些幼儿园成功地促进了儿童在某个领域的发展。具体目标是通过“优秀”幼儿园与“良好”幼儿园的对比，找出与获得“优秀”发展成果相关的具体教学方法和其他实践经验。我们之所以不在“优秀”和“很差”之间进行对比，是考虑到有些幼儿园的差异是由族群差异造成，同时也是为了最大化地让研究数据能为实践者所了解和运用。我们相信，“优秀”和“良好”间的对比比“优秀”和“很差”间的对比更有益、更具启发性。个案研究运用了多种数据收集方法，包括文本资料分析、访谈和观察。研究者都经过培训，他们能够做到：

- 比较自然地进行观察，随后与工作人员讨论；
- 对工作人员和家长进行半结构化的访谈；
- 收集和分析规章、计划、宣传手册等文本资料。

每个研究者先对所研究的个案幼儿园进行最多达 40 次的实地调研，主要是进行儿童测评和实施《学前教育环境等级量表》。随后用两周时间搜集质性数据。再往后用一周时间进行结构性的儿童观察，所使用的观察工具是被称为“目标儿童观察”（target child observations）的系统程序（Sylva，1997）。我们最初通过整理观察和访谈资料形成了一套编码系统，随后根据有关早期教育的文献综述（Strauss and Corbin，1990）及对数据的后继分析，对编码系统进行了修订和调整。完成这一步之后，我们对所有的质性数据进行了原始编码，由此产生了对每个个案的“深描”（Siraj-Blatchford et al.，2003），随后是对这些“压缩的数据”进行追寻，探寻哪些教育教学过程可以对有效性研究所揭示的认知和社会性发展成果提供解释。一旦发现某些教学法可以解释某种发展成果，我们就通过（对全套数据的）理论抽样对取得最好教育效果的幼儿园在相关方面的表现作更加深入的考察。为了说明确定“有效”教学法的分析过程，我们提供了关于“保持共同思考”的例子。尽管我们的观察显示，实践者并不经常采用保持共同思考的做法，但研究发现它是一种特别有效的教学法。第八章将对此进行介绍。

目标儿童系统观察用于为个案研究提供支持性的数据（Slyva，1997）。观察的目标儿童总计达到 254 名，每所幼儿园各取 10 名男孩和女孩，由幼儿园的保教人员提名，以保证这些孩子具有不同的能力和年龄。这些系统观察使我们能在幼儿园里聚焦于单个学生，记录他们的社会参与、活动、课程经验和与成人的交往。每种情境 20 分钟，每 30 秒作一次事件取样。研究者在与个案幼儿园无关的其他幼儿园进行目标儿童观察系统的试用和培训。运用 Kappa 计算的评价者一致性效度在 0.57—0.84 之间。

在 254 个目标儿童中，我们随机选择 141 个进行更细致的质性分析。20 分钟的观察被分解为若干个学习片段。每个学习片段都是由儿童或成人发起的连续而完整的活动，至少持续一分钟。对这些片段资料的分析包括活动由谁（保教人员还是儿童）发起或选择，其中涉及多少认知学习要求等（参见 Sylva et al. , 1980）。

我们将系统观察期间成人与儿童的教育交往都记录下来，对之进行分类，如“成人示范”，然后将这些小的类别组合到质性分析所形成的较高层级的分类中。例如“示范”和“提问”都归为更高级的类别“保持共同思考”（Siraj-Blatchford，2009）。

小结

本章我们介绍了选择混合设计研究幼儿园教育影响的基本原理，分别描述了量化研究和质性研究的做法以及如何对两种来源的资源进行分析和相互联系。对教育有效性的追踪研究设计有助于我们建立统计模型，说明各种幼儿园特征（总量、类型、质量、在园时间等）在各个时间点上对儿童认知和社会发展、对儿童在学前期之后小学各阶段的发展进程的影响。研究中引入了居家儿童组，可以对幼儿园的影响进行更加深入的对比分析。本研究设计的一个重要特征是，我们通过统计模型分析了儿童、家庭及其环境特征对我们所研究的不同发展方面的影响以及这些影响在儿童入学后发生了怎样的变化。这种研究设计的优势在于对儿童在幼儿园中自然发生的变化及其对不同年龄的影响进行了研究，尤其是这些影响是否会在小学长期发挥作用。关于混合研究方法的深入讨论可参见萨蒙兹等人（2005）和西拉杰 - 布拉奇福德等人（2006）的文章，他们集中讨论了 EPPE 项目研究设计的这个特征。

EPPE 研究设计受到实证研究和理论研究两方面的影响，认为混合研究方法能够结合两者的优势，避免仅靠一种范式带来的劣势（进一步的讨论参见 Johnson and Onwuegbuzie，2004）。纵向混合研究设计将大规模的定量调查与深度个案研究结合起来，前者涉及对儿童发展的测评，后者则是对学前教育实践工作者和儿童的结构化和非结构化的观察。这种结合可以清楚地揭示并使我们更好地理解哪些因素构成了良好或优秀的幼儿园实践。尽管我们的示意图（图 3 - 1）看起来像是按量的分析——质的分析——量的分析进行的线性安排，但实际上是一个循环往复的复杂过程。我们认为，混合研究设计的运用可以使关于幼儿园教育效果的研究更有意义，与单独依靠一种研究方法来收集和分析数据相比，前者能为政策制定者和实践者提供更加广泛的事实依据。复杂和多元的社会背景要求研究者依据多层次和多角度的信息进行分析。正因为使用了混合研究方法，我们的结论和推论才更有说服力。

EPPE 的研究结果与美国国家儿童健康和发展协会的研究结果（NICHD，2002）基本一致，但美国的这项研究没有使用教育有效性的研究设计，因而不能考察各个幼儿园的影响。EPPE 项目力求涵盖各类幼儿园的孩子，并在设计中增加了“居家儿童”这一组，这使检测幼儿园影响效应的可能性大大提高。EPPE 项目的巨大数据库有助于对有特殊需要的儿童进行深入研究，提升我们对学前阶段大部分“高危”儿童及其不利处境的理解（Sammons et al.，2003b；Taggart et al.，2006）。

EPPE 与 NICHD 两项研究关于早期教养重要性的发现基本一致，有关幼儿园教育质量和数量（持续时间）的影响的结论都非常有力，但 EPPE 项目走得更远，它对单个幼儿园的有效性变量进行了检验，并探究了英格兰幼儿园类型的影响效应。个案研究是量的分析与质的分析相结合的一个重要表现，它使两方面的研究持续对话，并能对教育过程进行研究。个案研究对关于有效教学实践的解释和建模特别有价值，而关于幼儿园影响效应的量化结果则带来了英格兰学前教育政策的发展。稍后会在第十一章介绍。

当然，我们首先要检验 EPPE 项目儿童样本的特征，考察儿童家庭和家庭学习环境对其社会行为和认知发展的影响。这些特征本身就值得研究，而在考察幼儿园的贡献之前先对这些因素进行检测也是很重要的。这有助于我们在社区和家庭背景下考察幼儿园的教育，也能说明为什么入园前的情况对学前教育研究有重要意义。

参考文献

Arnett, J. (1989) Caregivers in day-care centres: does training matter? *Journal of Appied Developmental Psychology*, 10, 541 – 552.

Ball, C. (1994) *Start Right: The Importance of Early Learning*, London: RSA.

Bryant, P. and Bradley, L. (1985) *Children's Reading Problems*, Oxford: Blackwell.

Creswell, J. W. (1994) *Research Design: Qualitative and Quantitative Approaches*, Thousand Oaks, CA: Sage.

Davies, J. and Bremher, I. (1997) The effects of pre-school experience on reading attainment: a four-year cross-sectional study, *Educational Psychology*, 178(3), 255 – 266.

Department for Education and Employment (1996) *Desirable Outcomes for Children's Learning*,

London: DfEE.

Elliot, C. D., with Smith, P. and McCulloch, K. (1996) *British Ability Scales Second Edition BAS II*, Windsor: NFER-Nelson.

Elliot, K. and Sammons, P. (2004) Exploring the use of effect sizes to evaluate the impact of different influences on child outcomes, in K. Elliot and I. Schagen (eds) *What Does it Mean? The Use of Effect Sizes in Educational Research*, Slough: NFER.

Goldstein, H. (1995) *Multilevel Statistical Models*, 2nd edn, London: Edward Arnold.

Harms, T., Clifford, R. and Cryer, D. (1998) *Early Childhood Environment Rating Scale Revised*, New York and London: Teachers' College Press.

Hogan, A. E., Scott, K. G. and Bauer, C. R. (1992) The adaptive social behaviour inventory (ASBI): a new assessment of social competence in high-risk three year olds, *Journal of Psycho Educational Assessments*, 10(3), 230 – 239.

Johnson, R. and Onwuegbuzie. A. (2004) Mixed methods research: a research paradigm whose time has come, *Educational Researcher*, 33, 7, 14 – 26.

McCartney, K. and Jordan, E. (1990) Parallels between research on child care and research on school effects, *Educational Researcher*, 19(1): 24 – 27.

Melhuish, E. C. (1993) Pre-school care and education: lessons from the 20th and the 21st century, *International Journal of Early Years Education*, 1, 19 – 32.

Melhuish, E., Sylva, K., Sammons, P., Siraj-Blatchford, I., Taggart, B. and Phan, M. (2008) Effects of the home learning environment and pre-school center experience upon literacy and numeracy development in early primary school, *Journal of Social Issues*, 64(1), 95 – 114.

Mortimore, P., Sammons, P., Stoll, L., Lewis, D. and Ecob, R. (1988) *School Matters: The Junior Years*, Wells: Open Books.

National Institute of Child Health and Development NICHD (2002) Early child care and children's development prior to school entry: results from the NICHD Study of Early Child Care, *American Educational Research Journal*, 39, (1): 133 – 164.

Osborn, A. F. and Milbank, J. E. (1987) *The Effects of Early Education: A Report from the Child Health and Education Study*, Oxford: Clarendon Press.

Ramey, C. T. and Ramey, S. L. (1998) Early intervention and early experience, *American Psychologist*, 53, 109 – 126.

Sammons, P., Sylva, K., Melhuish, E., Siraj-Blatchford, I., Taggart, B. and Elliot, K. (2002) *Measuring the Impact of Pre-school on Children's Cognitive Progress over the Pre-school Period*, EPPE Technical Paper 8a, London: DfES/Institute of Education.

Sammons, P., Sylva., K., Melhuish, E., Siraj-Blatchford, I., Taggart, B. and Elliot, K. (2003a)

Measuring the Impact of Pre-school on Children's Social Behavioural Progress over the Pre-school period, EPPE Technical Paper 8b, London: DfES/Institute of Education.

Sammons, P., Siraj-Blatchford, I., Sylva, K., Melhuish, E., Taggart, B. and Elliot, K. (2005) Investigating the effects of pre-school provision: using mixed methods in the EPPE research, *International Journal of Social Research Methodology, Theory and Practice*, special issue on mixed methods, *Educational Research*, 8(3), 207 - 224.

Sammons, P., Smees, R., Taggart, B., Sylva., K., Melhuish, E., Siraj-Blatchford, I. and Elliot, K. (2003b) *The Early Years Transition and Special Educational Needs (EYTSEN) Project*, Technical Paper 1, London: DfES/Institute of Education.

Sammons, P., Elliot, K., Sylva, K., Melhuish, E., Siraj-Blatchford, I., Taggart, B. and Smees, R., (2004) The impact of pre-school on young children's cognitive attainments at entry to reception, *British Educational Research Journal*, 30(5), 691 - 712.

Siraj-Blatchford, I. (1995) Expanding combined nursery provision: bridging the gap between care and education, in P. Gammage and J. Meighan *The Early Years: The Way Forward*, Nottingham: Education New Books.

Siraj-Blatchford, I. (2009) Conceptualising progression in the pedagogy of *Play and Sustained Shared Thinking* in early childhood education: A Vygotskian perspective, *Educational & Child Psychology*, 26(2), 77 - 89.

Siraj-Blatchford, I., Sylva, K., Taggart, B., Sammons, P. and Melhuish, E. (2003) *The EPPE Case Studies*, Technical Paper 10, London: Institute of Education/DfEE.

Siraj-Blatchford, I., Sammons, P., Sylva, K., Melhuish, E. and Taggart, B. (2006) Educational research and evidence based policy: the mixed method approach of the EPPE Project, *Evaluation and Research in Education*, special issue—'Combining Numbers with Narratives', guest edited by S. Gorard and E. Smith, 19(2), 63 - 82.

Slavin, R. E., Karweit, N. L. and Wasik, B. A. (1994) *Preventing Early School Failure*, Needham Heights, MA: Allyn and Bacon.

Strauss, A. and Corbin, J. (1990) *Basics of Qualitative Research*, Newbury Park, CA: Sage.

Sylva, K. (1994) School influences on children's development, *Journal of Child Psychology and Psychiatry*, 35(1), 135 - 170.

Sylva, K. (1997) The target child observation, in K. Sylva and J. Stevenson *Assessing Children's Social Competence*, Slough: NFER Nelson.

Sylva, K. and Wiltshire, J. (1993) The impact of early learning on children's later development: a review prepared for the RSA Enquiry 'Start Right', *European Early Childhood Education Research Journal*, 1(1), 17 - 40.

Sylva, K., Roy, C. and Painter, M. (1980) *Childwatching at Playgroup and Nursery School*, London: Grant McIntyre.

Sylva, K., Sammons, P., Melhuish, E., Siraj-Blatchford, I. and Taggart, B. (1999) *The Effective Provision of Pre-school Education (EPPE) Project. Technical Paper 1—An Introduction to the EPPE Project*, London: DfES/Institute of Education, University of London.

Sylva, K., Siraj-Blatchford, I. and Taggart, B. (2003) *The Early Childhood Environment Rating Scales: 4 Curricular Subscales*, Stoke on Trent: Trentham Books.

Sylva, K., Siraj-Blatchford, I., Taggart, B., Sammons, P., Melhuish, E., Elliot, K. and Totsika, V. (2006) Capturing quality in early childhood through environmental rating scales, *Early Childhood Research Quartergy*, 21, 76 – 92.

Taggart, B., Sammons, P., Smees, R., Sylva, K., Melhuish, E., Siraj-Blatchford, I., Elliot, K. and Lunt, I. (2006) Early identifcation of special needs and the definition of 'at risk': the Early Years Transition and Special Education Needs (EYTSEN) Project, *British Journal of Special Education*, 33(1), 40 – 45.

Tashakkori, A. and Teddlie, C. (2003) (eds) *Handbook of Mixed Methods in Social and Behavioural Research*, Thousand Oaks, CA: Sage.

Tymms, P., Merrell, C. and Henderson, B. (1997) The first year at school: A quantitative investigation of the attainment and progress of pupils, *Educational Research and Evaluation*, 3(2), 101 – 118.

第四章

为什么儿童、父母和在家学习很重要

爱德华·梅尔休伊什

本章描述参与 EPPE 项目研究的儿童及其家庭的特征，包括背景特征和社会人口特征，分析儿童、父母和家庭等因素与儿童在不同年龄阶段的社会行为和认知发展等方面的测量结果之间的关系，讨论家庭学习环境的重要性，阐明不利的社会处境是以何种方式影响儿童发展、增加可能出现成绩不良的风险的。

参与 EPPE 项目研究的家庭

父母的特征，如就业情况、婚姻状况、年龄和受教育程度等，均与家庭的社会经济地位或处境不利的程度有关。在本研究中，各组之间都存在差异。如表 4 –1 和表 4 –2 所示，我们用母亲的受教育程度来说明这种差异。

EPPE 样本在社会经济光谱（socio-economic spectrum）① 底层的比例较高（与全国样本相比），在顶层的比例也略高（高于全国平均水平）。表 4 –1 展示的是母亲的受教育程度，其他与社会经济地位相关的指标的分布情况与之类似。如此取样的原因有两个：①为了获得与样本相关的有说服力的研究结果而有意选取数量足够大的处境不利或少数族裔儿童作为研究样本；②使来自处境不利组的样本即使可能出现选择性耗损（selective attrition）②，在 7 岁时依然具有代表性。

---

① 社会经济光谱是指一定范围内按照社会经济地位的高低绘成的一个光谱图，其中社会经济地位最高的处于光谱的顶层，地位最低者处在光谱的最底层。——译者注

② 选择性损耗是指研究过程中被试的非随机流失，选择性损耗有可能导致研究样本不再具有代表性。——译者注

表 4－1 EPPE 研究样本与全国样本中母亲受教育程度的比较

受教育程度	EPPE 样本（%）	全国样本（%）
大学及以上	16.9	12.9
职业技术学院	13.4	12.1
高中（A level）	8.4	12.7
初中（GCSE level）	37.0	44.1
初中以下（less than GCSE level）	23.4	16.2
其他	0.9	1.9

表 4－2 不同类型学前教育机构中母亲受教育程度的比较（单位:%）

受教育程度	学前教育机构的组别						
	托儿班	游戏小组	私立日托中心	公办日托中心	托儿学校	综合中心	居家组
大学及以上	12.9	10.9	36.9	18.3	14.6	16.5	3.9
职业技术学院	11.8	14.1	9.9	16.6	16.8	18.2	6.6
高中	6.4	8.2	13.8	6.8	8.9	11.4	3.5
初中	43.5	46.3	31.2	27.6	40.1	27.8	27.1
初中以下	23.6	19.7	6.5	29.8	19.4	26.1	58.1

EPPE 研究中各个组别母亲的受教育程度存在显著差异。私立日托中心组的母亲在受教育程度上明显高于其他组。公办日托中心组中，母亲拥有大学及以上学历的百分比次之，但这个组母亲没有学历的百分比也是第二高。这反映了一些地方政府有关公办日托中心的入学政策——他们保留了一部分收费名额，通常是给具有较高社会经济地位和受教育程度较高的父母，但是仍有很多免费名额留给了社会经济地位较低的家庭。综合中心组母亲的受教育程度分布与之相似。托儿班、游戏小组、托儿学校等的分布则处于中位。居家组的母亲中没有任何学历的比例最高。类似的差异也存在于其他反映父母社会经济地位或处境不利程度的特征中。

鉴于其他反映处境不利的指标的分布与母亲受教育程度的分布相似

（见 Melhuish et al.，1999，Melhuish et al.，2001），我们可以得出如下结论：到目前为止，居家组中处境不利家庭所占的比例最高。公办日托中心组和综合中心组二者相似，位居次席。托儿班、游戏小组、托儿学校组的处境不利家庭所占比例在 EPPE 样本中处于中间水平。而到目前为止，私立日托中心组的家庭在样本中优势最明显。

EPPE 项目考虑到了影响儿童发展的诸多因素。例如在考察儿童英语水平时，我们考虑到儿童、家庭、邻居、幼儿园和学校是如何对儿童的英语成绩产生影响的。如果从发展的角度考虑，儿童先前的英语水平就会被纳入统计模型中（有关统计方法和分析策略的内容详见第三章，有关幼儿园效果的内容详见第六章）。大的样本量和采用合适的统计方法使得我们可以分别考察每个背景特征（预测指标）各自的影响，因此在呈现幼儿园的效果时（参见第六章），我们已经排除了所有相关的背景因素可能产生的影响。尽管本研究的重点在于幼儿园的短期、中期、长期影响，但是，如果我们不首先考察儿童及其家庭的特征，那么，这项研究就毫无意义。所以，在了解幼儿园的影响之前，考虑参与本研究的儿童及其家庭各自的特征非常重要。在本章中我们从效应值①的角度对影响儿童发展的各个因素的程度进行比较。

儿童特征的重要性

西尔瓦等人（Sylva et al.，2004）分析总结了参与 EPPE 项目儿童的个人特征（如性别、出生体重等）是如何对他们 7 岁时的认知和社会行为发展成果产生影响的，并开始关注这些背景因素的重要性。本章会涉及其中的一些关联，并在第一阶段的研究发现基础上分析这些影响的持续性及其随着儿童的成长（到 11 岁，即小学毕业）而发生变化的途径。

认识到我们这里使用的是统计意义上的关联和预测模式这一点很重要。当我们讨论性别的影响时，我们指的是男孩组和女孩组之间的差异。尽管我们可能发现总体上 3—5 岁的女孩在语言发展上优于男孩，但这并不意味着

① 效应值是一个表示因变量（如数学成绩）和自变量（如年龄、母亲受教育程度）之间相关程度的统计学测量指标（标准差单位），该指标也考虑了其他因素对因变量的影响。效应值小于 0.1 为效应很低，相对不重要；0.2 为效应低但具有潜在的重要性；0.5 为效应中等，很重要；0.8 为效应高，极其重要（Howell，1989）。值得注意的是，所有采用的效应值都将其他因素的影响考虑在内，因此是一个保守的估算。

所有女孩都优于所有男孩。无论是在每个组内部还是在各组之间，都存在很大的个体差异。虽然意识到这种模式是客观存在的，并在研究幼儿园效果时控制这些变量是非常重要的，但每个教师和保教人员不应该让这些信息影响自己对儿童个体的评价和期望。一个孩子处境不利不应该成为对他寄予较低期望的理由，教师和保教人员更需要认真评估每一个孩子，以便认识到他们的优点，并以适合的方式支持他们。与背景因素有关的研究证据最好用于帮助他们争取资源，监测公平的差距，同时对那些处境不利的儿童和与同年龄组相比发展迟缓的儿童实施早期干预。

性别差异

萨蒙兹等人（Sammons，2008a，2008b）研究了11岁前女孩作为一个群体是如何在大多数方面表现超过男孩的。11岁时，女孩的英语成绩仍优于男孩（ES = 0.29），但是男孩已经在数学方面略微超过女孩（ES = 0.19）。这与儿童早期女孩在这两个方面均优于男孩的情况不一致。这种性别差异也同样体现在社会行为发展方面。在11岁时，被教师们认定为有多动（hyperactivity）和反社会（anti-social）行为的男孩超过女孩，而被认定为有自我调节（self-regulation）和亲社会（pro-social）行为的女孩远多于男孩。两性之间在亲社会和多动行为上的差异尤为明显（二者的效应值均为0.71）。

出生体重和早期发展问题

在整个研究中，低出生体重（low birth weigh，LBW）与儿童的发展呈负相关。极低出生体重的儿童在11岁时英语成绩（ES = −0.47）和数学成绩（ES = −0.48）仍显著低于正常出生体重的儿童。①

除了出生体重的影响，父母报告的3岁前经常出现的发展问题与以后的发展水平相关。存在早期发展问题的儿童，其11岁时的英语和数学成绩明显低于没有早期发展问题的儿童（英语 ES = −0.24，数学 ES = −0.15）。父母报告有一种早期行为问题的儿童11岁时自我调节（ES = −0.25）和亲社会

① 我们将出生体重划分为三档：2 500克以上为正常出生体重，1 501—2 500克为低体重，1 500克以下为极低体重。

（ES = -0.24）行为水平明显较低，多动（ES = 0.31）和反社会（ES = 0.24）行为水平明显较高。相比之下，存在早期发展问题仅仅只能预测 11 岁时的自我调节行为水平（ES = -0.47）。

英语作为第二语言（EAL）的儿童

大多数英语作为第二语言的儿童与他们的同伴成绩相当，但是，那些 11 岁时仍需要辅导英语的 EAL 儿童英语（ES = -0.59）和数学（ES = -0.64）成绩却明显低于其他儿童。EAL 辅导对数学成绩的影响之所以略大于对英语成绩的影响，可能是因为在小学阶段的 EAL 辅导主要针对阅读而不是数学。需要 EAL 辅导也与较低的自我调节行为水平（ES = -0.65）和较高的多动行为水平（ES = 0.46）有关。

出生季节

研究发现，同一年出生但出生的早晚也对儿童的发展有显著影响，特别表现在，（同一学年出生）年龄越小，表现越差（Crawford et al.，2007）。由于儿童的精确年龄能够对他们的认知发展产生影响，所以我们在研究中采用了年龄标准化测试的方法考察认知学习成绩。

为了说明同年出生儿童精确年龄的差异产生的影响，我们比较了出生在不同学期的儿童之间的差异。秋季学期出生（前一年 9—12 月）比春季学期出生（1—4 月）的儿童年长，夏季学期（5—8 月）出生的年龄最小。当比较儿童在第二学段（11 岁）的成绩时，秋季学期出生的儿童比春季学期出生的儿童更容易达到最高等级（五级），而春季学期出生的儿童比夏季学期出生的儿童成绩更好。三个组别达到每个级别英语水平的百分比差异比较见表 4-3。同样的差异也存在于该年龄段的数学成绩中。

同一学年出生但具体出生日期不同，可能导致年龄较小的儿童被错误判定为需要接受特殊教育（special educational needs，SEN）。从表 4-4 可以看出，相对于年龄稍大的学生而言，被判定为有特殊教育需要的年龄稍小的学生比例更大。

这些发现与其他有关“年龄”的作用的研究结果（参见 Crawford et al.，2007）相似。按照传统，英格兰的学生应当是 5 岁那一年入学。这样，秋季学期出生的儿童在小学预备班学习的时间比夏季学期出生的儿童更长。最近

表 4-3 不同出生季节儿童在第二学段的英语成绩（n=2 810）

第二学段时的学业水平	儿童出生季节或学期					
	秋季		春季		夏季	
	n	%	n	%	n	%
无级别	39	4.2	57	5.5	60	7.0
二级	8	0.9	9	0.9	12	1.4
三级	116	12.6	166	16.1	148	17.2
四级	448	48.5	511	49.7	438	51.0
五级	313	33.9	285	27.7	200	23.3
总计	924	100	1 028	100	858	100

表 4-4 不同出生季节儿童在第二学段结束时需要特殊教育的情况

需要特殊教育的情况	儿童出生季节或学期					
	秋季		春季		夏季	
	n	%	n	%	n	%
需要	318	35.8	402	40.4	375	45.0
不需要	571	64.2	593	59.6	459	55.0
总计	889	100.0	995	100.0	834	100.0

这种不平等已经引起了注意（参见 Crawford et al.，2007），许多地方政府正在试验采用不同的入学方式和教学方法（如每年招生一次、修订课程等），来改进这种不足。

父母特征的重要性

继单独分析儿童特征对其整体发展的影响之后，本研究把目光投向了儿童的家长。

梅尔休伊什等人（Melhuish et al.，2001）和西尔瓦等人（Sylva et al.，2004）描述了父母的社会阶层特征（如受教育程度、职业地位和家庭收入等）在儿童早期是如何影响孩子的认知和社会情感发展水平的。通常认为，父母居于优势地位，他们便有能力为孩子支付各种服务、产品、家庭活动和社交等方面的费用，从而使孩子大大受益。而许多父母社会地位较低的孩子则难以得到这些资源和经验，从而使孩子出现发展问题的风险更大（Duncan and Brooks-Gunn，1997）。我们此处研究的是父母的持续影响以及其中的部分影响是如何随着孩子的成长（到 10 —11 岁，即到小学末期）而发生变化的。

有研究表明，较之于家庭收入或社会经济地位，父母受教育程度对孩子学习成绩的预测性强得多，所以考察不同因素的净效应（net effect）非常重要。这一点不能忘记，因为只研究社会经济地位或收入，可能就会得出有关社会处境不利的影响的另一种结论。在政策方面，与仅仅关注缩小收入差距相比，提高下一代父母的受教育水平的长期效益很可能更大。

父母受教育程度

在整个研究过程中，以获得的最高学历为指标的父母受教育程度一直产生着显著的积极效应，而且这种效应还随着儿童年龄的增长而增强。

图 4 -1 和图 4 -2 是父母受教育程度效应值的详情，描述了父母不同的受教育程度对儿童 11 岁时英语和数学成绩的影响。这种影响的效应值已将所有其他背景因素、幼儿园教育和小学教育因素排除在外。父母双方的受教育程度都很重要，而母亲的影响尤甚，我们将父母受过教育（含各种受教育程度）的各组和父母未受过教育的组做了比较。结果发现，母亲的受教育程度对儿童数学和英语成绩影响最大（ES =0. 76，0. 71），明显大于父亲的影响（ES =0. 39，0. 34）。

父母的受教育程度对儿童 11 岁时的社会行为表现同样具有重要的影响（对学前期和小学早期的影响参见 Sylva et al. ，2004）。母亲的受教育程度与儿童全部四项社会行为表现的指标都存在中等强度的相关。母亲受教育水平越高，儿童 11 岁时出现自我调节（ES =0. 55）和亲社会（ES =0. 36）行为的比例就增多，出现多动（ES = -0. 45）和反社会（ES = -0. 27）行为的比例就降低。这些发现与前几年的研究结果基本一致，不过相关性稍强一些。父亲受教育程度对儿童 11 岁时社会行为表现的预测作用则没有那么大，但依然与儿童的自我调节和多动行为表现有关。父亲受过教育的儿童比父亲没有受过教育的儿童自我调节水平更高（ES =0. 29），多动行为水平更低（ES = -0. 30）。父母受教育程度对儿童社会行为表现的影响如图 4 -3 所示。

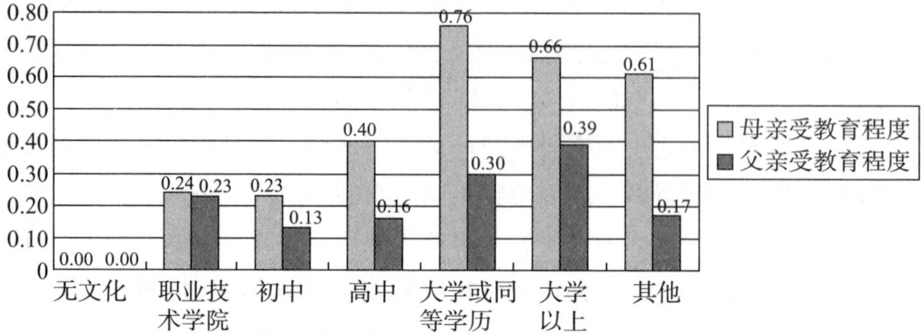

图 4－1 父母受教育程度对儿童 11 岁时英语成绩的效应值

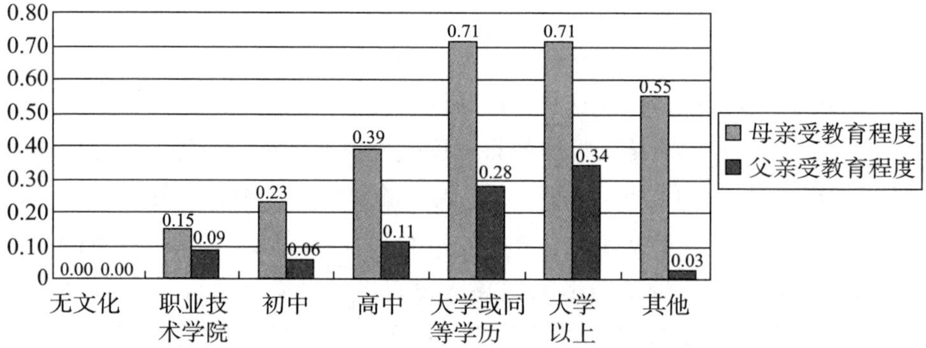

图 4－2 父母受教育程度对儿童 11 岁时数学成绩的效应值

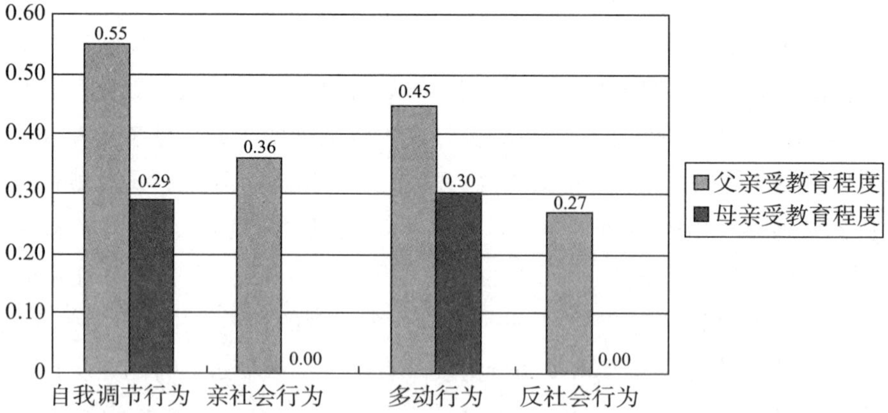

图 4－3 儿童 11 岁时社会行为表现与父母受教育程度的相关性

父母的社会经济地位

以父母所从事职业的最高社会地位为指标的父母职业或社会经济地位与儿童发展也存在独立的相关关系。父母从事“专业性且非手工”职业的儿童，11岁时数学和英语成绩都有更好的表现。图4－4呈现的是，在考虑其他所有变量的前提下，父母的社会经济地位对儿童在第二学段（11岁）的学业成绩产生的影响。

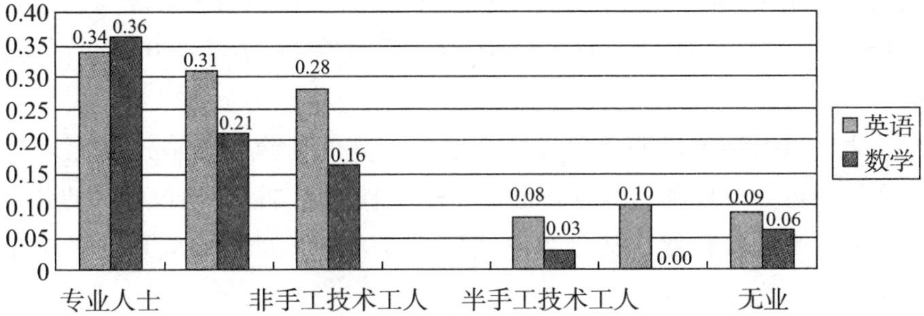

图4－4　社会经济地位对儿童11岁时英语和数学成绩的净效应

从11岁时儿童的社会行为表现看，父母的职业地位只与儿童的反社会行为相关。依据老师的判定，与父母从事有技术含量的非手工职业（如银行职员）（ES＝0.23）、父母从事无技术的手工职业（如体力劳动者）（ES＝0.28）和父母无业（ES＝0.20）的儿童相比，父母是专业人士（如律师、医生）的儿童较少出现反社会行为。总体来看，父母社会经济地位对儿童社会性行为的影响相对比较小，其中父母一方从事非手工职业的儿童与父母都从事手工职业或无业的儿童之间差异最为明显。

父母收入

在儿童6—7岁时，我们收集了他们的家庭收入资料。分析发现，在控制所有其他因素影响的情况下，家庭收入的净效应处在中等显著水平。来自高收入家庭（年收入37 500—67 499英镑——根据2002年的数据）的儿童11岁时英语成绩比父母无收入的儿童要高（ES＝0.23）。在数学成绩方面，家庭年收入在17 500—67 000英镑之间的各组的效应值在0.15—0.25之间。家庭收入还与社会行为发展有关。与来自低收入或无收入家庭的儿童相比，来自中上等收入家庭的儿童在 11 岁时自我调节行为水平（ES = 0. 33—0. 38）和亲社会行为水平（ES = 0. 22—0. 23）均更高。此外，在 11 岁时，来自中低收入家庭的儿童比来自低收入或无收入家庭的儿童多动行为水平要低（ES = 0. 24）。

与父母收入的影响一致，类似的影响也发生在来自贫困和非贫困家庭的儿童之间。儿童有资格获得免费校餐（free school meal，FSM），经常被视为家庭贫困的标志。这一标志一直与贫困儿童的发展相关。11 岁时儿童在学业成绩（英语 ES = －0. 23，数学 ES = －0. 15）和社会行为表现（自我调节行为ES = －0. 23，多动行为 ES = 0. 21，反社会行为 ES = 0. 27）上相对较差。

总之，以上结果证明，父母社会地位较高的儿童在学业成绩上表现更好，在社会行为发展和其他方面也是一样。但是在与社会地位相关的各个变量中，父母受教育程度比父母职业地位或收入对儿童发展成果的影响相对更大。

家庭特征的重要性

除了聚焦于儿童和他们的父母之外，EPPE 研究也把目光投向了他们家庭的其他特征。下面讨论的是独立对儿童发展产生影响的几个重要的家庭因素。在学前期发现的一些家庭因素再一次影响到儿童后期的发展水平。

家庭规模

来自大家庭（有三个或以上兄弟姐妹）的儿童 10 岁时的阅读成绩低于平均水平（ES = 0. 21），但数学成绩没有这样的表现。这可能反映了这样一个问题：在大家庭中，儿童在学前期与父母互动的机会较少（参见下面有关早期家庭学习环境的内容）。但是，学前期家庭规模的大小对儿童 11 岁时学业成绩的影响不具有统计意义上的显著性。

父母婚姻状况

母亲的婚姻状况（儿童 6—7 岁时）是儿童 11 岁时亲社会行为表现的一个重要预测指标。研究发现，母亲分居或离婚的儿童比母亲已婚的儿童亲社会行为水平更低（ES = －0. 18），而母亲单身或未婚的儿童与母亲已婚的儿童在亲社会行为表现方面没有显著差异。另外，我们也分析了婚姻状况变化（即从学前期到第一学段母亲的婚姻状况变化）对儿童 11 岁时的社会行为表现的预测作用。

父母婚姻状况变化可分为四种类型：①两个时期内父母婚姻正常；②两个时期内均单亲；③双亲变为单亲；④单亲变为双亲。有趣的是，控制了其他背景因素后，来自不同婚姻状况变化家庭的儿童在多动和反社会行为表现上出现了显著差异。母亲从单身变为结婚或同居的儿童比一直有双亲的儿童表现出更多的多动行为（ES = 0.24）和反社会行为（ES = 0.25）。这些发现与其他关于家庭的研究结果一致，都认为父母进入新的婚姻与儿童负面行为的增长相关（Dunn et al.，1998；Dunn，2002）。

进入不同类型学前教育机构的儿童的家庭情况

出于各种原因（如地理位置、开放时间等），学前教育机构经常吸引不同社会经济地位或不同程度社会处境不利的家庭的儿童入园。虽然梅尔休伊什等人（Melhuish et al.，1999）对此进行过详细的描述，但是下面的内容对本章非常重要，因为它展示了（不同类型学前教育机构中幼儿）家庭之间存在多种差异，EPPE 研究在分析过程中充分考虑了这些差异的影响。

在 EPPE 样本中，不同类型的学前教育机构在幼儿家长受教育程度上存在显著差异。私立日托中心的幼儿母亲比其他组的幼儿母亲受教育程度更高，公办日托中心的幼儿母亲受过大学及以上教育的百分比居其次，但该组母亲未受教育的比例也排第二。这反映了公办日托中心的招生政策，他们保留了一定数量的收费名额，这些名额通常被父母社会经济地位高、受教育程度高的家庭占去，但同时也有许多父母社会经济地位低的家庭的儿童免费入园。综合中心的幼儿母亲受教育程度也有相似的多样性。游戏小组、托儿班和托儿学校的分布则处于中间地位。居家组幼儿（没有入园经历）的母亲迄今为止未受过教育的比例最高。反映社会经济地位或处境不利地位差异的其他父母特征也存在类似的差异。

总之，居家组中处境不利家庭的比例最高，公办日托中心组和综合中心组的处境不利家庭比例次之，且二者的比例相近。在游戏小组、托儿班和托儿学校组中，处境不利家庭的比例在 EPPE 样本中处于中间地位。入私立日托中心的家庭在样本中是属于处境最优的。

3 岁前非父母照料（non-parental child care）及其对儿童发展的影响

我们通过对父母的访谈，了解他们的孩子在参与研究之前的“照看史”。分析结果表明，3 岁前不是由父母照料对儿童产生了一些影响。

3 岁前（尤其是 2 岁之前）接受“集体照料”（group care）的时间长，与一小部分儿童在 3 岁时表现出较多的反社会行为相关（Melhuish et al.，2001）。在一些地方政府办的或私立的日托中心里，有大量从婴儿期就入托的幼儿，上述的影响主要限于进入这样的日托中心的幼儿。如果有“反社会”行为的儿童在 3—5 岁时进入高质量的教育机构，他们的“反社会”行为就会减少。

尽管中等程度的育儿员照看（childminder care）与“反社会”行为的增多无关，但是，这种照料的程度还是极高的（每周大于 45 小时）。据幼儿园保教人员报告，多数时间由亲戚（通常是奶奶或姥姥）照料与儿童较低的反社会水平和较高的合作水平相关（Melhuish et al.，2001）。

人们开始关注早期日托和反社会行为之间可能存在相关关系，很大程度上是因为在美国著名的一个有关 2 岁（NICHD ECCRN，1998）和 4. 5 岁儿童的研究报告（NICHD ECCRN，2004）中提及了这种相关性。然而，早期日托的时间长导致反社会行为增多的现象到了 8 岁时就会消失，但儿童与教师、母亲之间的冲突却明显增强（NICHD ECCRN，2005）。范·艾森德恩等人（Van IJzendoorn et al.，2004）后来的分析发现，日托对反社会行为的影响与集体照料（而不是其他形式的照料）有特别的关联。NICHD 在随后对 11—12 岁儿童的研究中又发现，早期集体照料时间长与问题行为之间存在显著相关（Belsky et al.，2007）。

我们利用 EPPE 项目的更大样本，详细地验证了早期集体照料和反社会行为之间可能存在的关联性。我们运用多层模型的统计方法——这种统计方法更适合对每个年龄段分别处理，因为它考虑了不同年龄之间行为的相关性，这样的分析说服力和分辨力都更强——同时分析了儿童 3 岁、5 岁、6 岁、7 岁和 10 岁时影响反社会行为的各种因素。结果显示，已有研究发现的出生后最初 2 年接受集体照料的总量与后期反社会行为水平之间的相关性，在 3 岁、5 岁、6 岁时得到加强，7 岁时明显减弱，到 10 岁时完全消失。我们又通过考察开始接受集体照料时的年龄，进一步分析这种相关性，结果发现，只有对在2岁以前就开始接受集体照料的儿童来说，接受集体照料和反社会行为之间的相关性才得以持续。特别是对于1岁时就接受集体照料的儿童来说，集体照料和反社会行为之间的相关性最强。2岁时才开始接受集体照料的儿童，这种相关性仍然存在，但是相对比较弱。

总之，出生后两年内就开始接受长时间的集体照料与高的反社会行为水平显著相关，但这种相关性到10岁时就会消失。长时间集体照料对1岁之内就开始接受集体照料的儿童影响最大，对2岁时开始接受集体照料的儿童的影响有所减弱，对更晚时才开始接受集体照料的儿童则不会产生显著影响。

父母的居住地对学业成绩和社会性发展的影响

有证据表明，儿童发展与邻里状况存在一定的相关性。在美国，蔡斯·兰斯戴尔等人（Chase-Lansdale et al.，1997）发现，在影响5—6岁儿童行为问题和学业成绩的因素中，大约有2%的贡献率与邻里状况的特征（贫困和种族多样性）有关。与此相似，英国的麦卡洛克和乔希（McCulloch & Joshi，2001）研究发现，认知方面得分低的4—5岁儿童中，来自贫困社区家庭的要多于富裕社区的。该结论独立于其他社会经济因素。同样，梅尔休伊什等人（Melhuish et al.，2006a，2006b）在分析英格兰所有公立小学中500 000多名儿童连续三年（2002—2004）的资料时发现，儿童从第一学段（7岁）到第二学段（11岁）的进步程度也部分受到他们所在社区贫困程度的影响。当然，这种邻里“效应”可能只反映了家庭间某种无法测量的差异，因为这些家庭不是在各个社区随机抽取的。

上述提到的所有研究都是在考虑诸如儿童性别、种族、年龄、父母社会经济地位和受教育程度等儿童及其家庭的人口学特征之后，分析是否存在一个独立的影响效应与邻里贫困状况有关。这些研究收集的数据并没有EPPE项目研究那么丰富。因此，本研究可能在研究邻里状况的影响时比以往的研究更好地控制儿童及其家庭的因素。EPPE项目还专门开发了一种测量家庭提供的学习机会的方法——早期家庭学习环境指数，这种方法能够有效地预测学习成绩（如Melhuish et al.，2008a，2008b）和社会行为发展水平（如

Sammons et al.，2008b）。本章的最后一部分将全面阐述家庭学习环境及其对儿童发展水平的影响方式。

我们在分析邻里状况的影响时采用了三项指标。其中两项指标从社会凝聚力（social cohesion）和安全的角度反映父母对邻里状况的感受（在儿童7岁时通过问卷收集资料），第三项指标是多种资源缺乏的综合贫困指数（IMD，Index of Multiple Deprivation，ODPM，2004）。

首先，我们分析了儿童及其家庭的人口学特征对儿童在6岁和11岁时学习成果的影响，然后加入了邻里状况变量，以观察它们是否会产生附加效应（additional effect）。最后，我们再加入早期家庭学习环境变量，以观察加入该变量后邻里状况变量的影响是否会发生变化。

一旦加入家庭学习环境变量，任何一项邻里状况因素对儿童阅读成绩和社会行为发展水平的影响就不再显著了。以数学成绩为例，儿童6岁时，多种资源缺乏的综合贫困指数对数学成绩有附加效应（ES =0.13），这种效应虽然较小但是仍然显著。即使考虑了儿童自身、家庭和家庭学习环境的所有因素的影响，来自非常贫困地区的儿童数学成绩仍然较低。但是，儿童到了11岁时，如果在分析过程中加入了家庭学习环境因素，那么邻里状况因素的所有影响就会消失。

加入家庭学习环境变量后最初出现的邻里状况因素影响开始消失，表明家庭之间的差异可能会中和邻里状况对儿童的影响。家庭特征和邻里状况会共同发挥作用，当同时考虑这两种变量的影响时，家庭特征的作用超过了邻里状况的作用。所以到儿童11岁，我们很难再发现邻里状况单独产生的作用。也许当儿童长大后（如十几岁时），同伴的影响有望出现，邻里状况的影响可能会变得更加明显。

转学对儿童发展的影响

EPPE项目考察了父母婚姻状况等一系列家庭背景因素对儿童发展的影响，也分析了特定的邻里状况是否影响儿童，然后开始关注另外一个与家庭有关的因素，即父母为孩子转学的情况。父母让孩子转学有多种理由：

- 在不可避免的情况下搬家；
- 对孩子的进步不满意并认为在另外一个环境中孩子的进步会

更大；

- 为孩子能上一所更加理想的学校而搬家。

任何纵向研究一个极其重要的方面是知道孩子“在哪里”，特别是到“评估点”（assessment point）的时候。很幸运，EPPE 项目有一位非常尽职的追踪员（Wesley Welcomme），她能够与学校和家庭保持联络，以保证我们能够随时知道调查对象所在的地方。这样就降低了成本消耗，保证了较高的问卷回收率，从而使研究得以顺利进行。因为有了这些精心保存的记录，EPPE 项目组能够在不同的时间点上观察到样本的流动性（mobility）。

我们使用“流动”这一概念描述并非因学校关闭、合并或儿童升学导致的儿童就读的幼儿园和小学的变化。以往的研究只涉及了学龄期儿童的流动，并发现流动，特别是转学，与学业成绩不佳相关。马辛等人（Machin et al.，2006）研究发现，5—16 岁期间，转过学的儿童比没有转过学的儿童学业成绩不佳的可能性更大。他们还发现，“同时搬家与转学的小学生比其他人更容易陷于社会处境不利”。斯特兰德和黛米（Strand and Demie，2006）也发现，虽然 7—11 岁小学生的流动与成绩不佳相关，但是，当考虑到其他背景因素（如处境不利问题）的影响时，这种相关性就会减弱；当考虑到进步程度的影响，也就是说控制了原来的成绩时，这种相关性就会完全消失。这些研究结果表明，是社会处境不利而不是流动导致了学业成绩不佳。这是因为，之前发现的学业成绩不佳与流动相关，是流动和处境不利共同作用的结果，而不是流动独立作用的结果。但对于中学生而言，这种观点要得到修改。根据斯特兰德和黛米（2006）的研究，到 16 岁时流动与学业成绩（普通中等教育证书课程成绩或其他成绩）呈显著的负相关。

在 EPPE 研究中我们发现，有两类家庭在社会地位的优越程度上存在明显差异，这两类家庭分别是孩子在学前期转学和孩子在小学期转学，即孩子在学前期流动和小学期流动的家庭。社会地位特别优越的家庭，即母亲的学历特别高的家庭，更有可能让孩子在学前期转学；而有资格获得免费校餐的家庭，让孩子在学前期转学的可能性更低。在学前教育机构中，大多数（81%）转过学的儿童最初参加过游戏小组或者上过私立日托中心、公办日托中心。此外，接受学前教育时间较长（两年及以上）的儿童更有可能在学前阶段转学。多数（60%以上）转过学的儿童在他们学前期第一次（或第二次）转学时转到了托儿班。这很有可能是因为父母选择在孩子3岁以后从付费机构转到免费机构。

儿童在第一学段（5—7岁）的流动表现出了相反的特征：社会处境越不利的即需要免费校餐的儿童和没有父亲的儿童在第一学段转学的可能性更大。儿童在第二学段（8—11岁）的流动也同样因家庭社会处境不利的程度而存在差异，不过其差异没有在第一学段那么大。

学前期转过学的儿童更有可能来自社会地位优越的家庭并进入教学质量高的小学。相反，在第一学段转过学的儿童更有可能来自社会处境不利的家庭，并在转学前上过教学质量明显不高的小学。

由图4－5可知，来自社会地位优越家庭的儿童，即多种资源缺乏的综合贫困指数（有关多种资源缺乏的综合贫困指数的详情，参见第六章）较低的儿童，在学前阶段流动程度较高，在第一学段流动程度较低。而在第二学段，流动程度在不同社会地位之间不存在显著的差异，只有一个例外，就是社会处境最不利的儿童，流动程度最高。

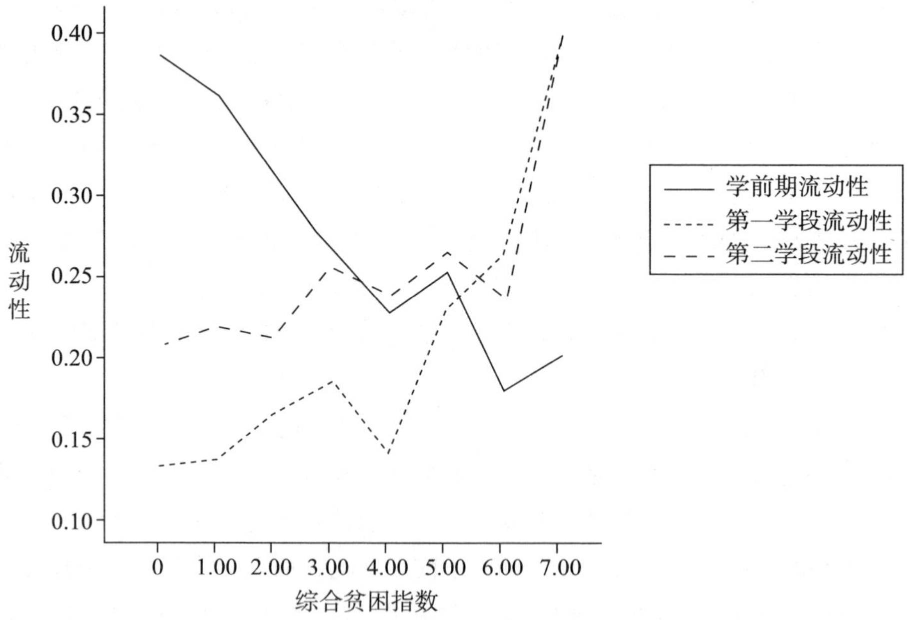

图4－5 综合贫困指数与流动性的关系

流动对儿童学业成绩的影响

EPPE研究结果显示，在控制背景特征和先前成绩的基础上，流动（即学前阶段转学）本身并不是学习进步慢的显著预测指标。根据分析，在学前期，流动并不会导致学习的进步或退步。这与第一学段的流动影响成绩变化的情形相似。但是，在第二学段的末期，数学成绩的退步与第二学段期间的流动存在明显的相关关系。在他们适应不熟悉的课程或教学的过程中，数学可能会给儿童制造一些特别的麻烦（Mantizicopoulos and Knutson，2000）。这时候他们需要任课教师更加灵活、更加个人化的指导。这些研究发现大体上与已有研究的结果一致（Strand and Demie，2006）。在考虑背景特征和先前成绩可能产生影响的前提下，以同一时期没有转学经历的群体作对照，在学前期或第一学段至少转过一次学的经历，对儿童的认知学习成果几乎没有独立的影响。

流动对儿童社会行为发展的影响

不过，后期的流动与社会行为水平的下降有关，特别表现在第一学段（7岁时）的自我调节和亲社会行为、第二学段（11岁时）所有的社会行为（自我调节、亲社会、多动和反社会行为）上。尽管这些行为水平的下降与小学阶段的流动有关，但我们仍不清楚二者之间是否存在因果关系，也不清楚这种流动与社会行为的关联性是否是由那些还没有被测量到的家庭特征引起的。那些有可能产生影响而没有被测量到的家庭特征，可能包括父母的个性特征（如进取心强或追求成就），或与儿童学习成绩相关其他的亚文化因素。转学也可能与（父母）工作有关，也可能是家庭破裂或者家庭规模扩大造成的。当然，也有可能是孩子社会行为发展水平低导致父母让孩子转学。

早期（学前期）家庭学习环境的重要性

讨论了儿童、父母及家庭的特征后，我们将在最后一个部分讨论父母在家为孩子创设的条件。EPPE研究结果表明，这些条件和其他家庭背景因素同样重要。

尽管EPPE项目关注的重点是学前机构教育问题，但是，（我们觉得）认为一个孩子在进入幼儿园之前还是“一张白纸”的想法是天真的。很多研究都证明，父母的指导在儿童早期通常具有重要价值（如 Melhuish et al.，2008a；Sylva et al.，2008），特别在引导孩子“学习”方面父母的作用更大。研究发现，父母给孩子读故事、运用复杂的语言、积极回应孩子的问题和交往时和蔼的态度等指导行为都与儿童较好的发展成果相关（Bradley，2002）。赫斯等人（Hess et al.，1982）研究了家庭社会经济地位和儿童发展成果之间的关系，结果发现，社会经济地位较高的父母会开展一些更有利于儿童发展的活动。

富有挑战性的活动可能会促进儿童一些特殊技能的发展（如在字母和发音之间建立联系），而且，也许是最重要的，这类活动还可以从总体上激发儿童的学习动机，促进儿童学习能力的提高。此外，还有可能形成一个反馈循环（feedback loop），在这个反馈循环中，父母受到儿童成绩的影响，取得好成绩的儿童又可能得到父母更多的激励。因此，也许存在这样一种情境，即在这种情境中，父母的互动和学习环境之间形成一种“互惠”的关系。其中的原理参见布朗芬布伦纳（Bronfenbrenner，1979）的理论。在他的理论中，儿童处于错综复杂的社会文化环境影响的中心，教育是环境影响因素之一。

既然强调家庭学习的重要性，EPPE 在研究身处家庭中的儿童时，就需要把这一因素考虑进来。我们需要知道家庭环境的哪些方面会对儿童的能力发展产生影响，也需要找到一些指标来判断哪些早期家庭学习环境对儿童具有更大或更小的挑战性。

为了说明这个问题，我们就父母在家中和孩子一起参与活动的类型、哪些活动可能会有利于孩子学习经验的丰富和（或）社会技能的提高等方面的内容，对父母进行访谈（Melhuish et al.，2001）。家庭学习环境包括给孩子讲故事、唱歌曲和说童谣、与小朋友一起玩游戏等。

我们对在父母访谈过程中获得的 14 项家庭活动进行独立检验（采用回归分析的方法），以确定它们是否可以预测成绩是高于还是低于预期。[①] 其

① 儿童和家庭背景的特征已经包含在多层模型中，该模型以儿童、家庭和学前教育机构特征作为自变量，来预测 5 岁时儿童经年龄校正的（age-adjusted）发展水平。读写和数学能力表现的三个等级（超出预期的表现、预期的表现和低于预期的表现）是依据儿童的校正得分与通过背景来预测出的预期得分的离差程度（标准差至少为 ±1）确定的。结果发现，16% 的儿童在读写和数学能力上的实际发展水平高于从他们的背景中预测的水平，类似比例（读写能力为 16%，数学能力为 15%）的儿童的成绩比预测的发展水平要低。

中七项社交或日常活动（在家和朋友一起玩耍、在其他地方和朋友一起玩耍、走亲访友、购物、看电视、和家人一起进餐、常规就寝前聊天）与儿童5岁时的读写和计算测试成绩高于或低于预期没有显著的相关。相反，另外七项显然能够提供学习机会的活动（经常听大人讲故事、去图书馆、玩数字游戏、画画、大人教他们学字母、大人教他们学习数字、大人教他们学习歌曲或诗歌与童谣），每一项都对认知能力的快速增长并超过预期具有显著的正向效应。这七项活动之间无论在概念上还是在统计意义上都存在联系，所以可以用来构成一个综合性测量指标，即早期家庭学习环境。我们用0—7表示每项活动发生频率的得分（0＝从未发生，7＝非常频繁），七项活动各自发生的频率得分相加就产生了一个范围在0—49的指标，这个指标呈正态分布，均值为23.42（SD＝7.71）。

为了支持"家庭学习环境可以增加家庭和背景特征对儿童发展的预测性"这个结论，我们需要建立一个新的分析读写和数学能力的多层模型，这个模型除了需要包含有显著作用的家庭和儿童因素之外，还需要包括家庭学习环境。将家庭学习环境添加到人口学统计模型之后发现，儿童发展水平的变化得到了解释——对5岁时读写能力的可解释变异量提升21%，对数学能力的可解释变异量提升18%。这一结果支持了"家庭学习环境是儿童发展的一个重要的独立预测指标"的结论。

上述研究结果非常清楚地表明，家庭学习环境非常重要，家庭学习环境的影响比代表父母受教育程度、职业地位等父母因素的标准替代指标（proxy measures）的影响更大。这些研究结果还表明，运用访谈法对识别父母因素的变化是有效的。其他的父母养育因素如受教育程度、社会经济地位和收入都很重要，但是，家庭学习环境却能够独立对学业成绩产生更大的影响。对超出、低于和达到平均预期成绩的三个组别进行比较分析的结果表明，5岁时儿童的家庭学习环境能够有效地区分高于、低于预期成绩的群体（即在能力方面）和达到预期成绩的群体之间的差异。

家庭学习环境对入学准备（school readiness）很重要，但是它仅仅与父母的社会经济地位和受教育程度中度相关（相关系数＝0.28—0.33）。这一结果表明，社会经济地位较低的家庭有时在家庭学习环境上的得分较高，而一些地位较高的家庭有时在家庭学习环境上的得分较低。

家庭学习环境和父母因素对儿童发展的影响可以部分归因于特殊技能的

教和学上，如建立字母与发音之间的关系、丰富语言内容和扩大词汇量等。但是，家庭学习环境中包含多种学习机会，这种影响可能也与儿童更一般化的技能和动机（more generalized and motivational aspects）相关，如学会学习。儿童也可能会在将自己看作学习者时内化父母的价值和期望（暗含在家庭学习环境的活动之中）。这种观点与维果茨基（Vygotsky，1978）的理论一致，也强化了儿童在与帮助并鼓励他们技能发展的人的互动过程中习得读写之类的认知技能的观点。维果茨基认为，儿童是在社会环境中，特别是有成人在他们“最近发展区”内进行引导（即在儿童的理解范围内给予指导）的情况下，发展高级心理过程（higher psychological processes）的。

家庭学习环境和认知成绩密切相关，有可能是一些不可测因素干扰的结果。回答问题时得到高分的父母可能具有导致他们孩子在认知方面取得高分的其他特征。但即便如此，家庭学习环境仍然可以成为这些不可测因素的替代指标。此外，事实上，在学前期教孩子学歌曲、童谣与孩子的语言发展高度相关，教授字母和数字、读故事给孩子听等能非常好地预测孩子 5 岁时的前阅读能力。这些事实表明，这些特殊的活动对学习的影响有时也可以测量。

无论其作用机理如何，父母的行为对儿童发展的影响是无处不在的。布兰得利等人（Bradley et al.，2001）通过其他方法研究父母的活动，也发现了类似的现象。有人研究了为处境不利家庭提供家访和保育中心干预服务的早期开端计划（Early Head Start）中的 0—3 岁儿童，结果发现，这样的干预可以提高父母与儿童之间互动的数量和质量，促进儿童社会性和认知的发展（Love et al.，2005）。

其他一些有关干预的研究结果也支持这些观点。有人在回顾有关早期干预研究的文献后得出结论：为了获得最好的效果，干预应该既要针对父母又要针对儿童，干预的重点应当是促进亲子之间的互动（Barnes and Freud-Lagevardi，2003）。这表明，父母的养育行为是可以学习的，父母养育行为的变化也和儿童的发展进步相关（如 Sylva et al.，2008）。另一项研究（Hannon et al.，2005）也得出类似的结论：父母在孩子学前期就接受提高读写能力的方法指导时，儿童的读写能力发展更快。

EPPE 研究还在儿童 7 岁和 11 岁时评估了他们的家庭学习环境。结果发现，只有学前期的家庭学习环境（即早期家庭学习环境），才能够预测 11

岁前所有发展成果的实质性变化，因此，这里报告的结果只采用早期家庭学习环境作为分析单位。导致这一现象的原因可能有两个：①家庭中的早期学习更有效；②儿童3—4岁时我们通过访谈得到的数据比后来研究中通过邮寄问卷得到的数据更加准确。

哪些因素能够预测学前期家庭学习环境的水平?

如上所述，家庭学习环境与较高的认知和自我调节等社会发展水平之间关系密切。到儿童7岁时，家庭学习环境比父母的社会经济地位、受教育程度或收入等其他传统的处境不利指标对儿童发展的影响更大。

性别和父母受教育程度

在不同的族裔和社会阶层群体之间，男孩和女孩的家庭学习环境的差异相似，女孩家庭学习环境的总体得分比男孩的高。在所有族裔群体中，父母的受教育程度对家庭学习环境得分的影响相似，父母（特别是母亲）的受教育程度越高，家庭学习环境得分就越高（相关系数为0.3）。

族裔

在所有少数族裔群体中，家庭学习环境对认知和社会行为发展水平具有相似的预测性。这说明家庭学习环境指标有助于理解所有少数族裔群体中影响儿童发展的各类因素。我们还发现对所有族裔来说，家庭学习环境与儿童和家庭特征的差异相关。在分析家庭学习环境对儿童在读写和数学方面高于或低于预期成就的影响时，我们发现，这种影响作用对大多数族裔都很强，但有些少数族裔家庭学习环境的影响比英国白人更强。这一结果清楚地表明，家庭学习环境在确定儿童如何达到不同水平上对各个族裔来说都很重要。

家庭规模、发展问题和性别

当一个孩子家里有三个及以上的兄弟姐妹（大家庭）时，他们的家庭学习环境得分就会降低。同样，孩子出现早期发展问题，其家庭学习环境得分也会降低。上述的这些因素对男孩的影响比女孩大。

母亲的学历和学前教育机构内儿童构成的影响

儿童进入学前教育机构时，其学前教育机构内儿童的构成与家庭学习环境的差异相关。在自己的孩子进入的学前教育机构中其他孩子母亲的学历越高，其家庭学习环境得分就越高。这意味着，与其他受过更好教育的父母在一起，可能对父母的养育行为改善有益处，也就是说，同伴群体学习有可能对母亲或父母产生影响。这种学前教育机构因素对女孩的影响有时候比对男孩的影响大。

邻里状况

与父母之间存在同伴群体效应类似的是，如果儿童生活的地区越贫穷，那么他们的家庭学习环境就会越糟糕，这一因素对男孩的影响比女孩大。

不同组别之间家庭学习环境的差异

以上的分析促使 EPPE 项目团队去进一步研究不同组别之间家庭学习环境的差异，如不同社会经济地位或族裔之间的差异。影响家庭学习环境的因素可以通过统计分析的方法（本案例中用的是多层模型方法）进行检验，对家庭学习环境产生显著影响的因素及其效应值见表 4－5 所示。在分析中各组的效应值是按照总体样本、社会经济地位较低的样本、社会经济地位较低的英国白人、男孩和女孩等分别呈现的。

表 4－5 不同群体家庭学习环境影响的效应值

	总样本	社会经济地位较低的样本	社会经济地位较低的英国白人	男孩	女孩
性别	+0.38 ***	+0.35 ***	+0.38 ***	—	—
家庭语言不是英语（EAL）	-0.60 ***	-0.61 ***	—	-0.53 ***	-0.76 ***
有三个及以上的兄弟姐妹	-0.30 ***	-0.34 ***	-0.46 *	-0.41 ***	-0.18
有发展问题	-0.23 **	-0.34 ***	-0.42 *	-0.31 ***	-0.10

续表

	总样本	社会经济地位较低的样本	社会经济地位较低的英国白人	男孩	女孩
母亲受教育程度	+0.46 ***	+0.45 ***	+0.40 *	+0.49 ***	+0.58 ***
父亲受教育程度	+0.23 ***	—	—	+0.30 ***	+0.20
学前教育机构的人员构成—高学历母亲所占比重	+0.25 **	+0.20 *	+0.25	+0.18	+0.38 ***
地区贫困	-0.25 ***	-0.30 **	-0.13	-0.34 **	-0.20 *

* p<.05， * * p<.01， *** p<.001

如表4-6所示，由社会经济地位和族裔造成的家庭学习环境的不同可以从原始平均得分（raw average scores）看出来。

同一族裔内，专业人士组的家庭学习环境得分通常比中等社会经济地位组的得分高，而中等社会经济地位组的得分又高于较低社会经济地位组的得分。在不同族裔之间，英国白人组的家庭学习环境总体得分最高，巴基斯坦人最低。

表4-6　不同社会经济地位和族裔的家庭学习环境平均水平

种族	较高地位	中等地位	较低地位	总计（排名）	n
英国白人	26.8	23.3	20.3	24.1（1）	2 205
欧洲白人	27.0	20.5	15.1	22.7（3）	116
加勒比黑人	25.1	21.0	19.3	21.4（4）	105
非洲黑人	18.0	21.5	19.3	20.4（5）	63
印度人	23.7	18.5	17.1	20.1（6）	61
巴基斯坦人	19.1	14.8	14.2	15.2（9）	146
孟加拉国人	23.8	15.5	19.6	17.5（8）	33
其他族裔	22.1	19.5	17.2	19.7（7）	180
混血人种	26.8	21.2	21.2	23.4（2）	83

小学末期的家庭学习环境与学业成绩之间的关系

即使在经过六年的小学学习之后，家庭学习环境仍然是儿童11岁时认知发展成果的有力预测指标。我们对最低水平（0—13）与其他水平的家庭学习环境的影响进行了比较。结果发现，在排除其他的儿童和家庭因素的影响之后，家庭学习环境得分最高和最低的群体之间的数学成绩的净效应值为0.42，英语成绩的净效应值为0.69（参见图4－6和图4－7）。在儿童年龄更小时，家庭学习经历对数学成绩的影响略大。结果还显示，这种经历在随后依然存在持续的影响。六年级时，较好的家庭学习环境比起较差的家庭学习环境更能对儿童后来的发展产生积极的影响，与母亲有学位和未受过教育之间的差异相似。值得注意的是，家庭学习环境和父母受教育程度之间仅存在中等强度的相关性（0.28—0.33）。在分析中家庭学习环境和父母受教育程度是两个独立的预测指标。有的父母为孩子提供了与他们自己受教育程度不相称的较高水平的家庭学习环境，由此支持了孩子的发展。

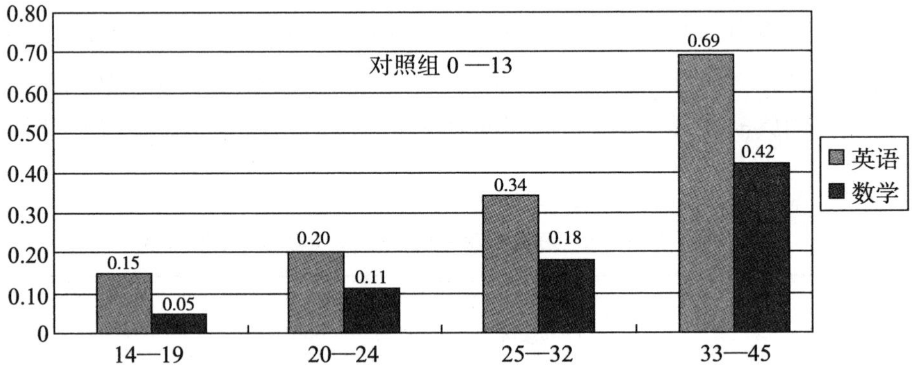

图4－6　家庭学习环境对儿童11岁时英语和数学成绩的净效应

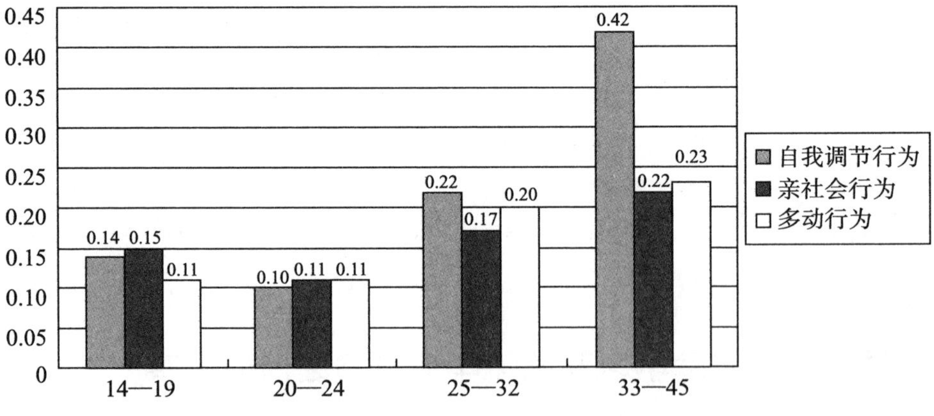

图4－7　家庭学习环境对儿童11岁时社会行为表现的净效应

早期家庭学习环境对小学末期社会行为水平的影响

家庭学习环境除了对儿童的认知发展产生强大影响外，还对其社会行为发展产生持续性影响。家庭学习环境对儿童 11 岁时社会行为发展产生的影响见图 4－7。

控制了儿童和家庭特征变量后，学前期家庭学习环境对儿童 11 岁时的自我调节行为、亲社会行为和多动行为发展水平产生显著的影响。在这三项指标中，家庭学习环境得分在 25 及以上的儿童比那些得分低（0—13）的儿童在亲社会行为方面存在明显优势。研究发现，早期家庭学习环境得分较高的儿童在自我调节行为（ES＝0.42）、亲社会行为（ES＝0.22）上的得分较高，但在多动行为上得分较低（ES＝－0.23）。因此儿童的早期家庭学习环境对他们后来的社会行为发展有持续性的影响，其中对自我调节行为发展的影响处于中等强度。

小结

本章清楚地阐明了儿童的背景因素对其认知和社会性发展的重要性，这种影响的重要性大约是学前教育机构或小学影响的两倍（参见第六章和第七章）。许多儿童及其家庭特征的因素对儿童发展的影响具有长期性，特别是母亲的受教育程度在整个研究中影响甚大，但与其他因素相比，在不同的时间点上这种影响的强度存在差异。在学前期，家庭学习环境与儿童认知和社会性发展的所有方面都存在相关关系；在其他时段，家庭学习环境也是影响儿童发展的最主要因素之一。

某些背景因素（如父母受教育程度和早期家庭学习环境）比学前教育机构的影响更大（我们将在第六章和第七章讨论），而机构教育（如幼儿园教育和小学教育）的影响与家庭收入和社会经济地位的影响程度相当。这对推动教育公平、消除不利因素影响的政策制定者具有重要意义。

同样值得关注的是，家庭学习环境对所有族裔都有很重要的影响，它对自我调节这种社会性行为发展的影响最大，而自我调节行为对儿童学业成绩影响最大。相反，邻里状况的影响很小，一旦引入家庭学习环境的因素，其影响就会消失。搬家的影响因社会阶层的不同而存在差异，但与儿童发展之间并不存在显著的相关。

儿童、家庭和早期家庭学习环境等方面的特征都是儿童 11 岁时认知和社会行为发展的重要预测指标，尽管这种综合影响的强度比儿童 7 岁时稍弱。这种变化可能反映了小学教育和同伴的影响在增强。

鉴于背景因素的影响重大，对 EPPE 研究来说，非常关键的一点是，在分析学前教育机构和学校对儿童发展的影响时，需要将这些因素全部考虑进来。学前教育机构和学校对儿童发展的影响将在接下来的几章中讨论。

参考文献

Barnes, J. and Freude-Lagevardi, A. (2003) *From Pregnancy to Early Childhood: Early Interventions to Enhance the Mental Health of Children and Families*, London: Mental Health Foundation.

Belsky, J., Vandell, D., Burchinal, M., Clarke-Stewart, K. A., McCartney, K., Owen, M. and The NICHD Early Child Care Research Network. (2007) Are there long-term effects of early child care? Child Development, 78, 681 – 701.

Bradley, R. (2002) Environment and parenting, in M. Bornstein (ed.) *Handbook of Parenting*, 2nd ed, Hillsdale, N. J.: Lawrence Erlbaum Associates.

Bradley, R. H., Corwyn, R. F., Burchinal, M., McAdoo, H. P. and Coll, C. G. (2001) The home environments of children in the United States Part II: relations with behavioral development through age thirteen, *Child Development*, 72, 1868 – 1886.

Bronfenbrenner, U. (1979) *The Ecology of Human Development: Experiments by Nature and Design*, Cambridge, MA: Harvard University Press.

Chase-Lansdale, L., Gordon, R., Brooks-Gunn, J. and Klebanov, P. (1997) Neighborhood and family influences on the intellectual and behavioral competence of pre-school and early school-age children. In J. Brooks-Gunn, G. Duncan and L. Aber (eds.) *Neighborhood Poverty: Context and Consequences for Children*, 119 – 145. New York: Russell Sage Foundation.

Crawford, C., Dearden L. and Meghir, C. (2007) *When You are Born Matters: The Impact of Date of Birth on Child Cognitive Outcomes in England*, London: Institute for Fiscal Studies.

Duncan, G. J. and Brooks-Gunn, J. (1997) *Consequences of Growing Up Poor*, New York: Russell Sage Foundation.

Dunn, J. (2002) The adjustment of children in stepfamilies: lessons from community studies, *Child and Adolescent Mental Health*, 7, 154 – 161.

Dunn, J., Deater-Deckard, K., Pickering, K., O'Connor, T. G. and Golding, J. (1998) Children's adjustment and pro-social behaviour in step-, single and non-step family settings: findings from a community study, *Journal of Child Psychology and Psychiatry*, 39, 1083 – 1095.

Hannon, P., Nutbrown, C. and Morgan, A. (2005) *Early Literacy Work with Families*, London: Sage.

Hess, R. D., Holloway, S., Price, G. and Dickson, W. P. (1982) Family environments and the acquisition of reading skills, in L. M. Laosa and I. E. Sigel (eds) *Families as Learning Environments of Children*, New York: Plenum, pp. 87 – 113.

Howell, D. C. (1989) *Fundamental Statistics for the Behavioral Sciences*, Boston, MA: PWS-Kent.

Love, J. M., Kisker, E. E., Ross, C., Constantine, J., Boller, K., Chazan-Cohen, R. *et al.* (2005) The effectiveness of Early Head Start for 3-year-old children and their parents: lessons for policy and program, *Developmental Psychology*, 41, 885 – 901.

Machin, S., Telhaj, S. and Wilson, J. (2006) *The Mobility of English School Children*, London: Centre for the Economics of Education, London School of Economics.

Mantzicopoulos, P. and Knutson, D. J. (2000) Head Start children: school mobility and achievement in the early grades, *The Journal of Educational Research*, 93(5), 305 – 311.

McCulloch, A. and Joshi, H. (2001) Neighbourhood and family influences on the cognitive ability of children in the British National Child Development Study, *Social Science and Medicine*, 53, 579 – 591.

Melhuish, E. C., Sylva, K., Sammons, P., Siraj-Blatchford, I. and Taggart, B. (1999) *The Effective Provision of Pre-school Education Project, Technicat Paper 4: Parent, family and Child Characteristics in Relation to Type of Pre-school and Socio-economic Differences*, London: Institute of Education/DfEE.

Melhuish, E. C., Sylva, K., Sammons, P., Siraj-Blatchford, I. and Taggart, B. (2001) *The Effective Provision of Pre-school Education Project, Technical Paper 7: Social/behavioural and Cognitive Development at 3 – 4 Years in Relation to Family Background*, London: Institute of Education/DfES.

Melhuish, E., Romaniuk, H., Sammons, P., Sylva, K., Siraj-Blatchford, I. and Taggart B. (2006a) *Effective Pre-school and Primary Education 3—11 (EPPE 3—11) Project. The Effectiveness of Primary Schools in England in Key Stage 2 for 2002, 2003 and 2004*. DfES Research Brief X06 – 06, Nottingham: DfES.

Melhuish, E., Romaniuk, H., Sammons, P., Sylva, K., Siraj-Blatchford, I. and Taggart, B. (2006b) *Effective Pre-school and Primary Education 3—11 Project (EPPE 3—11): The Effectiveness of Primary Schools in England in Key Stage 2 for 2002, 2003 and 2004. Full Report.*

London: Institute of Education, University of London. http://eppe. ioe. ac. uk/

Melhuish, E., Sylva, K., Sammons, P., Siraj-Blatchford, I., Taggart, B. and Phan, M. (2008a), Effects of the home learning environment and pre-schools centre experience upon literacy and numeracy development in early primary school, *Journal of Social Issues*, 64, 157 – 188.

Melhuish, E. C., Sylva, K., Sammons, P., Siraj-Blatchford, I., Taggart, B., Phan, M. and Malin, A. (2008b) Pre-school influences on mathematics achievement, *Science*, 321, 1161 – 1162.

NICHD Early Child Care Research Network (1998) Early child care and self-control, compliance, and problem behavior at twenty-four and thirty-six months, *Child Development*, 69, 1145 – 1170.

NICHD Early Child Care Research Network. (2004) Type of child care and children's development at 54 months. *Early Childhood Research Quarterly*, 19(2), 203 – 30.

NICHD Early Child Care Research Network (2005) Early child care and children's development in the primary grades: results from the NICHD study of early child care and youth development, *American Education Research Journal*, 43, 537 – 570.

Office of the Deputy Prime Minister (2004) *The English Indices of Deprivation 2004* (*revised*), London: ODPM.

Sammons, P., Sylva, K., Melhuish, E., Siraj-Blatchford, I., Taggart, B. and Hunt, S. (2008a) *The Effective Pre-school and Primary Education 3—11 (EPPE 3—11) Project: Influences on Children's Attainment and Progress in Key Stage 2: Cognitive Outcomes in Year 6*, London: DCSF.

Sammons, P., Sylva, K., Melhuish, E., Siraj-Blatchford, I., Taggart, B. and Jelicic, H. (2008b) *The Effective Pre-school and Primary Education 3—11 (EPPE 3—11) Project: Influences on Children' s Development and Progress in Key Stage 2: Social/Behavioural Outcomes in Year 6*, London: DCSF.

Strand, S. and Demie, F. (2006) Pupil mobility, attainment and progress in primary school, *British Educational Research Journal*, 32, 551 – 568.

Strand, S. and Demie, F. (2007) Pupil mobility, attainment and progress at secondary school, *Educational Studies*, 33, 313 – 331.

Sylva, K., Melhuish, E., Sammons, P., Siraj-Blatchford, I. and Taggart B. (2004) *The Effective Provision of Pr-School Education (EPPE) Project: Final Report*, Report No. SSU/ FR/2004/01, Nottingham: Department for Education and Skills.

Sylva, K., Scott, S., Totsika, V., Ereky-Stevens, K. and Crook, C. (2008) Training parents to help their children read: a randomized control trial, *British Journal of Educational Psychology*, 78, 435 – 455.

Van IJzendoorn, M. H., Tavecchio, L. W. C., Riksen-Walraven, J. M. A., Schipper, J. C., de Gevers Deynoot-Schaub, M. and Schaub, M. (11 July 2004) Center day care in the Netherlands. What do we know about its quality and effects? Paper presented at the biennial meeting of the International Society for the Study of Behavioural Development, Ghent, Belgium.

Vygotsky, L. S. (1978) *Mind in Society*, Cambridge, MA: Harvard University Press.

第五章

学前教育机构的质量

凯西·西尔瓦

引言

EPPE 的研究让我们可以绘制出数千名儿童的个人发展轨迹，而每一个儿童都有一个发展轨迹。为了了解学前教育机构对每个儿童发展的影响，我们需要了解幼儿在园的时间长度（以月为单位）和儿童的入园年龄，但这只是其中的一部分：两个儿童同样在 3 岁时入园，但是其中一个入的是当地小学办的托儿班，每天只在托儿班待很短的时间，而另一个入的是私立日托中心，每天要在那待 9 小时。他们获得的保育和教育的质量可能就会不同。很多关于学前教育效果的研究把注意力集中在某种形式的托儿学校、托儿中心或游戏小组的出勤情况（Osborn and Millbank，1987；Berrueta-Clement et al.，1984；Schweinhart and Weikart，1997）以及儿童每小时或每个月获得的经验，但是，EPPE 希望进行更加深入的研究——不是只局限在学前教育机构的类型和在园时间，而是希望“打开学前教育机构的门，看看里面的样子”。有几种方法可以实现这一目标，但最重要的方法是直接观察，了解其“互动”“教学”“资源”和“关系”的质量。

质量的概念

研究者对学前保育和教育“质量”概念的争论已经持续了数年。质量的判断与价值标准有关，在一位父母眼中“高质量”的托幼中心在当地官员或其他父母眼中可能质量相当低。凯茨（Katz，1993）曾经敏锐地发现了人们认识质量的不同视角，其一是从像保教人员和儿童这样的“局内人”

的角度，其二是从观察者和研究者的“局外人”角度。凯茨警告说，不同的视角可能导致对质量的不同界定：儿童可能认为让他们整天玩游戏的机构是高质量的，而观察者可能希望他们多学习，获得社会技能。

芒顿等人（Munton et al.，1995）将研究的注意力集中在不同的质量评价指标上，而不是不同的个人作出判断的角度。芒顿等人认为，质量有三个基本的维度：设施、人力资源等结构因素；儿童每日经历的保教过程，如与保教人员之间的对话；保教带给儿童个体的成果或长期影响。其中最后一项尤为复杂，因为它不容易观察到，而且还需要通过长期追踪才能够了解儿童进入不同学前教育机构后取得的发展成果。本章所述的质量指标集中于可观察到的保教过程，但也包括一些结构因素，如员工素质或人员流动等。

根据这种更客观的质量观（参见 Soucacou and Sylva，即将出版），将学前教育环境的质量理解为一系列可测量的特征最合适。有人明确将质量看作是一种客观的事实，由一些可采用超情境的标准化方法进行测量的、公认的标准组成（Siraj-Blatchford and Wong，1999）。在一些研究文献中，对质量的客观界定经常建立在一系列最常见因素的基础之上，这些因素能够预测儿童的学习情况，具体内容包括物理环境、有形的资源、为儿童准备的课程或学习经历、教学策略、员工、计划、成绩记录与评价、关系与互动、父母与社区之间的合作以及管理等。大量研究运用这些关于质量的客观、可测量的定义，展示了学前教育机构与儿童发展成果之间的清晰关系（Burchinal et al.，2000；Gallagher and Lambert，2006；Pei-Feinberg and Burchinal，1999；Sylva et al.，2004；Sammons et al.，2008a，2008b）。

测量质量的指标可以包括：①结构因素，如师幼比或教师的教育和培训；②过程因素，如师幼互动的特性或儿童参与的活动和获得学习机会的特性（Phillipsen et al.，1997）。在探索过程质量（process quality）时面临的主要问题是测量方法的问题。有些过程质量的测量方法极其关注师幼互动的某些具体方面（如《保教人员互动量表》），更加广泛使用的过程质量测量方法则关注多种过程（如《学前教育环境等级量表修订版》）。这两种工具已经在有关评价学前教育质量的研究中得到广泛运用（Burchinal et al.，2002；De Kruif et al.，2000；Gilliam，2000；Jaeger and Funk，2001；Phillipsen et al.，1997；Sheridan et al.，2009，Whitebook et al.，1989）。

为了评价学前教育的质量，EPPE 研究特别将注意力集中在过程因素上，主要应用的过程测量方法是《学前教育环境等级量表修订版》以及最新研发的《学前教育环境等级量表增补版》（Sylva，Siraj-Blatchford and Taggart，2003）。

EPPE 研究也使用了《保教人员互动量表》。每次由一位受过训练的研究者在同一天使用量表进行观察，这个研究者还必须熟悉这家机构，熟悉其中的儿童和教职员工，以保证被观察的所有的人都对到访者不会感到不自在。作为一整天观察的补充，研究者还就《学前教育环境等级量表修订版》和《学前教育环境等级量表增补版》中的某些内容访谈教职员工，查阅这家机构的文字记录或陈列的物品。

“环境”这个词在量表中被赋予了最宽的含义，包括社会互动、教育策略、儿童的同伴关系和儿童与成人之间的关系。教学的问题在《学前教育环境等级量表修订版》中处于相当靠前的位置，例如分量表“生活常规”中有一项“日程安排”，给成人发起和儿童发起的活动的相对平衡评分很高。为了得到5分，也就是得到“好”级，托幼机构必须在“程序化和灵活性之间达到平衡”；而达到7分，即“优秀”级，需要“对原有计划进行调整以适应个人的需要，例如应该允许正在集中精力做一件事情的幼儿不遵守原定的时间表”。该量表给予教学更大的关注，这一点可以从“自由游戏”一项看出来——要得到5分，托幼机构必须保证幼儿每天或每个时间段有很大一部分时间在室内和室外进行“自由游戏”。仅仅这几个例子还不足以清楚地说明这一观察工具是“环境等级量表”，它实际描述的内容中，有关保教过程的环境远多于提供的物理空间和材料（物质环境）。

《学前教育环境等级量表修订版》是美国研发的，用于对保育和教育机构的评价。EPPE 团队认为，可以参考这个量表设计一个增补版的《学前教育环境等级量表》，重点研究英国的托幼机构以及其他注重多样性的优秀教育实践（Siraj-Blatchford and Wong，1999；Sylva，et al.，2003）。于是，他们决定在学前期时就评价学习环境的质量，以研究学习环境质量对儿童长大后的影响。EPPE 研究人员需要一个具有广泛适宜性且与英国课程政策和教育实践相关的评价工具。苏凯库和西尔瓦（Soucacou and Sylva，2008）介绍了《学前教育环境等级量表增补版》的研发过程。这一新量表是在广泛征求专家和实践工作者意见之后设计的，并得到了广泛的试用。这个量表以英国学前教育国家课程《理想的学习成果》的部分内容为基础（Department for Education and Employment, 1996)。

英国的课程于2000年和2008年进行了修订和扩充，现在包括六个发展领域，其中有三个包括在《学前教育环境等级量表增补版》中（交往、语言与读写，问题解决、推理与算术，理解世界），而其余的三个部分（创造力发展，身体发展，个性、社会性与情绪发展）已经完全包含在《学前教育环境等级量表修订版》之中。于是EPPE研究团队决定把精力放在认知发展部分，采用《学前教育环境等级量表修订版》评价与其他方面发展相关的质量。

《学前教育环境等级量表修订版》和《学前教育环境等级量表增补版》两个量表都是以同一个概念框架为基础的，这个理论框架包含教育过程和课程。这两个量表以及EPPE用于评价保教人员与儿童之间互动质量的《保教人员互动量表》，将在下面的内容中详细介绍。

《学前教育环境等级量表修订版》(ECERS-R)

这个量表包括七个分量表43个项目（见本章结尾部分），在与儿童发展水平显著相关的项目上有很好的心理测量学特性和预测效度（De Kruif et al., 2000; Gilliam, 2000; Jaeger and Funk, 2001; Pei-Feinberg and Burchinal, 1997; Phillips, McCartney and Scarr, 1987）。七个分量表包括：

- 项目1—8 空间和设施；
- 项目9—14 生活常规；
- 项目15—18 语言与推理；
- 项目19—28 活动；
- 项目29—33 互动；
- 项目34—37 课程结构；
- 项目38—43 父母和保教人员。

每个项目用1—7来评定（1 = 不合格，3 = 基本合格或合格，5 = 好，7 = 优秀）。采用《学前教育环境等级量表修订版》约需要观察一天，还需要就日常安排中当天无法观察到的内容（如每周游泳、季节性外出等）对保教人员进行访谈。

《学前教育环境等级量表增补版》(ECERS-E)

《学前教育环境等级量表增补版》是 EPPE 团队研发的新工具，包括四个分量表 18 个项目：

- 项目 1—6　读写；
- 项目 7—10　数学；
- 项目 11—15　科学与环境；
- 项目 16—18　多样性。

上述两种量表的使用方法相同，既分析总得分，也分析各个分量表的得分。

《保教人员互动量表》(CIS)

本量表是关于成人与儿童互动的观察量表，包括四个分量表 26 个项目：积极关系（如对儿童的活动和努力表现出热情)、惩罚（如斥责或阻止儿童时表现出不必要的粗暴行为)、放任（如希望孩子学会自我控制)、游离关系（如在活动有相当多的时间没有与幼儿互动)。每一项保教人员的表现都是用 1（根本没有）到 4（非常一致）进行评定。

这里需要对《学前教育环境等级量表增补版》中的概念体系作一些说明，因为该量表是基于对世界学前教育具有广泛影响的教育理论制定的。该量表的研发者查阅了大量有关读写萌发（emergent literacy)、数学和科学等方面的文献，如成人给学前儿童的学习“搭建支架”（Rogoff，1999)、“扩展”他们的语言（Wood et al.，1976）和满足他们的个人需求等，并从中受到启发。这些文献为学前教育机构提供了支持幼儿学习和发展的概念体系，这种概念体系来源于发展心理学和学前教育的研究文献。下面以《学前教育环境等级量表增补版》中的“读写”分量表为例，说明其对已有研究文献的运用。

怀特赫斯特和朗尼根（Whitehurst and Lonigan，1998）将读写萌发界定为“标志读写能力早期发展的技能、知识和态度”。持相似观点的研究者还有萨尔兹比和蒂尔（Sulzby and Teale，1991）。很多关于读写萌发的研究都讨论了支持读写能力萌发的社会环境。这些社会环境包括共读一本书，特别是共同讨论书中的内容。从读写萌发的视角出发，可以将阅读能力的最终获得看作是一个起源于儿童早期并持续发展的过程。这与将阅读视为开始于学龄期的“要么会要么不会”的观点（consideration of reading as an all-or-none phenomenon）有极大的不同（Storch and Whitehurst，2001；Whitehurst and Lonigan，1998）。根据“萌发”的观点，阅读和前阅读之间没有明显的界线，与读写相关的“行为”在上小学之前就已经出现，且是在各种形式的互动和文本的支持下出现的。因此，读写能力的习得是一个持续发展的过程，贯穿于整个学前阶段。阅读、书写和口头语言的发展源泉可以在家里、在学前教育机构中找到，儿童与社会环境中的文字材料（如图书阅读、“周围环境中的文字”等）之间的互动尤其为幼儿提供了合适的学习情境。

读写萌发包括儿童关于读写的概念性知识和程序性知识。在这里，“假装阅读”和“创造性书写”都是入小学后进行正式读写的重要的先期准备行为（Senechal et al.，2001；Mason and Steward，1990）。《学前教育环境等级量表增补版》研发者参考了大量有关读写萌发的研究文献（少部分是关于数学和科学萌发的文献），并利用这些文献制定有关在学前教育机构促进儿童早期读写能力发展的环境指标。

研究样本中学前教育机构的质量

EPPE 项目的观察是在 1998 年 5 月到 1999 年 6 月之间实施的。研究者在每个机构待一整天，但他们必须事先到每个机构去访问好几次，以便让那里的幼儿对他们的到来不会产生陌生感。《学前教育环境等级量表修订版》和《学前教育环境等级量表增补版》的每个分量表单独计分，最后也计算出总分。

有的指标被认为并不适用于某些类型的学前教育机构，其中最明显的是“生活常规”分量表中的“小睡与午休”指标，与 114 个接收 3—5 岁幼儿的托儿中心无关。只有相关的指标（也就是被评价的指标）被用于计算分量表的得分，因此无关指标对结果没有影响。

《学前教育环境等级量表修订版》和《学前教育环境等级量表增补版》两个量表总分的分布如图5－1和图5－2所示。来自141个（托幼）中心的《学前教育环境等级量表修订版》平均总分为4.34（SD＝1.02），《学前教育环境等级量表增补版》平均总分为3.07（SD＝1.00）。前者的平均分在“合格”和“好”的范围内，后者则为“合格”。二者之间平均得分的比较见图5－3。

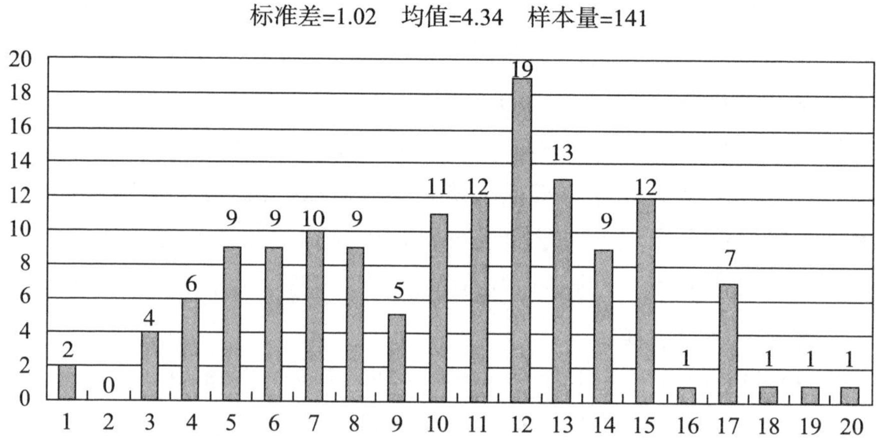

图5－1　《学前教育环境等级量表修订版》总得分柱状图

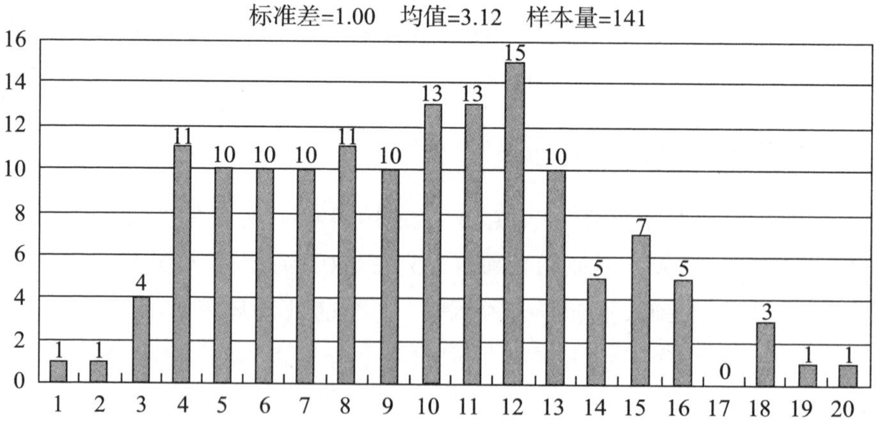

图5－2　《学前教育环境等级量表增补版》总得分柱状图

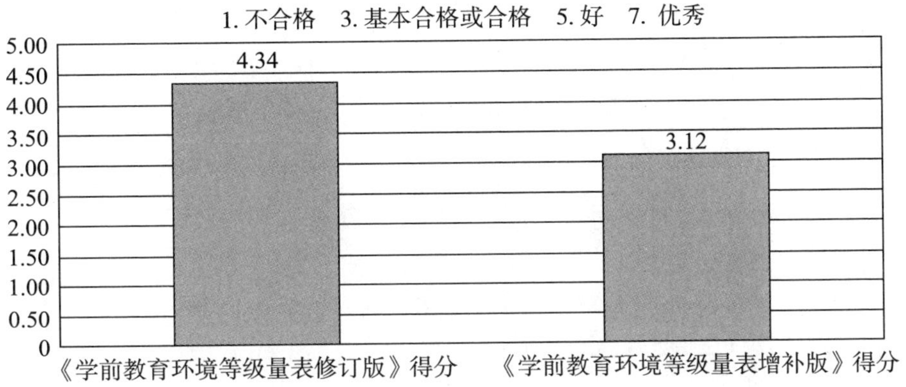

图 5－3 《学前教育环境等级量表修订版》和《学前教育环境等级量表增补版》平均得分比较

得分的分布和分量表概览

《学前教育环境等级量表修订版》和《学前教育环境等级量表增补版》的总得分都呈正态分布（分别见图 5－1 和图 5－2），符合参数的假设。我们还用方差分析（ANOVA）和图基 HSD（Tukey's Honestly Significant Difference）[①] 事后检验法比较了不同类型学前教育机构两个量表总得分之间的差异。由于分量表的平均分呈正态分布，因此可以进行参数统计检验。只有一个例外，就是《学前教育环境等级量表增补版》中“科学与环境”分量表不符合参数假设的条件，因此只能采用非参数检验逐对比较差异的显著性。

总体来看，每个机构的《学前教育环境等级量表修订版》的得分趋向于“合格”偏上的水平，有时接近于“好”。但是，各机构《学前教育环境等级量表增补版》的数学、科学和多样性的得分较低，在“基本合格”附近徘徊。

图 5－4 显示的是两个量表的分量表的得分情况，其中，“社会互动”“组织与常规”以及“空间和设施”得分最高，“生活常规”“活动”得分最低。虽然各类机构的平均得分大体令人满意，但对各类机构的深入分析仍然能够发现令人惊异的不同。样本中的很多机构都非常优秀，他们的活动富有挑战性，幼儿的学习也能得到支持，保教人员与幼儿之间的互动也非常融

① 图基 HSD 检验法适用于各组样本数相同时两组平均数之间差异的相互比较。——译者注

洽并具有启发性。遗憾的是，有的机构却在课程实施方面表现不佳，并且过度掌控的活动也比较多。

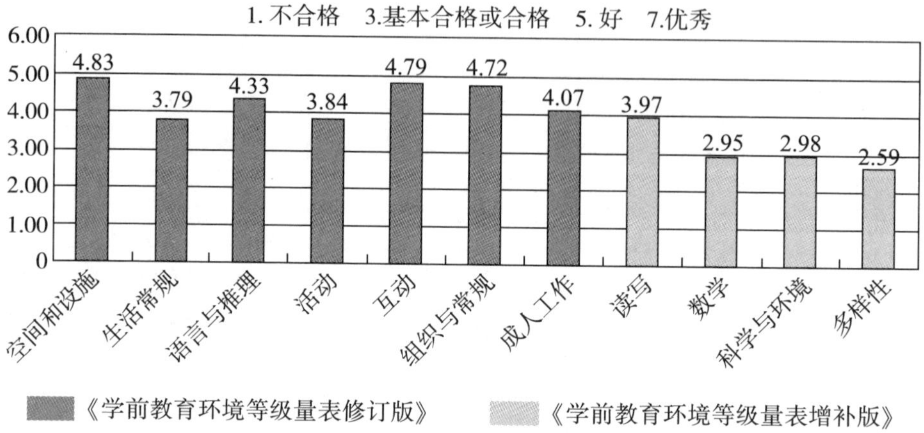

图 5－4　《学前教育环境等级量表修订版》和《学前教育环境等级量表增补版》各分量表得分比较

不同类型学前教育机构《学前教育环境等级量表修订版》得分比较

现在我们开始分析不同类型学前教育机构环境的差异。从图 5－5 可以看出，由当地教育部门管辖的三种类型的学前教育机构的《学前教育环境等级量表修订版》量表总得分明显高于其他类型学前教育机构的得分。我们用统计检验的方法来准确认定哪些类型的学前教育机构与其他学前教育机构差异显著。结果发现，当地政府举办的日托中心、托儿班、托儿学校和综合中心的得分都显著高于游戏小组和私立日托中心，私立日托中心的《学

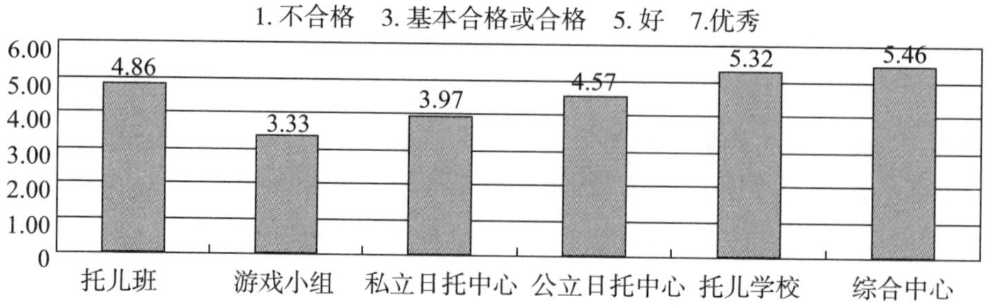

图 5－5　不同类型学前教育机构《学前教育环境等级量表修订版》总得分

前教育环境等级量表修订版》量表总分明显高于游戏小组，当地政府举办的日托中心的《学前教育环境等级量表修订版》量表总得分明显低于托儿学校和综合中心。

现在我们要分析的是《学前教育环境等级量表修订版》的分量表，这些分量表特别聚焦在幼儿和保教人员所处的保教环境的各个方面。有的分量表更多关注硬件设施，有的则更关注教育教学实践以及儿童和成人之间以纯粹的社会方式进行互动的情况。教育教学情况是通过观察幼儿发起和成人发起的活动之间是否平衡来评价的。有关教育教学实践的详情，参见第八章和西拉杰－布拉奇福德等人的相关研究（Siraj-Blatchford et al.，2002，2003）。

《学前教育环境等级量表修订版》的总得分与各分量表得分反映出来的趋势相当一致。在六类学前教育机构中，游戏小组在所有七个分量表中的平均得分最低，私立日托中心除了在“语言与推理”上的得分比当地政府办的日托中心略高（见图5－6）外，在其他分量表上的平均得分处于第二低的位置。托儿班、托儿学校和综合中心在所有分量表上的得分都比较高。不同类型学前教育机构之间在七个分量表中的六个上的得分都存在显著差异（只有在“生活常规”上的得分不存在显著差异）。经过统计检验，就通过《学前教育环境等级量表修订版》测出的质量而言，当地教育部门办的学前教育机构得分最高，随后是公办日托中心和私立日托中心，最后是游戏小组。尽管经过逐对比较后，各类学前教育机构在各分量表得分之间差异的显著性略有不同，但从总体上看，事后检验的结果通常与针对《学前教育环境等级量表修订版》总得分进行的图基检验（Tukey test）结果相似。

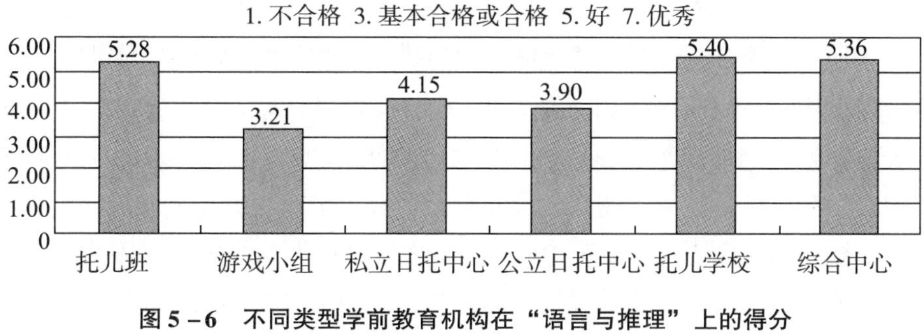

图5－6　不同类型学前教育机构在“语言与推理”上的得分

《学前教育环境等级量表修订版》和《学前教育环境等级量表增补版》各分量表测量的结果显示，总的来说，公立的学前教育机构（由当地教育部门办的托儿学校、托儿班和综合中心）质量更高。

不同类型学前教育机构《学前教育环境等级量表增补版》得分比较

六类学前教育机构的《学前教育环境等级量表增补版》总得分的趋势几乎与《学前教育环境等级量表修订版》总得分完全相同（见图5－7）。游戏小组和私立日托中心的得分最低。托儿学校和保教结合的托儿学校在大多数分量表上的得分最高。《学前教育环境等级量表增补版》的总得分存在显著差异，与《学前教育环境等级量表修订版》的总得分情况几乎完全相同——当地教育部门办的托儿班、托儿学校和保教结合的托儿学校的得分最高，显著高于游戏小组和私立日托中心的得分。当地政府办的（日托）中心的得分显著高于游戏小组的得分，但并不比私立日托中心得分高（ECERS-R量表的得分两者之间的差异显著）；当地政府办的（日托）中心的得分也显著低于托儿学校和保教结合的托儿学校。此外，私立日托中心的得分显著高于游戏小组，保教结合的托儿学校得分显著高于托儿班。

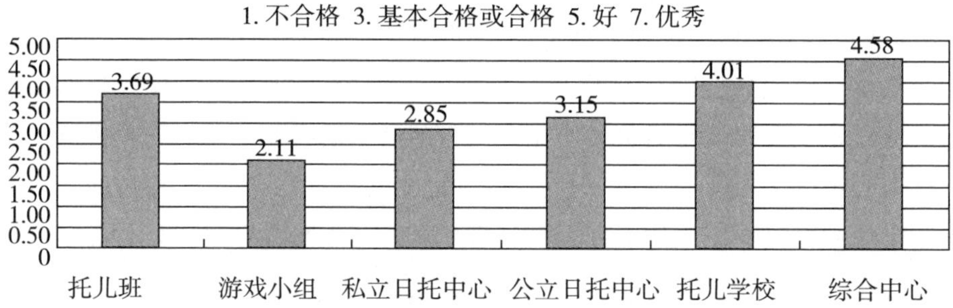

图5－7 不同类型学前教育机构《学前教育环境等级量表增补版》总得分

现在从总分的比较转到分量表得分的比较。针对《学前教育环境等级量表增补版》全部四个分量表的统计检验结果表明，不同类型的学前教育机构之间存在显著差异。托儿学校和综合中心比游戏小组和私立日托中心的得分都要高（见图5-8—图5-10）。这里之所以加上这些图，是因为它们非常清晰地展示了公立学前教育机构的优势，这种优势特别表现在这些学前教育机构创设的读写环境上（包括活动、阅读材料和对学习的其他方面的支持）。

《学前教育环境等级量表修订版》和《学前教育环境等级量表增补版》比较结果小结

总之，运用这两个量表比较的结果表明，托儿学校、综合中心（综合了保育和教育），还有托儿班在两个观察量表中得分都在“好”的范围内。游戏小组和私立日托中心都被评价为“质量”较差（基本合格或合格），当地政府举办的日托（社会服务）中心被评为中等水平。保教结合的社会服务中心比保教结合的托儿学校质量明显偏低。

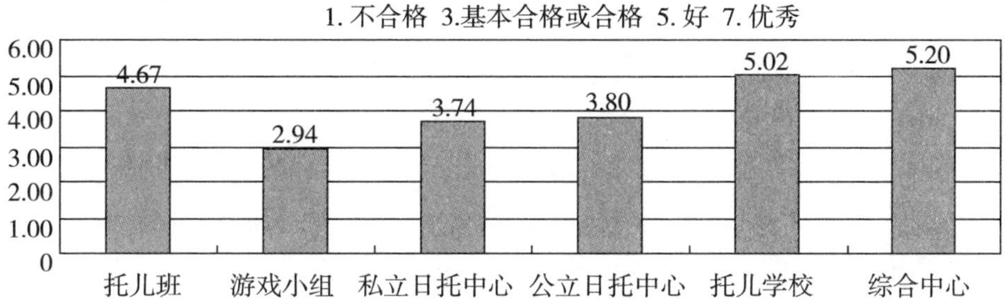

图 5－8　不同类型学前教育机构的“读写”得分比较

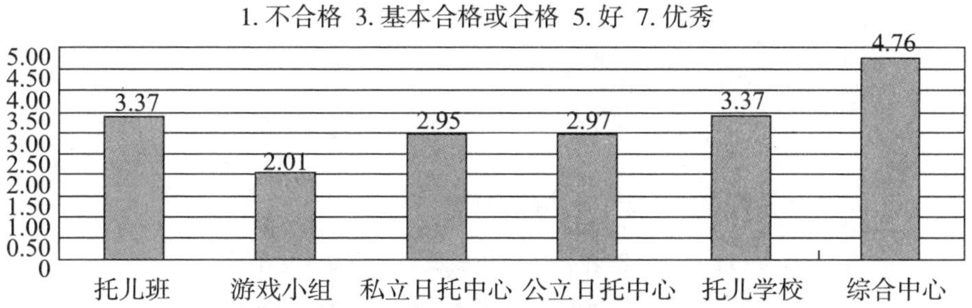

图 5－9　不同类型学前教育机构的“数学”得分比较

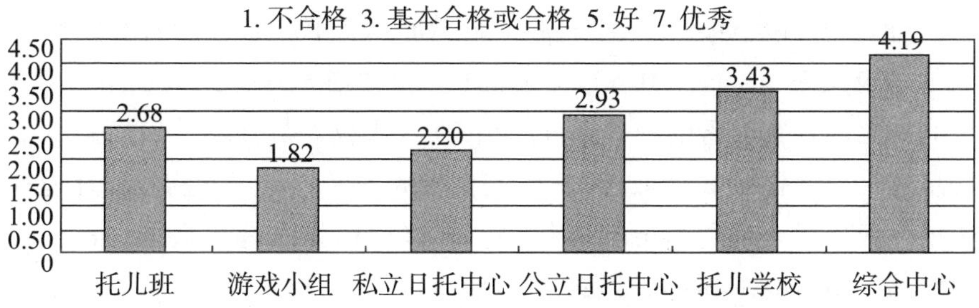

图 5－10　不同类型学前教育机构的“多样性”得分比较

同时效度、预测效度和信度

图 5－11 是描述两个量表测量结果关系的散点图。极显著相关（皮尔逊积差相关系数＝0.78）符合以下观点：不同的量表都涉及一些与“质量”关系密切的东西，但它们测量的内容也存在微小但是可能重要的差异。除了“生活常规”之外，大多数分量表在一定程度上也是彼此相关的。这意味着在一个分量表上得分高的机构在其他分量表的得分也高。

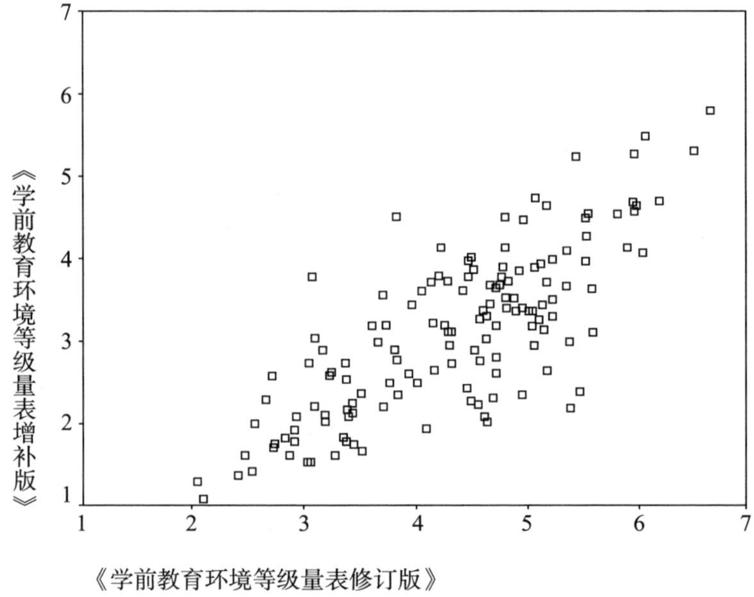

图 5－11 《学前教育环境等级量表修订版》（总分）和《学前教育环境等级量表增补版》（总分）的散点图

不出所料，《保教人员互动量表》的得分只与两个量表的得分中度相关。《学前教育环境等级量表增补版》总分和《保教人员互动量表》两个分量表“积极关系” （$r = 0.59$，$p < .01$）和“游离关系” （$r = -0.45$，$p < .01$）之间存在显著的中等强度的相关。《保教人员互动量表》的其他两个分量表（“惩罚” 和“放任”）也与期望的一样，与《学前教育环境等级量表增补版》量表的总得分显著相关，但这种相关没有那么强（$r = -18$，$-.32$，$p < .05$）（Sammons et al.，2002）。

《学前教育环境等级量表增补版》和《学前教育环境等级量表修订版》

两个量表总分之间非常显著的相关说明，这两个量表考察的是质量中相似但不完全相同的内容。《学前教育环境等级量表修订版》是用来考察学前教育质量的，尽管它提供的有关教学和课程的内容不如英国的量表那么详细，但我们仍然相信它是有效的。《学前教育环境等级量表增补版》和《保教人员互动量表》之间存在较低的相关性这个结果与以下事实有关：《保教人员互动量表》重点关注的是保教人员和幼儿建立的“关系”方面的内容，而《学前教育环境等级量表增补版》的评价内容包括课程，也包括关系。因为《学前教育环境等级量表增补版》的指标评价了课程活动过程中的温情和融洽程度，所以《学前教育环境等级量表修订版》有望与《保教人员互动量表》存在中等程度的相关。所有这些发现保证了《学前教育环境等级量表增补版》的结构效度：与《学前教育环境等级量表修订版》之间存在高相关，与《保教人员互动量表》的相关性较低（但仍然显著）。

两个环境评价量表的评价者信度（inter-rater reliability）是用在所有地区随机选取 25 个学前教育机构的数据计算出来的（Sylva et al.，1999）。计算方法有两个：①两个观察者之间完全一致的百分比；②kappa 指数（Cohen，1968）。我们对每个地区的数据分别进行分析，结果发现，采用《学前教育环境等级量表修订版》进行评估时，“完全一致”的比例在 78.2%—91.4% 之间，kappa 指数在 0.75—0.90 之间。采用《学前教育环境等级量表增补版》进行评估时，“完全一致”的比例在 85.2%—97.6% 之间，kappa 指数在 0.83—0.97 之间。以上结果显示，不同机构和地区的评价者效度处于“好”和“优秀”之间。

反映量表与儿童进步程度之间关系的《学前教育环境等级量表修订版》和《学前教育环境等级量表增补版》的预测效度将在第六章和本章结尾部分讨论。

学前教育机构的结构质量

EPPE 研究也探索了质量的结构性指标，特别是与保教人员相关的指标（Taggart et al.，2000）。结果发现，公立学前教育机构（托儿学校和托儿班以及大多数综合中心）员工的资质比私立的、志愿的和独立机构[①]的员工的资质要高。托儿学校、托儿班和综合中心管理者的资质更有可能达到五级水平，绝大部分情况下就是获得了教师资格证。表 5 – 1 清楚地显示，没有一个游戏小组是由教师管理的。

表 5 – 1 管理者的最高保教资质（按照学前教育机构类型分类）

	托儿班（%）	游戏小组（%）	私立日托中心（%）	公立日托中心（%）	托儿学校（%）	综合中心（%）
无资质		8.3	3.6	4.2		
二级		41.7	10.7	4.2		
三至四级	8.7	50.0	57.1	66.7		33.3
五级	91.3		28.6	25.0	100.0	66.7
（样本量	23	36	28	24	20	6）

三类公立学前教育机构的管理者年龄都比较大，员工年龄也比较大。游戏小组和私立日托中心的流动性（另一个与结构有关的质量指标）较大（参见表 5 – 2 关于流动性的部分）。

表 5 – 2 最近 12 个月员工离职情况（按照学前教育机构类型分类）

	托儿班（%）	游戏小组（%）	私立日托中心（%）	公立日托中心（%）	托儿学校（%）	综合中心（%）
无	82.6	47.1	19.4	50.0	42.1	14.3
1 个月	17.4	32.4	29.0	12.5	47.4	42.9
2 个月		8.8	19.4	20.8	5.3	14.3
3 个月		5.9	12.9	8.3	5.3	14.3
4 个月	23	5.9	3.2	8.3		14.3
6 个月			12.9			
6 个月以上			3.2			
（回答率	23/24	34/34	31/31	24/24	19/20	7/7）

员工的年龄和年流动率都与质量有关。《学前教育环境等级量表》中关于质量的过程指标与机构的人员结构有关吗？答案是肯定的。图 5 – 12 清楚地说

① 志愿机构（voluntary sector）是相对于公共机构和私营机构而言的，是一种非盈利性和非政府的社会组织，与社区机构（community sector）、独立机构（independent sector）同义。——译者注

明，管理人员学历越高，《学前教育环境等级量表增补版》的第一个分量表有关机构过程质量的得分就越高。

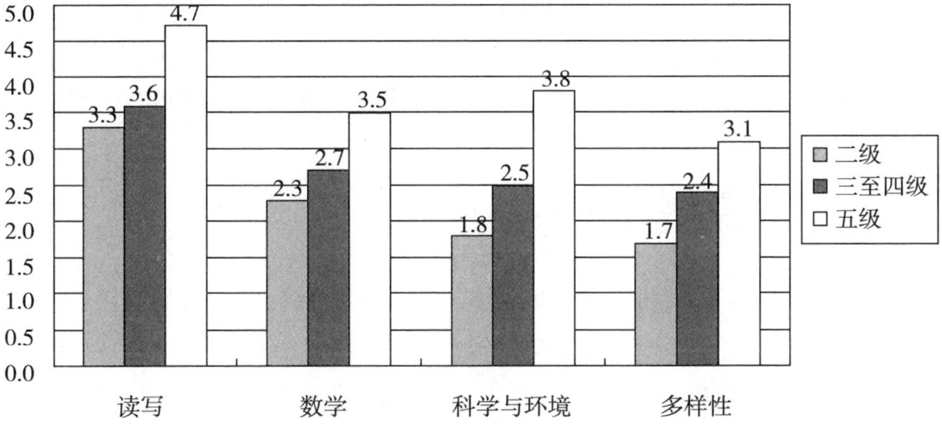

图 5－12　按照管理者资质分类的《学前教育环境等级量表增补版》分量表得分

本研究与已有研究的关联

这项关于学前教育机构特征和质量的大规模研究的发现得到了其他研究的支持。勒拉、欧文和莫斯（Lera，Owen and Moss，1996）在伦敦的研究结果表明，托儿班的《学前教育环境等级量表》得分最高，随后是社会服务机构的日托中心，之后才是游戏小组。2008 年教育标准办公室（Ofsted）提交报告称，与私立和志愿学前教育机构相比，公立的机构更受欢迎。

在图 5－4 上，我们只看到了没有将机构分类的整个样本在各分量表上的得分。样本在《学前教育环境等级量表修订版》上的总分和各分量表得分都在 4—5 之间，就是缺少“好”的机构。克万（Kwan，1997）总结了从其他国家利用《学前教育环境等级量表》进行研究得出的比较性数据。那么英国如何比较呢？在分量表的均值上与英国相似的国家有加拿大（在蒙特利尔的研究发现了少量“优秀”的学前教育机构）、瑞典以及美国（“开端计划”）。德国和新西兰的国际研究结果表明，各分量表的平均得分刚好在 4 以下，百慕大的研究发现得分接近 3。因此，其他“西方”国家的早期研究发现证明，英国与瑞典、北美国家没有太大的差异，英国的情况似乎比德国、新西兰稍好（Kwan，1997；Tietze et al.，1997）。美国最近的一项有关质量和机构的研究（Sosinsky et al.，2007）发现，非营利机构的质量更高。这与 EPPE 项目的研究结果相似。我们发现，公立机构的质量更好，其次是志愿机构，再次才是私立机构。由洛卡塞尔－克劳奇等人（LoCasale-Crouch et al. , 2007）在美国开展的另一项大规模的研究发现，最贫穷的幼儿所在的机构质量最差。所有这些比较结果都要谨慎对待，因为它们可能不完全代表这个国家，上面列出的这些研究中只有一项拥有和 EPPE 一样大的样本。

不同类型学前教育机构的概貌

虽然 EPPE 项目的研究成果展示了一幅理想的学前教育机构的图景，但不同类型的机构在《学前教育环境等级量表》描述的概貌中仍有一定的差异。传统的托儿学校和当地教育部门办的保教结合的机构通常得分最高，经常接近“优秀”，随后是托儿班。遗憾的是很多儿童在“基本合格”而不是“好”的机构里接受学前教育。游戏小组和私立日托中心的得分最低，社会服务性质的日托机构通常处于它们之间。这项研究清楚地表明，占有优质资源、有着“教育”传统（包括有相当数量的经过训练的教师、接受当地政府组织的“教育”培训）的学前教育机构提供的保教质量最高。而有“保育”传统的机构，尽管比例相当大，但提供的是不同水平的保教服务。这里值得一提的是，以保育为主的机构通常提供给员工的薪水最低，雇员的素质也最低，提供的培训机会有限，员工流动性大。我们还发现“基本合格”以上级别的主要集中在资源优质的机构。

《学前教育环境等级量表修订版》和《学前教育环境等级量表增补版》的适宜性

本章对 EPPE 项目中的学前教育机构进行了分析，得出的结论是，使用一个国际化的工具（最早在北美设计）和一个基于英国《理想的学习成果》（这是 EPPE 项目研究开始时英国颁布的相关课程）设计的工具测出的“质量”不完全相同。有必要问一问有些类型的学前教育机构是否在《学前教育环境等级量表修订版》中的一些结构和内容上处于不利地位。例如对一个游戏小组来说，为父母或员工提供特殊的设施并不容易，但这两个方面在《学前教育环境等级量表修订版》的特定指标上有较高的赋值。布罗菲等人

（Brophy et al.，1992）认为，游戏小组特别重视父母的参与，但《学前教育环境等级量表》对这一点的评价（方法）是不合适的。《学前教育环境等级量表修订版》中包含了父母参与这一项，但 EPPE 研究收集到的有关这一主题的数据主要来自对机构管理者的访谈（样本量 =141）和对父母的访谈（样本量为 2 000 多人）。因此 EPPE 项目是通过案例分析而不是观察量表对父母进行的研究。

小结

总之，EPPE 发现，（2000 年之前）大多数学前教育机构的保育和教育是合格的，“教育”（或公立）的机构质量尤其好。接下来的几章以儿童的认知、社会行为发展为例，讨论学前教育机构所产生的效果。对儿童发展成果进行增值分析后，EPPE 研究将讨论观察到的内容是如何预测儿童在智力、社会行为方面的长期发展的。

EPPE 研究中与质量有关的最重要的分析是——（机构的）质量对儿童在整个小学阶段发展成果的影响。第六章和第七章将报告这些分析的过程和结果，因此这里仅介绍其三点研究结论。

第一，幼儿所上幼儿园在《学前教育环境等级量表增补版》中质量得分越高，那么，他们在 7 岁和 11 岁时学业成绩（英语和数学全国考试）越好。而且，他们所上幼儿园的《学前教育环境等级量表增补版》的质量得分也与儿童 7 岁、11 岁时很多积极的社会行为发展成果相关。

第二，《学前教育环境等级量表修订版》得分与儿童 7 岁、11 岁时的积极社会行为发展成果相关，与儿童 7 岁时较高的认知成绩相关，但《学前教育环境等级量表修订版》的质量得分与儿童 11 岁时认知成绩无关。

第三，EPPE 研究发现，到 11 岁时，某些儿童比其他儿童对幼儿园质量的积极影响更加敏感，这些儿童包括处于多种不利处境的儿童，也包括男孩。

本章认为，通过结构化观察、访谈和查阅档案来评估幼儿园的质量是完全可能的。儿童在 3—5 岁时上的幼儿园的质量对他们 11 岁时的认知发展成果（使用《学前教育环境等级量表增补版》）和社会行为发展成果（同时使用《学前教育环境等级量表修订版》和《学前教育环境等级量表增补版》两个量表）具有预测作用。

自从 EPPE 项目开展以来，人们已经开始对学前教育机构“质量”的组成成分给予了更多的关注。《早期奠基方案》（DCSF，2008）的推行为儿童平等获得广泛而且平衡的教育内容提供了一定的保证，但是有关应该如何传播这些课程指导方案的争论仍在继续，也正在成为学前教育理论和实践工作者争论的话题。然而，在“质量非常重要”这一点上都毫无争议。EPPE 研究已经能够在保教过程与儿童发展成果之间建立起联系（参见第六章和第七章）。这些研究结果不仅对旨在提高所有儿童学习成果的国家政策制定来说很重要，而且对丰富幼儿生活的日常保教实践也很重要，特别是对那些来自家庭背景不利的儿童更加重要，它们有可能使他们成为优秀的终身学习者。

表 5－A1　《学前教育环境等级量表修订版》的结构

（资料来源：Harms，T.，Clifford，M. and Cryer，D.，1998）

I. 空间和设施	**III. 语言与推理**	**V. 互动**
1. 室内空间	15. 图书与图片	29. 对大肌肉运动的指导
2. 用于常规保育、游戏和学习的家具	16. 鼓励儿童之间的交流	30. 对儿童的一般指导（非大肌肉运动）
	17. 使用语言发展推理技能	
3. 用于放松的舒适的家具	18. 语言的非正式运用	31. 纪律
4. 有利于游戏的空间安排		32. 师幼互动
5. 用于保护个人隐私的空间	**IV. 活动**	33. 儿童之间的互动
6. 与儿童有关的物品展示	19. 精细动作	
7. 适合大肌肉运动的空间	20. 美术	**VI. 课程结构**
8. 大肌肉运动的设施	21. 音乐与律动	34. 时间表
	22. 积木	35. 自由游戏
II. 生活常规	23. 沙和水	36. 集体活动
9. 问候与告别	24. 戏剧表演	37. 关照残障儿童
10. 用餐与吃点心	25. 自然与科学	
11. 小睡与午休	26. 数学与数字	**VII. 父母和保教人员**
12. 如厕与换尿布	27. 对电视、视频和计算机的使用	38. 父母用设施
13. 健康活动		39. 保教人员个人使用的设施
14. 安全活动	28. 促进对多元性的接纳	40. 保教人员工作所需的设施
		41. 保教人员之间的互动与合作
		42. 指导和评价保教人员
		43. 专业成长的机会

表 5-A2　《学前教育环境等级量表增补版》的结构

（资料来源：Sylva，K.，Siraj-Blatchford，I. and Taggart，B.，2003）

I. 读写	II. 数学	III. 科学与环境	IV. 多样性
1. "环境中的文字"：字母和单词 2. 图书与读写区 3. 分享阅读 4. 单词的发音 5. 书写萌发与标记制作 6. 谈话和倾听	7. 数数和数数的应用 8. 读写简单的数字 9. 数学活动：形状和空间（选择 9a 或 9b 为依据；选择你看到最多的一类活动） 10. 数学活动：分类、配对和比较	11. 自然材料 12. 带有科学特色的区域或科学资源区 13. 科学活动：科学过程：非生物（选择 a，b 或 c 为依据；选择你看到最多的一类活动） 14. 科学活动：科学过程：周围环境和生命 15. 科学活动：科学过程：准备食物	16. 根据个人的学习需要制订计划 17. 性别平等和性别意识 18. 种族平等和种族意识

参考文献

Arnett, J. (1989) *Caregivers in day-care centres, Does training matter? Journal of Applied Developmental Psychology*, 10, 4, 541 - 552.

Berrueta-Clement, J. R., Schweinhart, L. J., Barnett, W. S. Epstein, A. S. and Weikart, D. P. (1984) *Changed Lives: The effects of the Perry Pre-school Programme on Youths Through Age 19*. Ypsilanti, MI: The High/Scope Press.

Brophy, J., Statham, J. and Moss, P. (1992) *Playgroups in Practice Self-help and Public Policy*, London: HMSO Department of Health.

Burchinal, M. R., Roberts, J. E., Riggins, R., Zeisel, S, A., Neebe, E. and Briant, D. (2000) Relating quality, of centre-based child care to early-cognitive and language development longitudinally, *Child Development*, 71, 2, 339 - 357.

Burchinal, M. R., Howes, C. and Kontos, S. (2002) Structural predictors of child care quality in child care homes, *Early Childhood Research Quarterly*, 17, 1, 87 - 105.

Cohen, J. (1968) Weighted kappa: nominal scale agreement with provision for scaled agreement or partial credit, *Psychological Bulletin*, 70, 4, 213 - 220.

Department for Children, Schools and Families (DCSF) (2008) *Early Years Foundation Stage*,

London DCSF Publications.

Department for Education and Employment (1996) *Nursery Education: Desirable Learning Outcomes for Children's Learning on Entering Compulsory Education*, London: DfEE/SCAA.

De Kruif, R. E. L., McWilliam, R. A., Ridley, S. M. and Wakely, M. B. (2000) Classification of teachers' interaction behaviours in early childhood classrooms, *Early Childhood Research Quarterly*, 15, 2, 247 – 268.

Gallagher, P. A. and Lambert, R. G. (2006) Classroom quality, concentration of children with special needs, and child outcomes in head start, *Exceptional Children*, 37, 1, 31 – 53.

Gilliam, W. S. (2000) *The School Readiness Initiative in South-Central Connecticut: Classroom Quality, Teacher Training, and Service Provision*. Final report of findings for fiscal year 1999. Retrieved December 2nd, 2002 from http://nieer. org/resources/research/CSRI1999. pdf

Harms, T., Clifford, M. and Cryer, D. (1998) *Early Childhood Environment Rating Scale, Revised Edition (ECERS-R)*, Vermont: Teachers College Press.

Jaeger, E. and Funk, S. (2001) *The Philadelphia Child Care Quality Study: An Examination of Quality in Selected Early Education and Care Settings*. A technical report submitted to the Improving School Readiness project of the united way of South-Eastern PA. Retrieved December 2nd, 2002 from http://psych. sju. edu/faculty/Jaeger/JaegerFunk2001. pdf

Katz, L. (1993) Multiple perspectives on the quality of early childhood programmes, *European Early Childhood Education Research Journal*, 1, 2, 5 – 9.

Kwan, C. (1997) The effects of environmental variations in day care centres on the development of young children in Singapore, PhD thesis, University of London.

Lera, M-J., Owen, C. and Moss. P. (1996) Quality of educational settings for four-year-old children in England, *European Early Childhood Education Research Journal*, 4(2), 21 – 33.

LoCasale-Crouch, J., Konold, T., Pianta, R., Howes, C., Burchinal, M., Bryant, D., Clifford, R., Early, D. and Barbarin, O. (2007) Observed classroom quality profiles in state funded prekindergarten programmes and associations with teacher, programme and classroom characteristics, *Early Childhood Research Quarterly*, 22, 1, 1 – 160.

Mason, J. M. and Stewart, J. P. (1990) Emergent literacy assessment for instructional use in kindergarten, in L. M. Morrow and L. K. Smith (eds) *Assessment for Instruction in Early Literacy*, Englewood Cliffs, NJ: Prentice-Hall, pp. 155 – 175.

Munton, A. G., Mooney, A. and Rowland, L. (1995) Deconstructing quality: A conceptual framework for the new paradigm in day care provision for the under eights, *Early Child Development and Care*, 114, 1, 11 – 23.

The Office for Standards in Education, Ofsted (2008) *Outcome of the Consultation on Inspecting*

Provision in the Early Years Foundation Stage from September 2008, The Office for Standards in Education, London: Ofsted Publication Centre HMI.

OHMCI(1999) *Standards and Quality in the Early Years: Educational Provision for Four Year-Olds in the Maintained and Non-maintained Sectors*, Cardiff: Education Department Inspectorate, Welsh Office.

Osborn, A. F. and Milbank, J. E. (1987) *The Effects of Early Education: A Report from the Child Health and Education Study*, Oxford: Clarendon Press.

Peisner-Feinberg, E. S. and Burchinal, M. R. (1997) Relations between pre-school children's child care experiences and concurrent development: the cost, quality and outcomes study, *Merrill-Palmer Quarterly*, 43, 3, 451 – 477.

Peisner-Feinberg, E. S., Burchinal, M. R., Clifford, R. M., Yazejian, N., Culkin, M. L., Zelazo, J., Howes, C., Byler, P., Kagan, S. L. and Rustici, J. (1999) *The Children of the Cost, Quality, and Outcomes Study Go to School: Technical Report*, Chapel Hill, NC: University of North Carolina at Chapel Hill, Frank Porter Graham Child Development Center.

Phillips, D., McCartney, K. and Scarr, S. (1987) Child care quality and children's social development, *Journal of Applied Developmental Psychology*, 23, 4, 537 – 543.

Phillipsen, L. C., Burchinal, M. R., Howes, C. and Cryer, D. (1997) The prediction of process quality from structural features of child care, *Early Childhood Research Quarterly*, 12, 3, 281 – 303.

Rogoff, B. (1999) Thinking and learning in a social context, in J. Lave (ed.) *Everyday Cognition: Development in Social Context*, Cambridge, MA: Harvard University Press, pp. 1 – 8.

Sammons, P., Sylva, K., Melhuish, E. C., Siraj-Blatchford, I., Taggart, B. and Elliot, K. (2002) *The Effective Provision of Pre-school Education Project (EPPE), Technical Paper 8a: Measuring the Impact of Pre-school on Children's Cognitive Progress over the Pre-school Period*, London: DfES/Institute of Education, University of London.

Sammons, P., Sylva, K., Melhuish, E., Siraj-Blatchford, I., Taggart, B. and Hunt, S. (2008a) *Effective Pre-school and Primary Education 3—11 Project (EPPE 3—11) Influences on Children's Attainment and Progress in Key Stage 2: Cognitive Outcomes in Year 6*. Research report No. DCSF-RR048, Nottingham: DCSF Publications.

Sammons, P., Sylva, K., Melhuish, E., Siraj-Blatchford, I., Taggart, B. and Hunt, S. (2008b) *Effective Pre-school and Primary Education 3—11 Project (EPPE 3—11) Influences on Children's Development and Progress in Key Stage 2: Social/Behavioural Outcomes in Year 6*. Research report No. DCSF-RR049, Nottingham: DCSF Publications.

Schweinhart, L. J. and Weikart, D. P. (1997) *Lasting Differences, The High/Scope Pre-school Cur-*

riculum Comparison Through Age 23, Ypsilanti, MI: High/Scope Press.

Senechal, M., Lefevre, J., Smith-Chant, B. L. and Colton, K. V. (2001) On refining theoretical models of emergent literacy: the role of empirical evidence, *Journal of School Psychology*, 39, 5, 439 – 460.

Sheridan, S., Giota, J., You-Me, H. and Jeong-Yoon, K. (2009) A cross-cultural study of preschool quality in South Korea and Sweden: ECERS evaluations, *Early Childhood Research Quarterly*, 24.

Siraj-Blatchford, I. and Wong, Y. (1999) Defining and evaluating 'quality' early childhood education in an international context: dilemmas and possibilities. Early years, *International Journal of Research and Development*, 20, 1, 7 – 18.

Siraj-Blatchford, I., Sylva, K., Muttock, S., Gilden, R. and Bell, D. (2002) *Researching Effective Pedagogy in the Early Years*. DfES Research Report 356, London: DfES.

Siraj-Blatchford, I., Sylva, K., Taggart, B., Sammons, P. and Melhuish, E. (2003) *The EPPE Case Studies Technical Paper 10*, London: University of London, Institute of Education/ DfEE.

Sosinsky, L. S., Lord, H. and Zigler, E. (2007) For profit/nonprofit differences in center based child care quality: results from the National Institute of Child Health and Human Development Study of Early Child Care and Youth Deyelopment, *Journal of Applied Developmental Psychology*, 28, 390 – 410.

Soucacou, E. P. and Sylva, K. (in press) Developing-instruments for assessing 'difficult to measure' aspects of quality in early childhood practice, in E. Tucker, G. Walford and M. Viswanathan (eds) *The Sage Handbook of Measurement: How Social Scientists Generate, Modify, and Validate Indicators and Scales*, Thousand Oaks, CA: Sage Publications.

Storch, S. A. and Whitehurst, G. J. (2001) The role of family and home on the literacy development of children from low-income backgrounds, *New Directions for Child and Adolescent Development*, 92, 52 – 72.

Sulzby, E. and Teale, W. (1991) Emergent literacy, in R. Barr, M. Kamil, P. Mosenthal and P. D. Pearson (eds), *Handbook of Reading Research*, Vol. 2, New York: Longman.

Sylva, K., Siraj-Blatchford, I. and Taggart, B. (2003) *Assessing Quality in the Early Years: Early Childhood Environment Rating Scale-Extension (ECERS-E): Four Curricular Subscales*, Stoke-on Trent: Trentham Books.

Sylva, K., Sammons, P., Melhuish, E., Siraj-Blatchford, I. and Taggart, B. (1999) *The Effective Provision of Pre-school Education (EPPE) Project. Technical Paper 1—An Introduction to the EPPE Project*, London: University of London, Institute of Education/DfEE.

Sylva, K., Melhuish, E., Sammons, P., Siraj-Blatchford, I. and Taggart, B. (2004) *The Effective*

Provision of Pre-school Education(*EPPE*)*Project*:*Final Report*,London:DfES/ Institute of Education,University of London.

Taggart,B. , Sylva, K. , Siraj-Blatchford, I. , Melhuish, E. , Sammons, P. and Walker-Hall, J. (2000)*Technical Paper 5*:*Characteristics of the Centres in the EPPE Sample*:*Interviews*. London:DfES/Institute of Education,University of London.

Tietze,W. ,Hundertmark-Mayser,J. and Rossbach,H-G. (1997)European Child Care and Education Study:Cross-national analyses of the quality and effects of early childhood programmes on children's development. European Union DG XII: Science, Research and Developmental RTD Action:Targeted Socio-Economic Research Final Report. 2,142 – 156.

Whitebook,M. , Howes, C. and Phillips, D. (1989) *Who Cares? Child Care Teachers and the Quality of Care in America*. Final report of the National Child Care Staffing Study Oakland, CA:Child Care Employee Project.

Whitehurst,G. J. and Lonigan,C. J. (1998)Child development and emergent literacy,*Child Development*,69,3,848 – 872.

Wood,D. J. ,Bruner,J. S. and Ross,G. (1976)The role of tutoring in problem solving,*Journal of Child Psychology and Psychiatry*,17 ,89 – 100.

第六章

幼儿园重要吗？
——幼儿园对儿童各年龄认知和社会行为发展的影响

帕姆·萨蒙兹

这一章总结关于幼儿园在整个学前期的教育影响的重要发现。本章将突出儿童入园经历的诸多特征的重要性，包括在园时间、幼儿园的质量等，并揭示个体幼儿园的教育效果。这些结果可以帮助我们解释，为什么有些幼儿园比另一些幼儿园更能为儿童提供良好的入学准备。

引言

EPPE 项目的研究设计试图探索几个“大”问题。第一，我们想知道进入幼儿园是否对儿童的智力和社会行为发展有所影响。换句话说，进入幼儿园的儿童是否比没进过幼儿园的儿童发展得更好，因此能为入学做更好的准备。第二，我们想知道幼儿园的作用是否会持续。换句话说，它所带来的更好的发展成果是否会持续整个第一学段（6 岁和 7 岁）乃至第二学段（11 岁）？我们还想弄清楚幼儿园经验的哪些特征有特别重要的意义。我们特别感兴趣的是回答一个看似简单的问题：各种类型的幼儿园都有益吗？也就是说，儿童上幼儿园就比不上幼儿园更有利于他们后期的发展吗？我们想了解儿童所进入的幼儿园的类型是否很重要，为此我们收集了进入不同类型幼儿园的儿童的数据。此外，我们认为其他方面，特别是儿童的在园时间、在园方式（半日还是全日）、幼儿园的质量、师资水平以及师幼比等，都可能是重要的影响因素，因此，我们收集了关于这些方面的信息，对可能影响幼儿园教育效果的幼儿园特征进行了检验。

所有的幼儿园各不相同，即便在名义上属于同一类型（例如不同的游戏小组在人员配备和文化氛围方面就存在很大不同）。我们知道，各个幼儿园在多个方面存在差异（领导方式、教学方法等），第八章的个案研究将详细描述。本研究的另一个重要问题是：是否会有一些幼儿园比其他幼儿园更有效（能更好地促进儿童发展）？为解答这个问题，我们精心设计了可以确定每所幼儿园教育效果的研究。

总之，为了分析儿童认知与社会行为发展、研究幼儿园的教育效应，我们设立了八项目标。这八项目标是：

（1）详细描述大样本儿童及其家庭从儿童入园到完成（或接近完成）第一学段学习的发展路径；

（2）对比 3 000 多个来自不同社会文化背景、有不同的幼儿园教育经历的儿童在发展历程方面的异同；

（3）把幼儿园的影响效应同小学教育的影响效应分离开；

（4）确定有些幼儿园是否比其他幼儿园更能有效地促进儿童的认知和社会行为发展；

（5）确定被认为是最有效的幼儿园的具体教育特点（结构和过程）；

（6）考察不同的儿童群体在发展进程上的差异，如第一语言不是英语的儿童、处境不利的儿童以及两种性别的差异等；

（7）考察幼儿园教育对第一学段学习成绩的中期影响效应，并确保其研究方式使在稍后年龄通过追踪研究探寻长期影响效应成为可能；

（8）考察幼儿园在战胜处境不利和消除社会排斥等方面的作用。

第三章讨论了 EPPE 项目为实现上述目标而提出的混合研究设计，这里，我们将介绍通过对儿童在不同年龄多个发展方面的多层统计分析而得出的主要结果。由于项目所收集数据十分庞大，因此我们只能对研究结果作简要说明。感兴趣的读者可以参考我们的技术论文（参见网站 http://eppe.ioe.ac.uk 或本书附录 3）。对此我们还在数篇期刊论文中进行了更详细的描述（Sammons et al.，2004，2008；Taggart et al.，2006）。

这一章先总结我们在前两个重要阶段的主要发现。这两个阶段是学前阶段（3—5 岁）和第一学段（5—7 岁）。随后是对部分结果的详细解说。下一章会关注第二学段，对样本儿童长期追踪至 11 岁，即小学结束时的研究结果。

学前阶段的主要发现

上幼儿园的结果

- 与未上过幼儿园的儿童相比，上幼儿园的经历能促进儿童各方面的发展。
- 在园时间长度（按月计）也很重要；较早（3 岁之前）入园与入学时智力较好有显著相关，尤其是语言发展方面。
- 上全日制幼儿园不比上非全日制幼儿园更有利。
- 处境不利儿童在高质量的幼儿园获益显著，特别是在幼儿园同伴的社会背景差异较大的情况下。
- 总体上，处境不利儿童的平均在园时间比处境较好儿童少（平均少 4—6 个月）。在园时间的欠缺可能加剧其不利处境。

幼儿园类型是否重要？

- 不同幼儿园对儿童的影响存在显著差异；有些幼儿园明显比其他幼儿园更能有效地促进儿童发展。
- 各种类型幼儿园中都能发现质量上乘者；但本研究发现，总体上看，保育和教育结合的综合中心和托儿学校教育质量更好一些（详见第五章）。

幼儿园质量及其具体实践的影响

- 高质量的幼儿园教育与更好的智力和社会行为发展相关。
- 师资水平较高的幼儿园，其质量得分较高，儿童的进步也更大。

儿童进入怎样的幼儿园会有影响吗？

• 我们研究的141所幼儿园在教育有效性方面存在显著差异。其有效性是指，相对于儿童原先的发展和背景，幼儿园使儿童发展取得了哪些进步。有些幼儿园使儿童在入学前获得了某些方面的更好发展结果。我们发现了若干非常高效的幼儿园（同时也发现了一些明显低效的幼儿园）。第八章将通过深入的个案研究讨论一些高效幼儿园的特征。

家庭学习的重要性

• 对所有儿童而言，早期家庭学习环境的质量比父母的职业、受教育水平或收入对儿童智力和社会性发展更重要。家长做什么比家长是什么人更重要。我们曾在第四章讨论过早期家庭学习的影响。幼儿园的质量对早期家庭学习环境较差的儿童特别重要，因为幼儿园可以通过提供刺激性的环境和更广泛的经验缓解这些孩子的不利处境。

第一学段结束时的主要发现

持续影响效应

• 幼儿园对儿童发展的积极影响在整个第一学段继续保持。当然，有些方面的长期效果不如初入学时那么显著。

在园时间和幼儿园的质量

• 儿童的在园月数继续影响其在第一学段的发展，且对学业技能的影响比对社会行为发展的影响更明显。在园时间较长（与较早入园相关）的儿童到7岁时继续显现出更好的发展成果，这表明小学教育没有消除幼儿园的教育影响。

- 幼儿园的质量与儿童6岁时的阅读和数学成绩仍有显著相关。儿童7岁时，幼儿园质量与学业成绩的相关仍然明显，只是比之前略微减弱。但此时幼儿园质量对儿童社会行为发展的影响不再具有统计意义上的显著性。

- 幼儿园质量高加上较长的在园时间，这对儿童整体发展的积极影响最大。这样的儿童在几个重要发展领域显示出较好的结果。

有效的园所环境

- 各个幼儿园对儿童发展特定方面的教育有效性差别很大。进入特别高效的幼儿园的儿童的发展优势会持续到7岁。这并不意味着小学教育对儿童发展成果没有影响，但是，儿童所上幼儿园对其在第一学段的发展轨迹仍有影响，而且这种影响超过了儿童就读小学的影响效应。

处于劣势的孩子

- 有一小群儿童仍然被认为处于需要特殊教育的“高危”状态，其认知和社会行为方面都是如此。在控制背景因素的影响后，仍然有比较多的居家儿童被归为这个群体。上过幼儿园，尤其是上过高质量的幼儿园，可以降低在第一学段被教师判定为有特殊教育需要风险的概率。高质量的幼儿园可以看做是降低特殊教育需要可能性的有效干预手段。

- 多重处境不利到第一学段结束时仍会阻碍儿童的智力和社会性发展。然而就英语作为第二语言这一因素对儿童发展的负面影响而言，儿童7岁时其影响已比3岁和5岁时大大降低。

家庭学习环境

- 早期家庭学习环境对儿童多方面发展的积极影响在第一学段结束时仍然很明显。这证实了早期学习的重要性，也证实了父母及其他抚养人在为儿童提供丰富而富有刺激性的环境方面的重要作用。

哪些幼儿园特征对儿童发展有重要影响？

在简要列举本研究的主要结果后，我们将作详细的阐述。

上或不上幼儿园

我们的结果清晰地表明，在初入学的时候（平均年龄为4岁9个月），上过幼儿园的儿童比没上过幼儿园的儿童在多个方面更有利。

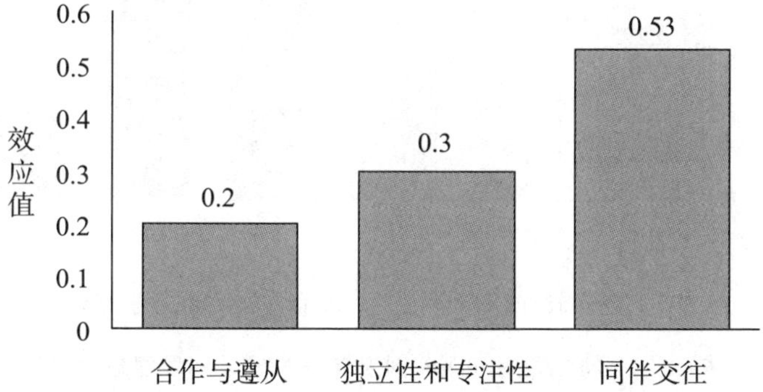

图6－1 上幼儿园对初入学时社会行为发展成果的效应值

图6－1通过效应值显示了三种社会行为发展成果上的差异。效应值是在控制儿童、家庭和家庭学习环境的影响后得出的幼儿园的影响强度。从图6－1可以看出对同伴交往方面的影响特别大。在幼儿园与其他儿童相处，这对增进儿童的社会技能、发展与其他儿童积极交往的能力有重要益处。这对儿童的独立性和专注性也有好处。它们与儿童的学习行为紧密联系，也与儿童的认知表现有显著相关。合作和遵从反映了儿童遵守班级秩序的能力，这种能力有所提高，不过提高幅度不是很大。研究没有发现是否上过幼儿园

对第四项行为指标，即反社会和焦虑烦躁的影响效应。

然而，在我们追踪儿童到6岁和7岁的时候，上幼儿园与否对社会行为发展成果的影响就变小了，此时学校和同伴群体的影响似乎更大一些。

我们现在来看儿童初入学时的认知发展差异。在控制儿童、家庭及家庭学习环境的影响之后，上幼儿园仍比不上幼儿园有明显的益处，差别最大的是语言发展，其次是早期数概念和前阅读技能。图6－2显示了三个时间点在前阅读和阅读、早期数概念和数学两个项目上的效应值。在语言方面的效应值仅在儿童3岁多初入园和将近5岁初入学时进行过测量。可以看出，幼儿园对早期数概念的影响在儿童初入学时最明显，但在一年级和二年级逐渐减小。幼儿园对儿童前阅读的影响一般，但在整个第一学段没有逐渐减小。① 通过上述结果可以看出，在第一学段，幼儿园在阅读和数学方面的影响比在社会行为方面的影响持续得更久（但是，第七章将指出，幼儿园教育在同伴交往方面的成效在10岁和11岁仍有表现）。

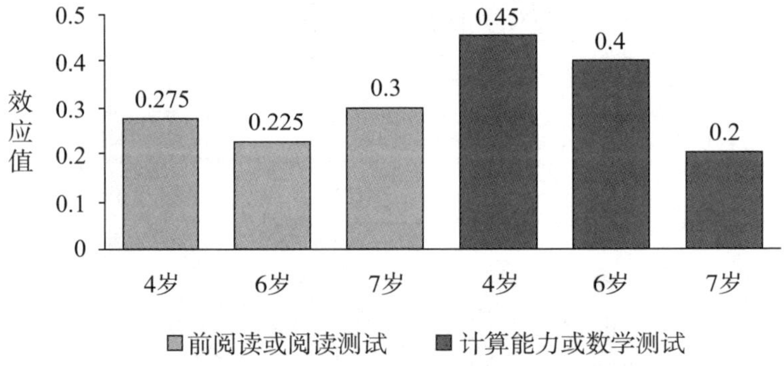

图6－2 上幼儿园对初入学时及第一学段认知发展的效应值

在园时间和入园年龄

多层分析显示，在园时间（儿童上幼儿园的持续月数）与初入学时三种重要认知技能（语言、前阅读、早期数概念）的发展状况有关。在园时

① 计算效应值的方法在技术论文8a和8b中有详细介绍。技术论文9和11提供了关于在园持续时间的信息。需要注意的是，儿童的平均在园时间约为22个月（标准差11个月）。大多数进入的是非全日制的幼儿园。作为对比的小学在校情况是，儿童在第一学段结束之前已在全日制小学学习了2—3年的时间。

间对语言发展（词汇和英语理解）的影响尤其明显，这可能反映了与较大范围的同伴或成人在一起的益处，即为儿童提供了更加广泛和丰富的语言经验。也许这个结果毫不令人惊讶——我们发现，在英语作为第二语言的儿童中，与从未进过幼儿园的居家儿童相比，上幼儿园会使他们的语言发展有特别大的进步。这个发现对帮助这些孩子更好地开始小学学习很有意义，对政策制定者和实践者更有特别的意义，因为我们发现，比较多的居家儿童来自少数族裔且英语不是第一语言（居家儿童中英语作为第二语言的比例约38%，而在EPPE项目幼儿园样本中该比例约为14%）。在园时间可以持续影响儿童在6岁上一年级时的阅读和数学成绩以及儿童7岁即第一学段结束时的英语和数学成绩。因此，保证一定的在园时间似乎可以使儿童的认知发展得到明显提升，这种提升还会在入学后持续几年。

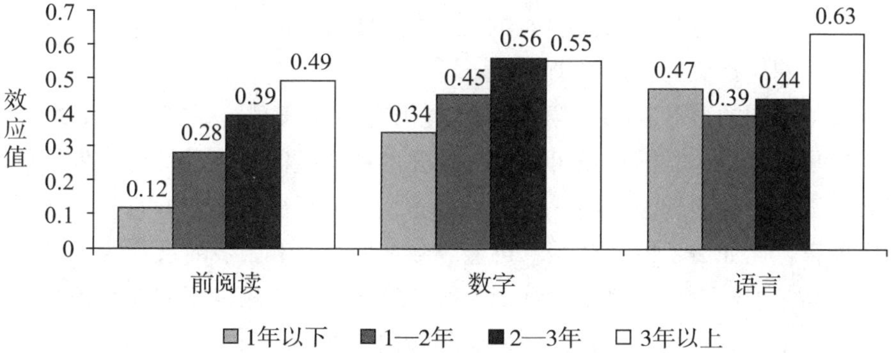

图6－3　在园时间长短对儿童初入学时认知表现的效应值

图6－3通过效应值概括了上述结果，显示儿童上幼儿园的时间对其各方面发展成果的相对影响。一般来说，儿童上幼儿园的时间越长，幼儿园对其发展的积极影响就越大。上幼儿园达2—3年和3年以上与未上幼儿园（居家儿童）相比效应值较大（语言从0.44到0.63，早期数字能力从0.54到0.55，前阅读从0.38到0.48）。上幼儿园2—3年或3年以上的效应值与母亲学位（有学位和没有学位相比）的效应值相当。母亲有学位相对于没有学位对儿童初入学的效应值，早期数字方面为0.39，前阅读为0.45，语言为0.62。

表6－1列出了在园时间（月数）对前阅读和早期数概念发展成果的效应值在小学头几年里的变化。

表6-1 在园时间对初入学时和一年级结束时的效应值

持续时间	前阅读或阅读		早期数概念或数学	
	初入学	一年级结束	初入学	一年级结束
1年以下	0.12	0.26	0.34	0.32
1—2年	0.28	0.17	0.45	0.36
2—3年	0.39	0.26	0.56	0.46
3年以上	0.49	0.35	0.55	0.52

与居家组的比较显示，上幼儿园一年对前阅读的影响（效应值0.12）不如对语言（效应值0.47）和早期数概念（效应值0.33）的影响大。

正如我们期望的，儿童的入园年龄与在园时间紧密相关。较早入园（2—3岁之间）与儿童初入学时的更好智力成就和更友好的同伴交往（根据教师对同伴社交的评定）有联系。

较早入园的益处在第一学段结束时仍有明显表现。研究结果清楚地证明，较早进入集体教养环境可以增进幼儿的社交技能，这种社会性发展的优势到7岁时仍会显现。然而，有迹象表明，对一小部分儿童而言，太早开始集体养育，比如2岁前就开始，可能导致他们3岁和5岁时在行为问题方面得分较高，但没有证据显示这种影响会持续到7岁。第四章对3岁前的集体养育进行了一些讨论。当然，我们必须指出，在很小就开始上幼儿园的儿童中，绝大多数（90%以上）一直有良好的行为表现。

尽管我们发现，在园时间（月数）对儿童7岁时的几个发展方面仍有明显而积极的影响，但没有证据显示上全日制幼儿园比上非全日制幼儿园更能给幼儿带来较好的发展。可见，学前教育对儿童的益处在全日制与非全日制之间是一样的。当然，全日制幼儿园可能给家庭和社会带来经济效益，因为全日制幼儿园使家长可以全天工作，由此增加收入，减少家庭对社会救济收入的依赖，或者使家长有时间接受继续教育和培训。但我们的数据显示，上全日制幼儿园对儿童随后的认知和社会行为发展没有带来额外的益处，也没有额外的坏处。

幼儿园对不同儿童群体的影响

EPPE研究试图探讨幼儿园对不同儿童群体是否具有不同的影响。幼儿园对所有儿童都有利，对来自处境不利背景的儿童尤其有利。我们最初的测评发现，初入园时有三分之一的儿童具有学习困难的“高危”倾向，但这个比例在他们初入学时降至五分之一。[①] 这意味着，幼儿园提供的学习机会有助于减少认知技能极低的儿童数量，这些儿童到入学时往往会遇到巨大的困难。我们的结果认为，幼儿园（尤其是高质量的幼儿园）可以作为一种减少特殊教育需要的干预手段，对处于最不利和最劣势的儿童更是如此（参见第九章）。因此，幼儿园在缩短成就差距方面有非常重要的作用，长此以往则有助于对抗社会排斥作用（这与儿童年龄稍大时学习成绩不佳有很大关系）。

不同的儿童群体有不同的需求。处境不利儿童在3岁和初入学时更有可能出现较差的社会性表现。我们的结果表明，幼儿园提供的特殊支持，尤其是在语言和前阅读能力发展方面的支持，可以使处境不利及英语为第二语言的儿童获益。

很有意思的是，研究从一开始就发现女孩一般比男孩有更好的认知和社会性发展。研究结果显示，男孩从高质量的幼儿园获得的益处特别明显，因为他们似乎对幼儿园的质量更加敏感。与此相关的一个发现是，男孩和女孩的早期家庭学习环境有显著差异。从家长报告可以看出，家庭缺少刺激性学习机会的男孩比例高于女孩。因此，高质量的幼儿园，因其可以提供多种刺激性的经验，对男孩更有价值。

我们的结果还显示，高质量的幼儿园可以使儿童反社会行为的倾向减小。

总之，研究结果使我们得出这样的结论，幼儿园虽不能消除社会劣势的不利影响，但能缓解这种影响，帮助处于劣势的儿童更好地开始小学学习，为其7岁时取得较好的学习成绩打好基础。因此，资助举办幼儿园可能是一种打破处境不利代际循环的有效对策。

幼儿园的质量

EPPE研究的一个重要问题是，高质量的幼儿园对儿童智力和社会行为

---

① 参见幼小衔接与特殊教育需要（EYTSEN，Early Transition and Special Education Needs）研究所关于早期特殊教育需要的详细信息。

发展是不是很重要。如果是，那么哪些因素能保证幼儿园有较高质量？我们已经在第五章讨论了评估幼儿园质量的工具，并且指出，各个幼儿园之间以及各种幼儿园类型之间存在着明显的差异。我们的数据表明，较高的质量与儿童入学时的较好智力和社会行为表现有显著相关。例如进入高质量幼儿园的儿童在入学时独立性较好，反社会和焦虑行为较少。儿童与保教人员的互动质量特别重要，在保教人员对每个儿童都很温和和负责的幼儿园，儿童的进步更大。

《学前教育环境质量等级量表增补版》对奠基阶段课程的四个发展方面进行了测量。特别重视读写、数学、科学和环境以及儿童多样性（包括性别、文化背景和能力、兴趣的多样性）的幼儿园能更好地提升儿童6岁时的发展成果，尤其在阅读和数学方面。在课程的认知方面比较强的幼儿园在社会情感方面也比较好。《学前教育环境等级量表增补版》得分较高的幼儿园能在社会行为和认知两方面促进儿童的发展。因此，高质量的幼儿园能使儿童获得更好的全面发展。我们在第八章关于高效幼儿园的个案研究中将详细讨论这一点。

幼儿园的质量与儿童6岁时的阅读和数学成绩有显著相关。幼儿园质量与7岁时学业成绩的相关略有减弱，但仍很明显。我们发现，高质量的教育与较长的在园时间结合可以发挥对发展的最大影响效应。

研究结果显示，持续在园和高幼儿园质量结合特别能够预测较好的认知发展成果。

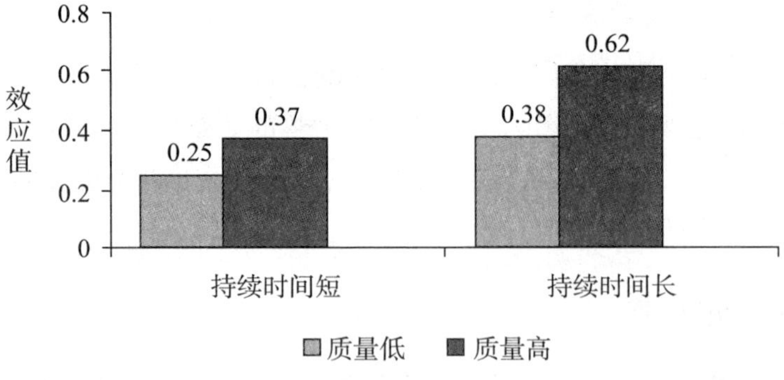

图6－4 在园时间与质量对儿童入学时前阅读能力的组合效应值

图6－4呈现了两方面的对比数据，一是在园时间长或短，二是幼儿园的质量高或低，显示了二者对儿童初入学时前阅读能力的效应值。作为对照

的是未上过幼儿园的一组。可以看出，幼儿园的影响以在园时间和幼儿园质量为中介。尽管在幼儿园质量较低且在园时间较少的情况下，上幼儿园仍比不上幼儿园更好一些，但这种积极影响的程度相对较小。幼儿园质量高和较长的在园时间都有积极的影响效应，但最好的情况是二者能够结合。

师幼比和师资水平

有多种方式可以测量成人与儿童的比例。不同类型幼儿园的法定最小师幼比各不相同，但许多幼儿园的师幼比比法定要求要好。研究者观测到的师幼比（包括志愿者或不包括志愿者）是衡量 3—5 岁儿童所在幼儿园师资水平的一个指标。我们分别检验了法定师幼比、主管所报告的师幼比以及研究所观测到的师幼比与儿童认知提升的关系。我们发现，观测到的师幼比和法定师幼比与儿童学前期认知提升或社会行为发展的关系未达到统计意义上的显著性。这也许是因为师幼比因幼儿园的不同类型而有差异。另外，不同幼儿园的师幼比可能因儿童出勤情况的变化而表现出差异，特别是在游戏小组，家长志愿者的介入可能影响幼儿园的实践和氛围。

幼儿园主管的资历和保教人员的职级结构在不同幼儿园之间和幼儿园各种类型之间存在明显差异。幼儿园主管的资历与幼儿园的质量等级分布有显著联系。主管报告说达到五级专业水平（如训练有素的教师[①]）的幼儿园表现出较高的质量（如第六章所述）。与本研究相关的学前教育有效教学研究（Siraj-Blatchford et al. , 2002）也发现，保教人员的行为可能因与具有五级专业水平的同事在同一教室工作而受到积极影响（见第八章）。

关于儿童发展的多层分析发现，专业水平达到五级的保教人员的比例与幼儿前阅读能力的提升有积极联系。这说明，合格师资的比例与儿童较好的前阅读发展之间存在某种联系，当然，合格师资的比例可能通过对幼儿园质量的影响间接发挥作用。达到五级专业水平的保教人员的比例同儿童社会行为发展也有积极联系，表现为能促进合作与遵从的发展，减少反社会和焦虑行为。

在保教人员资质较高的幼儿园中，儿童获得的发展较多。合格教师与儿童一起活动（在绝大部分时间一起活动，最重要的是作为课程领导者参与

---

① 分类细则见 EPPE 项目的技术论文 5。

活动），这对幼儿园质量的影响最大，特别是能使儿童在5岁时获得较好的前阅读能力和社会性发展。

由于师幼比、师资水平、幼儿园质量、幼儿园类型等因素彼此相互作用，再加上同类型幼儿园之间也存在差异，因此这些因素对儿童发展成果的影响很复杂。不过，五级水平保教人员的比例与儿童前阅读能力发展的显著关系表明，师资水平在这些诸多影响中有重要作用。政策制定者和实践工作者可能特别需要将幼儿园作为一个整体来考虑，认识到服务质量和师资水平都有助于促进儿童发展，而不是孤立地找出某些特征的影响作用。

幼儿园类型

即使控制儿童的背景和先前发展因素，我们的结果显示，儿童进入的幼儿园的类型对其发展进程仍有重要影响。和托儿学校一样，保教结合的综合中心往往有较高比例的合格教师，他们会使儿童有更好的智力发展成果。同样，在控制儿童背景和先前发展因素的情况下，综合中心和托儿班往往能促进儿童社会性的更好发展。

所有类型的幼儿园里都能找到提供优质教育的地方。但EPPE项目的数据显示，在研究期间（1997—2001），综合中心和托儿学校的质量最好，游戏小组、私立日托中心和公办日托中心的质量较低（参见第五章）。EPPE样本中的综合中心都是以托儿学校的名义进行注册，但将服务进行了扩展，包括更灵活的保育时间及大量的保健和家庭服务（参见第二章）。

我们通过进一步的分析探讨幼儿园类型的影响作用是否可以部分归因于质量差异。结果显示，在控制幼儿园环境质量的变异后，幼儿园类型的影响就减小了。这说明，幼儿园类型的影响可能，至少是部分，归因于环境质量和师幼互动的差异。在解释幼儿园类型的影响作用时，承认当时各类幼儿园的资源差异是很重要的。资源差异对师资队伍、专业培训、园所设备等均有影响。公办幼儿园在这些方面与民办幼儿园有明显的差异。特别是游戏小组，过去在英格兰很少有机会获得各种资源，也极少招聘有较高职级水平的保教人员。

各幼儿园的教育效果

对儿童发展的增值性多层分析显示，儿童进入的各个幼儿园对其认知进展有影响①，一些幼儿园的儿童比另一些幼儿园的儿童取得了更大的进步。幼儿园之间差别最大的是前阅读能力，其次是早期数概念。这可能反映出各个幼儿园对不同的课程领域各有侧重，而这与幼儿园的类型有一定联系。我们确定了部分幼儿园的等级分类——有些对儿童发展比较高效，有些比较低效。只有五分之一多（22%）的幼儿园可以算是统计上的特例（其表现显著高过或低于根据儿童初入学的特征测算出的期望值）。

增值性多层分析显示，儿童进入的各个幼儿园对其社会行为发展也有影响。② 一些幼儿园的孩子在原有社会行为和背景基础上，表现出比预期更多的社会行为发展收益（好的特例），相反，有些幼儿园的孩子表现出比预期更少的发展（不好的特例）。只有十分之一多（12.8%）的幼儿园可以算是统计上的特例（在一个或多个社会行为领域显著高于或低于预期值）。

幼儿园里的社会融合（social mix）

总体来说，我们发现，来自处境不利家庭的儿童，如果他们进入的幼儿园有来自不同社会背景的儿童，那么他们的认知发展会比在大多数儿童都来自处境不利家庭的幼儿园更好（例如 Melhuish et al.，2001，2008b）。与儿童自身背景的影响相比，这种情境效应的影响一般，但这对在处境不利地区幼儿园的选址有一定的启发意义。根据我们的研究结果，如果有可能的话，在能形成社会融合的社区建立幼儿园最为有利。但这在操作层面很难实现，因为许多家长倾向于选择离家近的幼儿园，而特定的社会和种族群体往往聚集于特定的社区。

多重不利与有特殊教育需要“高危”的儿童

以前很少有大规模的研究探讨入园经历与各年龄“高危”状态及特殊教育需要之间的关系。EPPE 项目提出了一套多重不利的指标体系，并探寻它是否能很好地预测“高危”状态。以下将介绍该指标体系包含的具体

① 在控制先前发展结果和其他入园时的差异（儿童、家长、家庭学习环境等特征）的情况下，不同幼儿园之间在儿童认知进展方面仍然存在显著差异。

② 在控制先前的社会行为发展和其他入园时的差异（儿童、家长、家庭学习环境等特征）的情况下，不同幼儿园之间仍然在儿童社会行为发展成果方面有显著差异。

因素。

总体上，儿童和父母因素与儿童认知表现的联系超过与社会行为发展的联系。多重不利与3岁多儿童的较低认知得分有非常大的联系。在多重不利指标上得分很高的儿童，比其他人更容易被确定为认知发展“高危”。

表6－2　多重不利指标中的诸因素

儿童特征	**不利指标**
第一语言	英语不是第一语言
大家庭	有三个或更多兄弟姐妹
早产/出生低体重	早产或体重在2 500克以下
父母特征	
母亲最高学历	无学历
父亲职业的社会层次	半技能、无技能、从未工作过、父亲缺席
年轻妈妈	13—17岁之间生下EPPE样本儿童
单独抚养	单亲
母亲就业状况	无业
家庭环境特征	
家庭环境量表	在最差的四分之一之列

我们在第四章提到，在本研究开始时（儿童3岁多），儿童认知和社会行为表现的差异与儿童、父母及家庭环境特征等有联系。我们的多层分析显示，这些背景影响在随后追踪研究中仍然发挥着作用。背景影响对认知能力的预测效应高于对社会行为的预测。表6－3显示了多重不利对儿童认知发展的持续影响。

表6－3　初入学时通过多重不利指标确认的有特殊教育需要“高危”倾向儿童的百分比

多重不利指标数	幼儿园样本儿童			居家儿童		
	一般认知能力	前阅读能力	早期数概念	一般认知能力	前阅读能力	早期数概念
0	6.6	7.2	9.4	33.3*	22.2*	22.2*
1—2个	13.1	16.8	14.8	35.5	37.5	33.3

续表

多重不利指标数	幼儿园样本儿童			居家儿童		
	一般认知能力	前阅读能力	早期数概念	一般认知能力	前阅读能力	早期数概念
3—4 个	34.5	28.5	34.3	51.0	38.7	45.3
5 个以上	54.7	44.0	55.8	70.8	46.7	69.0
人数	2582	2567	2560	185	185	184

注：* 指少于 10 人。

我们对被评定为具有特殊教育需要“高危”倾向的儿童进行进一步的分析，发现他们在研究开始之时的认知得分极低。我们的结果显示，多重不利（包括儿童、家庭及家庭学习环境等）的儿童到入学时（接近 5 岁）比处于同样不利地位的居家儿童的发展结果要好很多。这一发现再次指出，上幼儿园的经历对处于极度劣势的儿童的认知发展有积极的影响。

幼儿园对有特殊教育需要“高危”倾向儿童的影响

关于幼儿园对儿童影响的具体问题有四个。

第一，在控制儿童、家庭和家庭环境特征的情况下，未上过幼儿园的儿童在特殊教育需要“高危”倾向上是否不同于幼儿园样本儿童？

居家儿童（没有或只有极少的幼儿园经验）在入学时明显更容易被评定为在认知发展各方面表现出“高危”倾向，在同伴交往所代表的社会行为发展方面也比较多出现“高危”倾向。居家儿童比上过幼儿园的儿童更容易遇到多重不利。这种差异在一年级结束时仍有表现。总体来说，居家儿童中，44% 左右有达不到国家阅读标准的风险，数学方面则是 37% 。

第二，幼儿园教育会减少“高危”倾向吗？

本研究开始时，有三分之一的幼儿园样本儿童被评定为有特殊教育需要的“高危”倾向。但在小学开始时，这一比例降低到五分之一（21%）。这显示，幼儿园对儿童认知发展有积极影响，这种影响在一年级结束时仍有表现。

第三，在控制其他因素的情况下，早入园是否会影响特殊教育需要“高危”倾向？

在控制儿童、家庭和家庭环境的影响情况下，较早入园（2岁到3岁之间）的孩子比3岁以后入园的孩子认知成就更高。这种认知优势一直保持到入学时。一般来说，在入园认知测评中被评定为有“高危”倾向的儿童，往往入园年龄较大。然而，特别早（如早于2岁）入园与反社会、焦虑、烦躁行为风险增加有微弱相关。

第四，在园时间（月数）与学前期特殊教育需要“高危”倾向有关吗？

儿童的发展显示，较长的在园时间（上幼儿园的月数）与认知表现有显著的积极影响，由此可以减少特殊教育需要“高危”倾向。

幼儿园的影响是否会持续？在园时间、幼儿园质量和有效性的后续影响

我们对儿童在二年级结束时（7岁）的认知表现进行了分析，探寻它与儿童在园时间（月数）、幼儿园的质量和有效性是否相关。在各项认知表现上，居家儿童都显著差于上过幼儿园的孩子。在对幼儿园样本和居家样本进行对比时，不可能对幼儿园质量和有效性、在园时间的影响进行完全的分离，因为在实践中，上幼儿园的经历是这些特征组合在一起的整体。尽管如此，我们的发现仍然支持这样的结论，即这三个特征对儿童在第一学段的认知发展有预测作用。幼儿园的有效性对儿童在第一学段结束时的许多认知表现仍有显著的积极影响。

就儿童在小学的发展进步看，没有迹象表明上过幼儿园的儿童比居家儿童的进步更大。在第一学段结束时，上过幼儿园的儿童的绝对分数仍显著高于居家儿童，但入学起点较低的居家儿童的差距有一定缩小。

总的来说，这一结果说明，上幼儿园比不上幼儿园更有积极作用。此外，有较长时间上一所高质量和高效的幼儿园，对孩子做好入学准备非常有益，对孩子随后在小学取得较好的成绩也非常有益。二年级的分析表明，这些孩子在第一学段结束时的全国统测中，在阅读和数学方面会继续取得比较好的成绩。前面提到过，幼儿园的效应值随时间而减小，这有两个原因：一

是小学影响效应的提升；二是7岁时采用的是全国统测，而6岁及初入学时采用的是标准化测试。全国统测与儿童在第一学段的课程经验联系较紧密，因此对小学教育教学的影响更敏感（下一章将对此作更具体的探讨，探寻小学的影响效应及幼儿园对第二学段的持续影响）。表6-4显示了幼儿园影响效应在小学阶段的一些变化。

表6-4　在园时间对儿童一年级末和二年级末认知发展的影响比较

持续在园时间	在园时间在一年级末和二年级末的影响			
	阅　读		数　学	
	一年级末	二年级末	一年级末	二年级末
不到1年	0.26	0.29	0.32	0.21
1—2年	0.17	0.27	0.36	0.18
2—3年	0.26	0.29	0.46	0.22
3年以上	0.35	0.36	0.52	0.29

在园时间对阅读的影响到第一学段结束时几乎仍保持同样的水平，但在园时间对数学的影响在二年级结束时比一年级结束时减少了40%—50%。这说明，小学教育对数学的影响加强，幼儿园的影响减弱。这与小学课程对数学的重视有关，这种重视在《国家数学教育实施方案》（*National Numeracy Strategy*）的前言部分有所提及。

对比幼儿园和家庭收入对儿童5岁时发展成果的影响

很多研究指出，家庭收入是决定儿童发展成果的首要因素，其他因素几乎没什么影响。但是，尽管我们承认贫困影响着孩子的人生机遇，但EPPE研究显示，幼儿园教育在为儿童提供更好的入学开端方面可以发挥巨大而重要的作用，这种影响可能比家庭收入的影响还要大。

在研究的第一阶段，我们围绕家庭收入对儿童入学时认知发展的影响进行了深入分析，将之与幼儿园质量和儿童在园时间的影响进行对比，以帮助政策制定者了解幼儿园的相对影响，为英格兰增加学前教育投资和扩展学前教育服务提供依据。这些分析主要聚焦于在儿童入学时收集的两方面发展成果。之所以选择前阅读和语言能力，是因为我们的多层分析发现它们与儿童及家庭背景有比较强的相关（Sammons et al.，2002，2003）。我们在本章介绍 EPPE 主要研究结果的部分已经谈到，幼儿园对早期数概念和多种社会行为特别是同伴交往有积极影响。

EPPE 是第一个针对幼儿园有效性、在幼儿园影响效应与家庭收入或父母就业状况的影响效应之间进行对比的研究。这种分析有较大的政策相关性，特别是有关缩小发展差距、改善儿童教育前景和未来人生机遇的政策。这些证据表明，幼儿园的影响效应与家庭收入的影响相当，甚至还更大，这证明在扩展学前教育服务方面的投入，特别是针对处境不利儿童的投入是非常合理的。

我们的分析显示，在儿童 5 岁入学时，幼儿园对语言发展成果有中等强度的影响，这种影响远大于父母收入的影响，例如在园时间达三年的效应值为 0.59。家庭收入在儿童前阅读方面的影响最大，对语言和早期数概念的影响则比较微弱。对前阅读而言，在园时间为 2—3 年到三年以上的效应值为 0.36—0.40，而家庭收入较高与无收入（即依赖社会救济）相比的效应值为 0.32—0.50。如果将幼儿园的高质量与较长在园时间结合，它们在语言方面的效应值非常高（ES = 1.01），在前阅读方面的效应值也达中等强度（ES = 0.62）。这两方面的效应值都明显高过家庭收入较高的效应值。我们在附录 6 中提供了家庭收入和父母职业与幼儿园影响的详细信息。

其他研究中与 EPPE 项目类似的研究结果

EPPE 项目的发现与其他一些研究的结果相似，这使我们的结论更为可信。

相关研究表明：

- 美国、瑞典、挪威、德国、加拿大、北爱尔兰和新西兰等已发现幼儿园短期的积极影响（参见 Tymms et al.，1997；Melhuish，2004），这些发现已对很多国家的政策产生影响（参见 Melhuish and Petrogiannis，2006）。
- 美国（Peisner-Feinberg and Burchinal，1997）和北爱尔兰（Melhuish et al.，2006）发现了保教人员学历和专业训练的影响效应。
- 许多研究揭示了幼儿园质量对儿童发展进步的影响，这些研究常常使用《学前教育环境等级量表增补版》(Melhuish，2004)。

• 美国国家儿童健康和发展研究所发现，家庭特征对儿童发展成果的影响大过幼儿园的影响，但上幼儿园（与不上幼儿园相比）对儿童发展进步的影响比社会处境不利的作用大。另外，对上幼儿园的儿童而言，上哪所幼儿园的影响效应达到所有社会背景因素影响效应的一半(NICHD，2002)。

• EPPE 项目发现，早期进入日托中心与认知能力的增长及 5 岁时较好的独立性和同伴交往有关，但同时与反社会行为的增多有关，当然，后者只在短时间内有所表现。这些发现与美国和北爱尔兰的研究相似（NICHD，2002；Melhuish et al.，2001，2002）。

• 关于处境不利的发现也在其他地方得到了印证（参见 Sammons et al.，1983，2002；Sammons，1995；Sammons and Smees，1998；Sammons et al.，2002；Melhuish，2004），这些发现为世界各地制定补偿政策提供了依据（Young，1996）。

• EPPE 是仅有的几个（在英国是唯一的）揭示了学前教育作为一种早期干预手段，对减少特殊教育需要的发生可以发挥作用的研究之一(Sammons et al.，2002；Sammons et al.，2008；Taggert et al.，2006)。

• EPPE 是史上第一个大规模的多层模型研究，有力地揭示了幼儿园对儿童发展的持久影响。

小结

本章我们讨论了幼儿园对儿童在 5 岁入学时及 7 岁时（第一学段结束）认知发展和社会行为的影响。结果表明，幼儿园可以为处境不利儿童提供更好的入学开端，由此在对抗社会排斥和增进社会融合方面发挥重要作用。研究指出，幼儿园对儿童发展的积极影响超过了重要家庭背景因素的影响。幼儿园的质量和儿童的在园时间（多几个月，但不必每天多几小时）都有影响作用。

研究结果还表明，上幼儿园的经历各不相同。各个幼儿园在促进智力发育和社会行为发展方面的有效性各不相同。在我们进行这项研究时，较好的发展成果与某些形式的幼儿园相联系。研究还指出，家庭学习环境独立发挥着重要作用（Melhuish et al.，2008a，2008b）。这些方面（幼儿园与家庭学习环境的质量和数量）似乎比儿童或其他家庭背景因素，如家庭社会经济地位，更容易随政策和实践活动而改变。

二年级时，幼儿园质量和在园时间对儿童社会行为结果的积极影响比对阅读和数学的影响有所减小。不同幼儿园对其儿童的有益之处各不相同。幼儿园对儿童发展的益处越大，他们在有效性方面的评级就越好。因此，一所幼儿园的有效性（即儿童的发展进展超过还是低于期望值。该期望值是根据儿童的起始状态和背景特征得出的）是评量该园与其特征相联系的总效应的一种手段。幼儿园在促进儿童社会行为和认知发展方面的有效性，在幼儿园样本儿童二年级结束时仍继续发挥积极影响。

在揭示幼儿园对儿童短期和中期发展的重要益处之后，下一章我们将讨论一个重要问题，即这些收益能持续多久。幼儿园的影响是不是只在短期内能促进儿童的发展，使他们有更好的入学开端，但之后便逐渐黯淡，让位于小学教育和家庭因素的影响？或者，这些收益会长期继续，使儿童在第二学段和 11 岁时仍有较好的发展表现？

参考文献

Peisner-Feinberg, E. S. and Burchinal, M. R. (1997) Relations between pre-school children's childcare experiences and concurrent development: The cost, quality and outcomes study, *Merrill-Palmer Quarterly*, 43, 451 – 477.

Melhuish, E. (2004) *A Literature Review of the Impact of Early Years Provision Upon Young Children with Emphasis Given to Children from Disadvantaged Backgrounds: Report to the Controller and Auditor General*, London: National Audit Office.

Melhuish, E. and Petrogiannis, K. (eds) (2006) *Early Childhood Care and Education: International Perspective on Policy and Research*, London: Routledge.

Melhuish, E., Sylva, K., Sammons, P., Siraj-Blatchford, I. and Taggart. B. (2001) *The Effective Provision of Pre-school Education Project, Technical Paper 7: Social/behavioural and Cognitive Development at 3—4 Years in Relation to Family Background*, London: London Institute of Education/DfES.

Melhuish, E., Quinn, L., Sylva, K., Sammons, P., Siraj-Blatchford, I., Taggart, B. and Shields, C. (2002) *The Effective Pre-school Provision in Northern Ireland Project, Technical Paper 5: Pre-school Experience and Cognitive Development at the Start of Primary School*, Belfast, N. Ireland:Stranmillis University Press.

Melhuish, E., Quinn, L., Sylva, K., Sammons, P., Siraj-Blatchford, I. and Taggart. B. (2006) *The Effective Pre-school Provision in Northern Ireland Project, Summary Report*, Belfast: Stranmillis University Press, http://www.deni.gov.uk/researchreport4.1.pdf

Melhuish, E., Sylva, K., Sammons, P., Siraj-Blatchford, I., Taggart, B. and Phan, M. (2008a) Effects of the home learning environment and pre-school center experience upon literacy and numeracy development in early primary school, *Journal of Social Issues*, 64(1), 95 – 114.

Melhuish E., Sylva, K., Sammons, P., Siraj-Blatchford, I., Taggart. B., Phan, M. and Malin, A. (2008b) Pre-school's influences on mathematics achievement, *Science*, 321, 1161 – 1162.

National Institute of Child Health and Human Development Early Child Care Research Network (2002) Early child care and children's development prior to school entry: Results from the NICHD Study of Early Child Care, *American Educational Research Journal*, 39(1), 133 – 164.

Sammons, P. (1995) Gender, ethnic and socio-economic differences in attainment and progress: A longitudinal analysis of student achievement over nine years, *British Educational Research Journal*, 21(4), 465 – 485.

Sammons, P. and Smees, R. (1998) Measuring pupil progress at Key Stage 1: using baseline assessment to investigate value added, *School Leadership and Management*, 18, 3, 389 – 407.

Sammons, P., Kysel, F. and Mortimore, P. (1983) Educational priority indices—a new perspective, *British Educational Research Journal*, 9(1), 27 – 40.

Sammons, P., Sylva, K., Melhuish, E. C., Siraj-Blatchford, I., Taggart, B. and Elliot, K. (2002) *The Effective Provision of Pre-school Education Project (EPPE), Technical Paper 8a: Measuring the Impact of Pre-school on Children's Cognitive Progress Over the Pre-school Period*, London: DfES/Institute of Education, University of London.

Sammons, P., Sylva, K., Melhuish, E. C., Siraj-Blatchford, I., Taggart, B. and Elliot, K. (2003) *The Effective Provision of Pre-school Education (EPPE) Project: Technical Paper 8b: Measuring the Impact of Pre-school on Children's Social/Behavioural Development over the Pre-school Period*. London: DfES/Institute of Education, University of London.

Sammons, P., Elliot, K., Sylva, K., Melhuish, E., Siraj-Blatchford, I., Taggart, B. and Smees, R. (2004) The impact of pre-school on young children's cognitive attainments at entry to reception, *British Educational Research Journal*, 30(5), 691 – 712.

Sammons, P., Anders, Y., Sylva, K., Melhuish, E., Siraj-Blatchford, I., Taggart, B. and Barreau, S. (2008) Children's cognitive attainment and progress in English primary schools during Key Stage 2: investigating the potential continuing influences of pre-school education, *Zeitschrift für Erziehungswissenschaften*, 10. Jahrg., Special Issue (Sonderheft) 11/2008, 179 – 198.

Taggart, B., Sammons, P., Smees, R., Sylva, K., Melhuish, E., Siraj-Blatchford, I., Elliot, K. and Lunt, I. (2006) Early identification of special needs and the definition of 'at risk'. The early years transition and special educational needs (EYTSEN) project, *British Journal of Special Education*, 33, (1), 40 – 45.

Tymms, P., Merrell, C. and Henderson, B. (1997) The first year at school: a quantitative investigation of the attainment and progress of pupils, *Educational Research and Evaluation* 3 (2), 101 – 118.

Young, M. E. (1996) *Early Child Development: Investing in the Future*, Washington DC: The World Bank.

第七章

幼儿园的积极影响会持续吗？
——对第二学段结束时（11 岁）学生成就的调查研究

帕姆·萨蒙兹

这一章检验了幼儿园教育对儿童在小学第二学段直至 11 岁时学业及社会行为表现方面的长期影响。本章考察了幼儿园教育经历中的不同因素——包括幼儿园质量和在园时间——的持续影响。研究还通过对小学教学有效性的测量探讨了小学教育的影响。研究显示，幼儿园和小学的影响结合起来会有助于调节处境不利的影响效应。

引言

在第六章中，我们呈现了关于幼儿园教育对儿童 7 岁前认知及社会行为发展的影响的一些重要发现。我们对儿童从 3 岁多到初入学时（接近 5 岁）的进步与发展做了比较。另外，我们将研究中的幼儿园样本与一组居家儿童进行了对比，后者在入学前没有上过幼儿园。我们追踪这两组儿童，直到第一学段结束。我们发现，幼儿园的积极影响持续显现，只是到 7 岁时其影响比初入学时有所减弱。当然，这个发现并不令人意外。

现在，我们提出一个重要的问题，那就是这些积极影响是否能够持续更长的时间。我们想知道，幼儿园的影响是否只能初步提升儿童的发展，使他们在初入学及小学最初两年有较好的开端？幼儿园的积极影响能不能在第二学段（7—11 岁）、儿童经历了六年全日制小学教育之后仍有体现？如同在第一章中讨论到的，美国的一些早期研究显示，幼儿园的影响在小学阶段并不能够“持续”，这些影响被更加强势的学校教育及家庭影响“清除掉”。不过，更长期的跟踪研究表明，幼儿园的影响可能在儿童年龄较大时会再度显现，改善成人的生活机遇，提高其发展成就（见高瞻项目追踪研究成果，Schweinhart & Weickart，1997a and 1997b）。

我们从教育有效性的研究得知，学校和教师也是学生学业成绩的重要预测因素。一些小学能更有效地提升学生的学业成就，影响学生的发展进程，使他们取得超越其背景特征的发展成果（Scheerens and Bosker，1997；Teddlie and Reynolds，2000；Sammons et al.，2008a）。我们知道，在六年多的小学生涯中，儿童的大部分清醒时间在学校度过（超过 7 000 小时）。相比之下，EPPE 的样本儿童在幼儿园的时间，平均而言是 18 个月，而且是非全日制的，粗略估算只有 900 小时（有些孩子的在园时间会长一些；前面几章已表明，在园时间是非常重要的）。因此，研究上幼儿园的经历是否能对以后的学业、进步和发展发挥影响作用，这很有意义。

我们需要采用一种分析策略，以确定并区分幼儿园和小学教育的影响，同时可以考虑儿童自身、家庭及家庭学习环境等各种因素的重要影响。我们已经知道，这些因素也可以预测儿童在不同时期的发展成果及发展轨迹。这一点我们在第四章已经提到，并将在第九章作进一步讨论。我们采取了这样一种视角，即认为儿童处于一系列影响因素的中心。首先，他们被父母及家庭环绕并受其影响，然后是社区（包括幼儿园和之后的学校），最后是每个家庭和学校置身其中的国家和文化。EPPE 项目的研究焦点从居于中心的儿童开始，然后是影响其发展的各方面因素。我们确定了六个方面的影响因素，试图测量它们对儿童在不同年龄的认知与社会行为发展的影响。这六个方面是：

- 与儿童相关的个人特征，如性别或出生体重；
- 家庭特征，如父母受教育程度、家庭语言；
- 家庭学习环境，也就是家里的学习机会；
- 邻里/社区特征；
- 上幼儿园的经历和出勤情况；
- 小学经历。

除了研究所有这些因素各自的影响外，EPPE 项目还试图发现这些因素如何相互结合并在第二学段影响儿童的发展。本研究是大规模的追踪研究，已经在儿童、家庭、幼儿园及小学方面收集到丰富而多样的资料，这使上述研究成为可能。

在这一章，我们首先概述对 EPPE 项目 3—11 岁研究样本在 11 岁之前认知和社会行为发展的主要分析结果。研究考察了儿童、家庭、早期家庭学习环境及幼儿园对儿童 11 岁时英语及数学成绩的长期影响，同时考察了四个维度的社会行为发展：自我调节、亲社会行为、多动、反社会行为，这些社会行为发展情况通过教师评定来测量。另外，我们探讨了幼儿园教育以及小学教育的影响，进而检验幼儿园教育和小学教育对儿童发展成果的协同影响。

第二学段研究的主要目标如下：

- 证实不同影响源（儿童、家庭、家庭学习环境、邻里、幼儿园和小学等）对儿童 11 岁时发展成果的相对重要性；
- 证实教育能在多大程度对抗不利因素的影响，缩小弱势儿童的成就差距。

我们探讨了下列问题：

- 幼儿园教育对儿童较好发展成就的预测作用到儿童 11 岁时是否仍然明显？
- 幼儿园的哪些特征是重要的（检验三个关键指标：出勤与否，在园时间，幼儿园的质量）？
- 小学的影响如何？小学的影响通过教学有效性指标测得。
- 与小学教育的影响相比，幼儿园教育影响的效应值如何？
- 幼儿园教育与小学教育对儿童发展成果的协同效应如何？
- 教育（幼儿园教育与小学教育）能在多大程度对抗不利因素的影响，减小不公平问题？

第二学段的主要发现

首先，我们通过几个小标题及简短的文字分类概括我们的主要发现，之后再详细对结果进行深入分析、讨论和解释。由于我们的研究规模大、范围广，因此只能对数据和结果作出部分介绍。有兴趣的读者可以查阅附录3列出的各种报告和论文，其中对研究结果和研究细节有极为详尽的说明和讨论。

儿童及家庭背景特征

● 对六年级英语和数学成绩及自我调节最重要的背景预测因素是：3—4岁测得的早期家庭学习环境、母亲的最高学历、小学高年级仍需要“英语作为第二语言”的学习支持（请注意，大多数英语作为第二语言的儿童在11岁时没有表现出成绩较差，只有极少数被教师确定为仍需要英语作为第二语言的学习支持的儿童除外。认识到这点是非常重要的）。

● 性别对亲社会行为和多动有较强的影响，对反社会行为有中度影响（女孩的得分总体较好），对英语（女孩成绩更高）和数学（男孩成绩更高）的影响较弱。

● 一般而言，背景因素对儿童学业的影响超过其对社会行为的影响。总的来说，11岁时儿童、家庭和背景因素对儿童成就的综合影响比儿童年龄较小时的影响要弱。

● 与儿童自身背景因素相比，邻里不利条件对儿童认知和社会行为发展的影响比较弱，比幼儿园及小学教育的影响要小。在控制儿童和家庭特征特别是家庭学习环境的情况下，邻里不利条件的影响就不再具有统计上的显著性。

幼儿园教育的持续影响

● 在控制背景因素的影响后，对儿童在六年级时的学业和社会行为发展以及整个第二学段的进步来说，幼儿园质量和有效性仍然是统计意义上显著的预测因素。

● 儿童就读于优质幼儿园获得的益处最大。与在质量较低的幼儿园就读或没有上过幼儿园的儿童（居家儿童）相比，在质量中等的幼儿园就读的儿童在六年级时仍能获得更好的数学成绩和更好的社会行为发展。

- 在质量低下的幼儿园就读的儿童与没读过幼儿园的儿童相比，数学和英语成绩没有明显优势，而且六年级时的多动得分略高。然而，没有上过幼儿园的儿童在亲社会行为方面一直比读过幼儿园的儿童差一些。
- 尽管上过幼儿园的儿童在六年级的多方面教育成果上都比没上过幼儿园的儿童显示出优势，但这主要取决于幼儿园的质量和有效性。只有在亲社会行为方面，只要是上过幼儿园的儿童都比没上过幼儿园的儿童持续表现出优势。
- 在学业成绩，特别是数学成绩以及社会行为的各个方面，上优质幼儿园对男孩、有特殊教育需要的儿童、处境不利的儿童有特别突出的益处。优质幼儿园对所有儿童都有益，但对这些儿童的益处更大。幼儿园质量高低或有效性高低对处境不利儿童的影响大过对处境较好儿童的影响。因此，幼儿园教育有助于缩小成就差距。

小学的教学有效性

- 就读于教学有效性较高（通过独立的增值指标测得[①]）的小学对EPPE儿童在六年级的英语成绩，尤其是数学成绩有显著的积极影响。教学有效性高低对英语成绩的影响和家庭收入的影响一样，对数学的影响和早期家庭学习环境的影响一样。
- 总的来说，小学的教学有效性与社会行为成就没有统计意义上的显著相关，但它对一些特定的群体很重要：在小学被确定为有特殊教育需要的儿童以及母亲学历较低的儿童，如果能在教学有效性较高的小学就读，那么他们在自我调节方面发展较好，在反社会行为方面的得分则会降低。

---

① 为了对EPPE儿童就读的每所学校的教学有效性进行增值测量，EPPE项目3—11岁研究连续三年（2002—2004）对英格兰所有小学的所有学生进行了增值分析（Melhuish et al.，2006）。

● 在英语方面，早期家庭学习环境与英语作为第二语言的学习支持的影响是幼儿园质量和小学教育影响的两倍。在数学与自我调节方面，母亲最高学位（有学位与没有学位相比）的影响是幼儿园质量的影响的两倍。

● 在分开研究时，幼儿园和小学都只有中等程度的影响，但对两者协同影响的进一步分析发现，二者对儿童的多方面发展成果有较强的积极影响。这表明优质教育的协同影响是非常重要的。

幼儿园质量与小学教学有效性的协同作用

● 在认知发展（特别是数学）和自我调节方面，早期在优质幼儿园的经历能够为儿童提供一种保护性的影响，缓解以后就读教学有效性欠佳的小学的不利影响。同样，在认知发展和自我调节方面，儿童就读于教学有效性较高的小学有助于弥补未上过幼儿园或幼儿园质量低下所带来的不利影响。此外，就读于优质幼儿园与就读于教学有效性较高的小学，都分别对促进儿童在六年级取得更好的学业成就有所帮助，二者协同作用对学业成就和自我调节也有积极影响。

第二学段的学业及社会行为进步

● EPPE 项目对儿童在第二学段取得的进步进行了测量。学生在第二学段的学业及社会行为进步同样受背景因素的影响，如儿童性别、母亲学历、早期家庭学习环境等。

● 在第二学段，与幼儿园质量和小学教学有效性相关的教育因素比其他背景因素对儿童认知进步的影响更大。小学教学有效性高低的影响与母亲最高学历的影响一样（对数学的影响稍强，对英语的影响略弱）。幼儿园质量对儿童进步的影响在第二学段仍有显现，只是不如小学教学有效性的影响那么强。就读优质幼儿园和没上过幼儿园的差异与儿童能否享受学校免费午餐的差异一样。

● 优质和高效的幼儿园对儿童在第二学段的社会行为进步的积极影响与其对六年级 11 岁儿童发展水平的影响相似。就读优质幼儿园和没上过幼儿园对社会行为成就的影响与儿童能否享受学校免费午餐的影响一样，但亲社会行为除外——亲社会行为与能否享受学校免费午餐无关，但幼儿园质量的影响仍很显著。小学教学有效性对社会行为进步的影响不具有统计上的显著性，它对六年级儿童的社会行为发展成就也没有显著影响。

影响 11 岁儿童教育成果的多种因素

我们先对研究中第二学段的儿童和学校数量作简要介绍，并说明主要分析方法。之后，围绕上述各项研究结果进行比较细致的讨论。这可以使读者了解本研究结论的事实依据，表明研究的可靠性。

儿童样本

2 800 多名儿童在 3 岁多开始上幼儿园时即进入本研究，另有 300 多名没有上过幼儿园的儿童在开始上小学时进入本研究（参见 Sammons et al.，1999）。进入小学阶段研究的儿童有 2 500 多名。

小学样本

学校样本包括招有 EPPE 项目 3—11 岁研究样本儿童的所有小学（800 多所学校，将近 100 个地方，2 500 多名儿童）。我们对有关这些孩子及其就读幼儿园和小学的所有数据进行了分析，以评量儿童背景、幼儿园和小学等因素的影响作用。

认知发展成果

考虑到发展阶段的变化，本研究采用了不同的认知测评工具。

- 一年级：NFER-Nelson 小学阅读水平 1 和数学 6 测验；
- 二年级：第一学段国家统测（阅读和数学）；
- 五年级：NFER-Nelson 小学阅读水平 2 和数学 10 测验；
- 六年级：第二学段国家统测（数学和英语，其中英语是包括写作、拼写、阅读理解在内的综合性测验）。

社会行为发展成果

从儿童 6 岁开始，我们采用《强项与弱项问卷》增补版（Goodman, 1997）测量儿童在一、二、五、六年级社会行为发展的各方面特征。对儿童社会行为的描述由熟悉儿童的教师完成。我们采用主成分分析和验证性因素分析确定六年级儿童社会行为的基本要素，看看这些社会行为因素与五年级时是否相同（参见 Sammons et al. , 2007b）。六年级的结果与五年级的相似，都表明社会行为可以分为四个方面：自我调节、亲社会行为、多动、反社会行为。不同时间点各社会行为维度的具体项目参见附录 4。

自我调节和亲社会行为维度的得分越高，则儿童在这两方面的表现越好；多动和反社会行为维度的得分越低，则儿童的表现越好（教师认为儿童在这两方面的行为较少）。我们发现，社会行为各个维度的得分都偏向比较好的一端，这说明在教师评定中，大多数儿童的社会行为处于比较积极的状态。对于比较消极的社会行为维度来说，得分增高意味着儿童出现不良行为的可能性增大。值得注意的是，这些消极行为只在极少部分样本儿童身上有所表现（3.9%有反社会行为，7.4%有多动）。同样，六年级儿童中，亲社会行为得分极低的不到 10%（9.8%），自我调节得分极低的不到 12%（11.5%）。只有极个别的孩子（1.9%）在多动和反社会行为两方面均得到极端分数，在四个维度都得到极端分数的则更少（只有 1.2%）。大多数儿童在社会行为特征上得到了积极评价，这与其他一些研究的结果一致。EPPE 项目在儿童年龄稍小时的研究结果也表现出同样的分布。

影响儿童发展轨迹的因素

儿童个体和他们的家庭：我们收集了可能影响儿童成就、发展和进步的儿童自身及其家庭特征的数据（参见第四章）。

早期家庭学习环境：访谈就读幼儿园的儿童的家长，收集关于早期家庭学习环境（与孩子一起读书、开展数字/字母活动等）及其他活动如睡觉、看电视等的资料。此外，在第一学段快结束时（6—7岁），通过问卷调查收集第一学段的家庭学习环境信息；在第二学段结束时，收集“其他”学习信息，包括在家使用电脑的情况、家庭作业、校外学习机会等。第二学段的分析广泛应用了早期家庭学习环境的资料，因为它对儿童11岁时发展成果的预测作用大于第一学段的家庭学习环境。

邻里：在第一学段通过家长问卷了解父母对邻里的感知，还利用邮政编码从政府数据库里获取信息，对地区贫困情况进行测评。

小学：分析资料包括EPPE项目直至第一学段结束时（7岁）所搜集的儿童、家庭、家庭学习环境和幼儿园等方面数据（参见Sammons et al.，2002，2003）。同时也考虑EPPE儿童在第二学段期间所就读的学校差异。由此，EPPE项目对小学的教学有效性及课堂和学校的作用进行了测量。

为了确定小学的教学有效性，我们对政府数据库里英格兰所有小学学生（16 000所学校，600 000名学生）的学习结果进行了分析（参见Melhuish et al.，2006）。

EPPE项目按照儿童就读的学校，对所有英格兰儿童在第一学段和第二学段的统测成绩进行分组。在控制儿童的前期成就及学校的生源特点之后，研究团队确定了EPPE学生所就读的每一所学校在教学有效性方面的排名。对照英格兰所有小学和所有小学生的数据，我们计算出每所学校对儿童学业成就的具体“增值”。我们还运用多层模型，依据连续三年的全国数据（2002—2004）算出英格兰每所学校在英语、数学、科学等科目上的有效性。在这个数据库中，可以在控制背景因素和先前成就的情况下，根据三年的数据得出EPPE儿童就读的每一所学校的教学有效性得分（技术细节参见Melhuish et al.，2006）。

关于资料收集过程、研究工具和被试回应率（response rates）的全部细节，可以在与本研究各环节对应的技术说明中找到（参见http：//eppe. ioe. ac. uk/或http：//www. dcsf. gov. uk/research/programmeofresearch/index. cfm？type =5）。

分析策略

与第四章和第六章的分析一样，我们采用了一系列的统计手段，包括多层（分级）回归，检验儿童、家庭及其特征对儿童在第二学段结束时的认知成就和进步的影响。在这些分析中，我们证实幼儿园和小学特征都有影响作用。但是，只有在我们对同样影响着儿童发展的各种背景因素的作用加以控制时，幼儿园和小学的影响才能充分展现。图 7－1 列出了这些因素。在统计分析中，多层模型用于建立数据的层级结构（将学生按学校聚类，Goldstein，1995），由此可以对不同因素的净效应进行更加精确的计算。

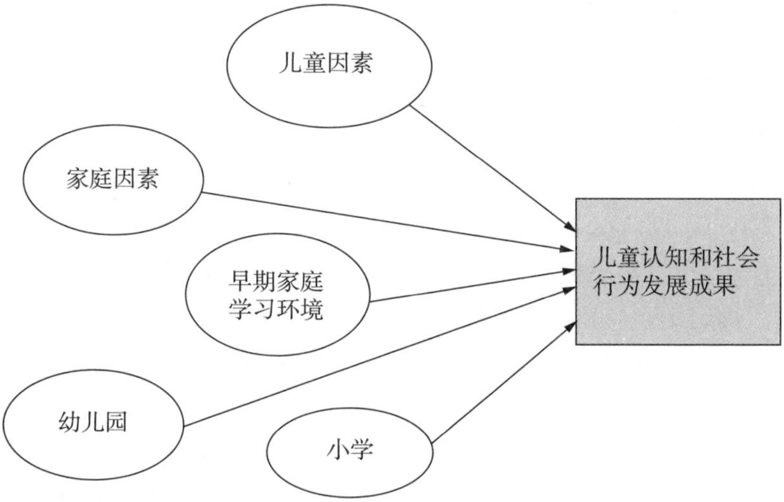

图 7－1　影响儿童发展成果的各种因素

分析主要针对幼儿园、小学、家庭、社区对儿童发展的增值作用。研究的具体问题是，幼儿园的影响效应到第二学段是否仍然继续？幼儿园教育如何与小学教育相互作用，共同影响儿童发展？

EPPE 项目考察幼儿园给认知和社会行为发展带来的积极影响是否会在小学结束时仍然显现。这部分研究特别关注的问题是，就读一所低效的小学后，之前从高效或优质幼儿园获得的积极影响是继续保持还是有所减损？同样，没上过幼儿园或所上幼儿园质量较差的儿童，如果进入一所比较高效的小学，他们是不是能“赶上来”？也就是说，“好”的小学教育能在多大程度弥补幼儿园教育缺失或低效的不利影响？同样，就读幼儿园和小学都比较高效的儿童，是不是会获得更大的益处？这与促进处境不利学生的发展、减少不公的政策有特别的相关性。第六章介绍了本研究关于幼儿园教育短期效应的初步研究结果——该结果表明，幼儿园，尤其是高质量的幼儿园可以被看做是对弱势儿童群体进行干预的有效手段——这种影响在第二学段仍然存在吗？

在控制儿童和家庭特征、家庭学习环境等因素的情况下，我们的分析表明，幼儿园教育对儿童发展成果的影响到小学教育结束时仍然存在。在各国研究文献中，极少有研究尝试运用教育有效性的设计纵向探索各个幼儿园的影响效应，而本研究做到了（参见 Sammons et al.，2008a，2008c；Melhuish et al.，2008）。

背景因素的影响

EPPE 项目对可能影响儿童发展的多种因素进行了广泛的研究，例如关于儿童英语成绩的分析就要考虑儿童、家庭、邻里、幼儿园和小学等是否有所影响。在研究儿童的进步时，会在统计模型里加入儿童先前的成绩。大样本量和统计方法使我们可以计算每一种预测因素的独立影响，因此，我们可以控制所有相关背景因素的影响，揭示幼儿园的影响效应。

我们在此简略报告如何控制背景因素对儿童发展的重要影响，特别是儿童、家庭和家庭学习环境等因素的影响。关于这些背景因素如何影响儿童各方面的发展，详见第四章。

儿童特征

EPPE 项目有多种手段了解儿童的各种特征，这些特征与儿童的发展成果有显著相关性，包括：

年龄	性别
种族	英语作为第二语言
出生体重	出生顺序
围产期健康问题	早期发展问题
早期行为问题	早期健康问题

此外，研究儿童在某个学段的进步时，我们会考虑儿童在该学段开始时的成绩。这些因素并不都显示有显著影响，我们在此只讨论对儿童发展成果有显著影响的因素。

我们分析了儿童在五、六年级（10 岁和 11 岁）时英语（和阅读）和数学的成绩与进步。儿童在 10 岁和 11 岁的研究结果相似。在英语（和阅读）方面，性别、出生体重、种族、英语为第二语言的学习支持、早期发展问题等有统计意义上的显著影响，其他因素则不然。在数学方面，有显著影响效应的儿童特征是：出生体重、早期健康问题、性别、种族。

父母、家庭和家庭环境特征

通过在研究之初进行的家长访谈和在第一学段和第二学段发放的家长问卷，我们对父母、家庭及家庭环境等方面的特征进行了测量，并就这些测量项目（见下）对儿童发展的影响进行了检验。

1. 父母特征

根据父亲或母亲的最高职业级别测算其社会经济地位：

- 家庭收入（从第一学段家长问卷中获得）；
- 贫困（孩子能否享受学校免费午餐）；
- 婚姻状况；
- 母亲就业水平、父亲就业水平；
- 母亲受教育程度、父亲受教育程度；
- 母亲年龄、父亲年龄。

2. 家庭特征

- 单亲；
- 兄弟姐妹数量；
- 生活事件。

3. 家庭学习环境

- 学前教育阶段的早期家庭学习环境；
- 第一学段的家庭学习环境。

家庭学习环境的项目列表参见附录 2。

确定幼儿园教育的持续影响

在本章的这一部分，我们将检验学前教育的三个重要指标，即是否上过幼儿园、上幼儿园的月数以及幼儿园的质量。第六章提到这三个指标对年幼儿童的发展成果具有重要的预测作用。

我们对比了上过幼儿园的儿童与居家儿童在 7 岁和 11 岁时的成绩差异。

认知发展成果

我们在上一章提到，幼儿园教育的有利影响在第一学段（小学前三年）仍然显现，只是对一些发展成果的影响不如儿童刚入学时强，这可能是因为小学教育对儿童发展的影响逐渐加强。到二年级结束时，大多数儿童在小学的时间已达三年（包括预备班的时间），而儿童一般在幼儿园的时间只有 18 个月的部分时间。到第二学段结束时，大多数儿童已经有 6—7 年上小学的经历。

图 7 – 2a 显示了家庭社会经济地位和是否上过幼儿园与儿童 7 岁时国家统测阅读成绩的关系。社会地位较高小组的平均阅读成绩较高，但在每个社会阶层上，上过幼儿园的儿童都比没上过的儿童有更高的阅读成绩。很明显，来自处境不利背景（家庭社会经济地位方面，家长从事半或无技术含量的体力劳动）又没上过幼儿园的儿童阅读成绩在水平 2 之下。水平 2 是继续进行第二学段学习的分界线，也是国家课程对这个年龄儿童的预期水平。研究发现，7 岁儿童的数学成绩的分布与此类似（图 7 – 2b）。

随后，我们对儿童在 11 岁第二学段结束时的国家统测成绩进行了同样的分组对比（见图 7 – 3a 和图 7 – 3b）。很明显，数据分布与 7 岁时相似。这表明，与是否上过幼儿园相关的成绩差异仍然明显，这意味着，幼儿园的影响在第二学段仍有显现，居家儿童没有追上来。

进一步的分析控制了儿童、家庭和家庭学习环境等各种因素的影响，运用多层模型对幼儿园教育的持续影响进行了更加细致的检验。

这些检验包括，是否上过幼儿园的持续影响，幼儿园的质量和有效性是否有显著的影响效应。

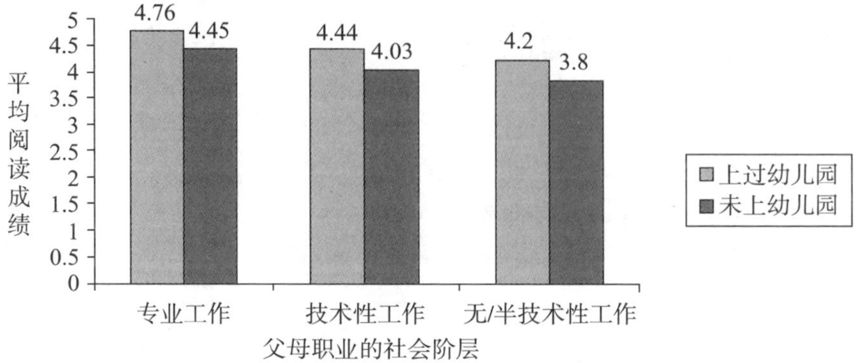

图 7－2a　家庭社会经济地位和幼儿园教育经历与儿童 7 岁时的阅读成绩

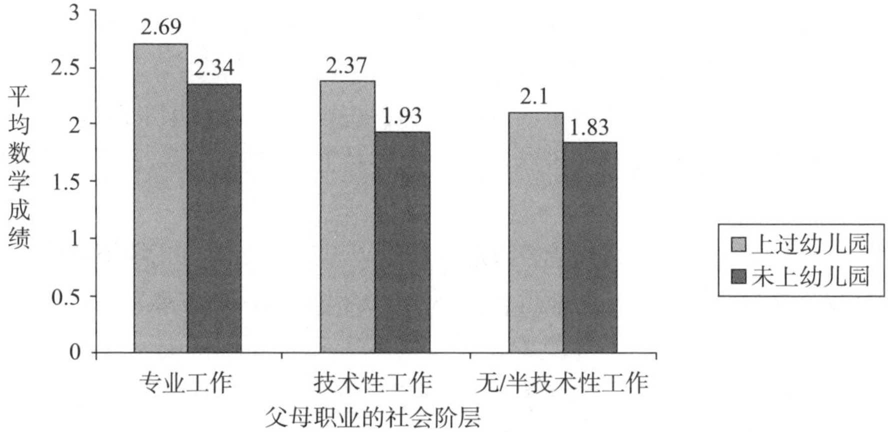

图 7－2b　家庭社会经济地位和幼儿园教育经历与儿童 7 岁时的数学成绩

是否上过幼儿园

在六年级，是否上过幼儿园对英语和数学成绩仍有显著的净效应（ES＝0.22 和 ES＝0.26），而这是幼儿园教育的一个最基本的指标。这一结果与二年级时一致。我们还发现，与未上过幼儿园的儿童（居家儿童）相比，幼儿园教育对儿童在六年级结束时的亲社会行为仍然有积极影响（ES＝0.19），但在社会行为的其他方面没有统计上的显著差异。

这种影响相对只有中等程度，但却代表着一种长期的促进作用。其影响效应与是否享受学校免费午餐的影响相当，后者是反映处境不利程度的一个基本指标（英语成绩 ES＝0.23，数学方面略弱，ES＝0.15）。这种影响比性别差异对英语的影响稍弱（女孩成绩较高，ES＝0.29），但比其对数学的

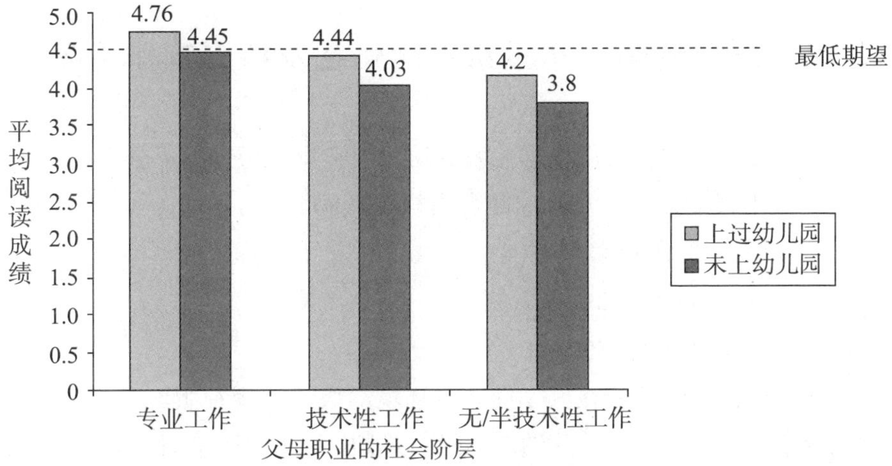

图 7－3a　家庭社会经济地位和幼儿园教育经历与儿童 11 岁时的阅读成绩

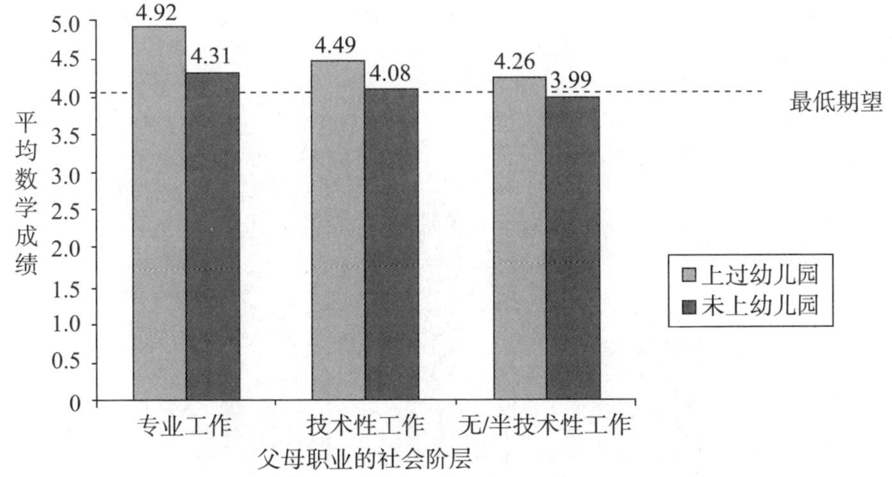

图 7－3b　家庭社会经济地位和幼儿园教育经历与儿童 11 岁时的数学成绩

影响略强（男孩成绩较好，ES＝0.19）。由此，我们可以得出结论，幼儿园教育对认知成就和社会行为的某些方面均有持续的积极影响，对小学阶段的同伴交往有重要影响。

幼儿园的质量

同我们在第五章说的一样，儿童的幼儿园教育经历有所不同，因为每所幼儿园的质量有差异。幼儿园的质量可以预测儿童在学前期的进步和发展及其 5 岁和 7 岁时的发展成果。

幼儿园的质量到第二学段结束时仍在发挥影响作用吗？

为回答这个问题，我们根据儿童的幼儿园教育经历进行了分组：

（1）没上过幼儿园（即居家组，占样本量的10%）；

（2）质量较差幼儿园（15%）；

（3）一般幼儿园（52%）；

（4）优质幼儿园（23%）。

这些分组根据幼儿园在《学前教育环境等级量表增补版》的得分进行。在剔除背景因素的影响后，从图7－4可以看出幼儿园质量对儿童认知发展的影响。在此，将未上过幼儿园的儿童（居家儿童）作为对照组或基线组（ES＝0）。

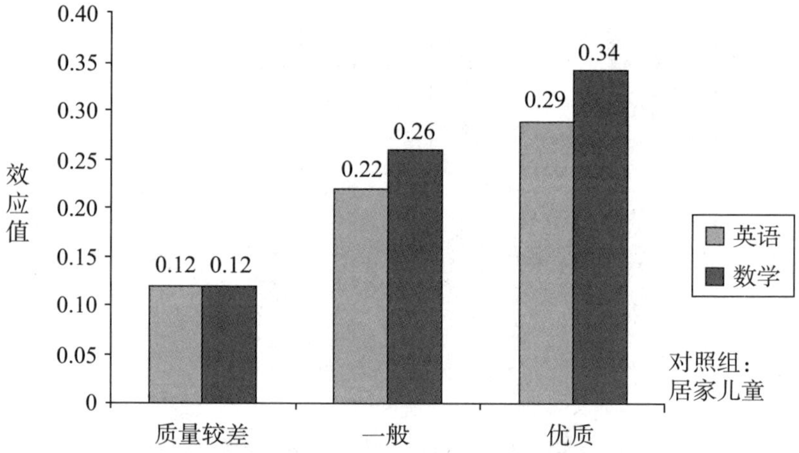

图7－4 幼儿园质量（《学前教育环境等级量表增补版》）对儿童六年级英语和数学成绩的影响

我们的结果表现出一个明显的梯度。与没上过幼儿园组相比，随着幼儿园质量的提高，儿童的成绩也逐步提高。质量较差幼儿园组的英语和数学得分都比没上过幼儿园组高（ES＝0.12），但是差异没有达到统计上的显著水平。一般组和优质组相对于没上过幼儿园组的优势都达到统计上的显著水平。另外，优质组在英语（ES＝0.17）和数学（ES＝0.21）上的得分都比质量较差组高。一般组比质量较差组在数学方面的优势达到统计上的显著水平，但在英语方面没有。优质组与没上过幼儿园组在数学方面的对照结果最明显（ES＝0.34），英语方面的差异也很清楚（ES＝0.29）。

我们能够得出结论，幼儿园的质量是儿童 11 岁第二学段末英语和数学成绩的重要预测因素。与不上幼儿园或上质量较差的幼儿园相比，上一所一般幼儿园或优质幼儿园能够显著地提高儿童的成绩，其影响效应与性别对成绩的影响相当。

社会行为表现

通过两种工具测得的幼儿园质量都对儿童在 11 岁时社会行为的四个方面表现有显著影响，《学前教育环境等级量表修订版》（ECERS-R）得分对亲社会行为和反社会行为的影响比《学前教育环境等级量表增补版》（ECERS-E）更大一些（参见图 7－5 至图 7－8）。就读于一般或优质幼儿园的儿童六年级的自我调节水平高于其他儿童（ECERS-R 的 ES＝0.24，ECERS-E 的 ES＝0.25）。另外，根据教师评定，居家儿童的亲社会行为少于上过幼儿园的儿童，但只有与优质幼儿园的差异比较明显（ECERS-R 的 ES＝0.28，ECERS-E 的 ES＝0.23）。所有这些效应都是净效应，剔除了前面模型所列的其他背景因素的影响。

在消极社会行为方面，根据教师评定结果，居家组和优质幼儿园组的儿童在六年级出现多动表现的情况少于质量较差幼儿园组（ECERS-R 和 ECERS-E 一样，ES＝0.22）和一般幼儿园组（ECERS-R 的 ES＝0.17，ECERS-E 的 ES＝0.14）。这一发现与对五年级的研究结果一致（Sammons et al.，2007b）。幼儿园质量对反社会行为的影响与其对自我调节和亲社会行为的影响相似，优质幼儿园组六年级的反社会行为比居家组少（ECERS-R 的 ES＝－0.23，ECERS-E 的 ES＝－0.22）。

总的说来，我们的研究显示，上一所优质幼儿园或一般幼儿园，能够促进和长期保持儿童较好的社会行为表现，使儿童 11 岁时的自我调节和亲社会行为增强，而反社会行为减少。但是，我们的研究结果表明，没上过幼儿园组与优质幼儿园组的多动倾向比质量较差组和质量一般组少。

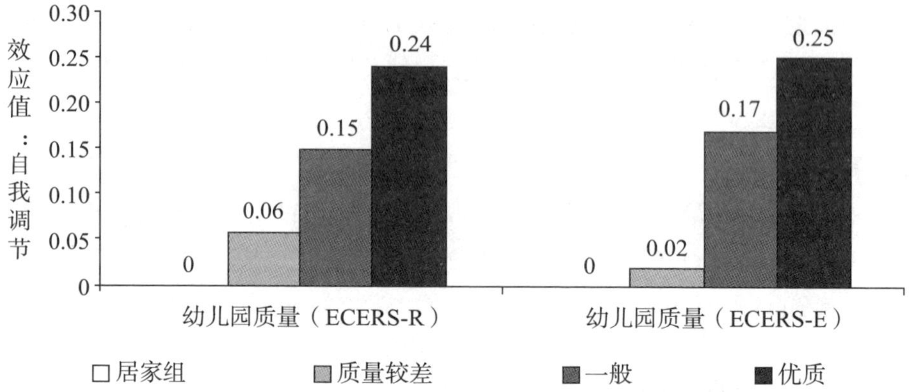

图 7－5　幼儿园质量对儿童六年级时自我调节行为的影响

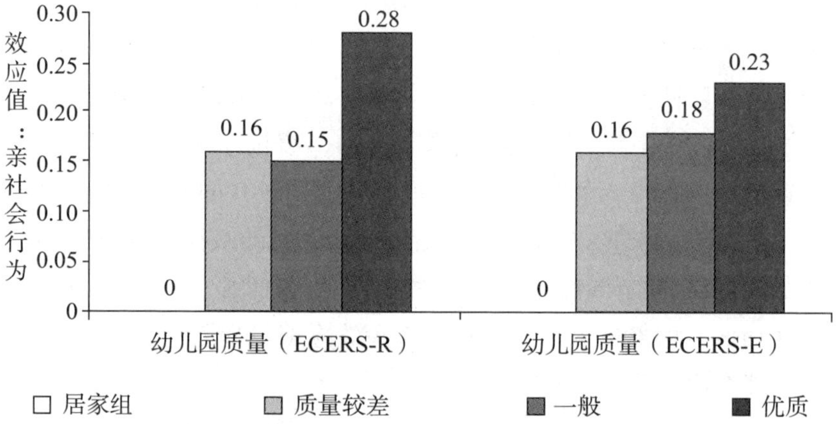

图 7－6　幼儿园质量对儿童六年级时亲社会行为的影响

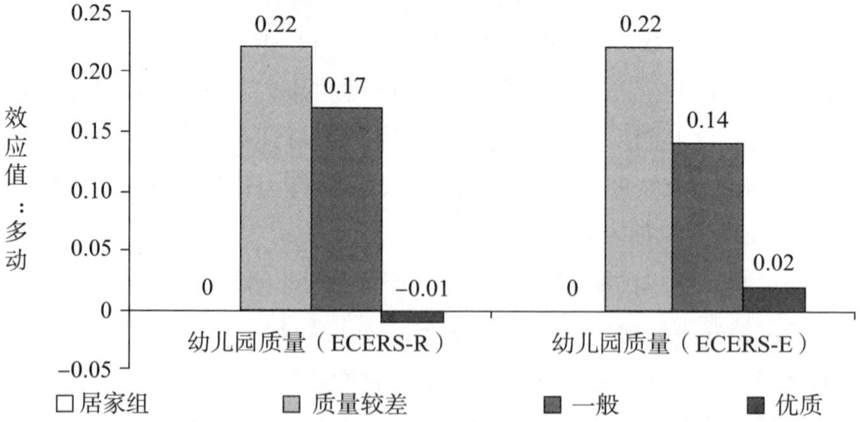

图 7－7　幼儿园质量对儿童六年级时多动行为的影响

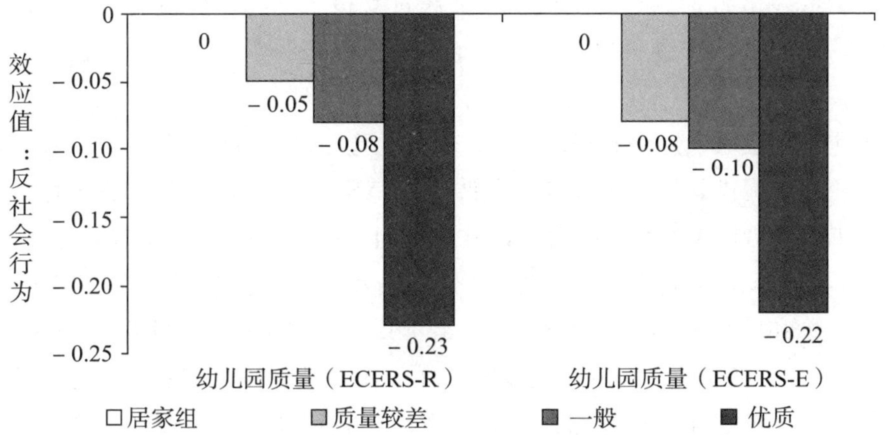

图7-8　幼儿园质量对儿童六年级时反社会行为的影响

幼儿园质量对不同儿童分组的特异影响

我们进一步探讨幼儿园质量对各种儿童分组的特异影响。我们分别检验了幼儿园质量对性别、六年级享受学校免费午餐、早期行为问题（由研究之初的家长报告得出）、母亲学历高低等各组儿童的特异影响。我们的分析还探讨了幼儿园质量对儿童是否在小学被确定为有特殊教育需要的潜在影响。我们检验了上述每个变量与通过《学前教育环境等级量表增补版》测得的幼儿园质量的交互作用。

在控制重要背景特征的影响后，只在性别（男孩对女孩）和特殊教育需要（有特殊教育需要对无特殊教育需要）两方面发现了显著的特异影响。我们的研究表明，按照教师在儿童六年级时的评定结果，男孩在自我调节（男孩 ES = 0. 32，女孩 ES = 0. 18），尤其是亲社会行为（男孩 ES = 0. 45，女孩 ES =0. 02）、多动（男孩 ES = -0. 28，女孩 ES = -0. 10）和反社会行为（男孩 ES = -0. 34，女孩 ES = -0. 11）等方面从优质幼儿园获得的益处大于女孩。总的来说，女孩在社会行为四方面的得分都比男孩高很多，但是，男孩通过上优质幼儿园获得的长期益处超过女孩。换言之，不管幼儿园质量如何，女孩在六年级的社会行为表现都差不多，只有自我调节是个例外。就读于优质幼儿园的女孩在自我调节方面的表现比质量较差幼儿园组或没上过幼儿园组的女孩要好。如果男孩曾就读于优质幼儿园，那么他们在自我调节方面获得的益处会大大超过女孩。因此，优质幼儿园可以看做是一种重要的干预手段，可以缩小普遍存在于各系统的教育成就的性别差距。

小学阶段被确定为有特殊教育需要的儿童，其上过优质幼儿园的经历也可以更多地促进其在六年级的自我调节（特殊需要组 ES = 0.36，非特殊需要组 ES = 0.04）、亲社会行为（特殊需要组 ES = 0.23，非特殊需要组 ES = 0.17），减少其多动行为（特殊需要组 ES = -0.32，非特殊需要组 ES = -0.08）和反社会行为（特殊需要组 ES = -0.39，非特殊需要组 ES = -0.03）。总的来说，与我们的预期一样，在小学阶段没有被确定有特殊教育需要的儿童在社会行为四方面的表现都比有特殊教育需要的儿童好。但是，在有特殊教育需要的儿童中，上过优质幼儿园的儿童的表现显著好于其他儿童。而在没有特殊教育需要的儿童中，不管幼儿园质量如何，他们在六年级的社会行为表现都差不多。这说明，质量一般的幼儿园，尤其是优质幼儿园可以为有特殊教育需要的儿童发挥一种保护作用，促进他们在整个小学阶段获得社会行为的全面发展。

我们的分析还检验了上幼儿园对儿童是否遭遇多重不利的特异影响。我们的多重不利指标是一个综合性的统计量（参见附录 5），包括儿童、家庭和早期家庭学习环境等方面的预测因素，如低出生体重、低家庭社会经济地位等，这些因素都可能使儿童增加低成就和社会行为表现较差的风险。研究结果指出，多重不利程度较高的儿童比多重不利程度较低的儿童从优质幼儿园获得的益处更多。总的来说，多重不利程度较低的儿童在多动和反社会行为方面的表现好过多重不利程度较高的儿童；但是，如果他们都就读于优质幼儿园，那么多重不利程度较高儿童在第二学段结束时的获益要高过较低风险组（多动方面，多重不利程度高组 ES = -0.29，多重不利程度低组 ES = -0.13；反社会行为方面，多重不利程度高组 ES = -0.34，多重不利程度低组 ES = -0.06）。这些研究结果与美国近期研究一致，说明来自家庭风险较高组的儿童比来自家庭风险较低组的儿童更能从幼儿园获益（Niles et al.，2008）。但已有的研究没有探讨多重不利因素与幼儿园质量的交互作用。

幼儿园的有效性

认知发展成果

如前所述，我们能够对幼儿园的有效性进行测量（参见 Sammons et al.，2002，2003）。

我们检验幼儿园（在促进前阅读进步方面）的有效性是否能预测儿童随后在第二学段的英语成绩，幼儿园（在促进早期数概念进步方面）的有效性是否能预测儿童在第二学段的国家统测数学成绩。

在控制儿童、家庭和家庭学习环境的影响后，幼儿园的有效性对儿童六年级的英语和数学成绩都有积极的净效应（参见图 7－9 和图 7－10）。我们的分析揭示，就读于有效性较高幼儿园的儿童成绩显著好于就读于低效幼儿园或没上过幼儿园的儿童，但这种差异不如前面讨论的幼儿园质量的影响大。

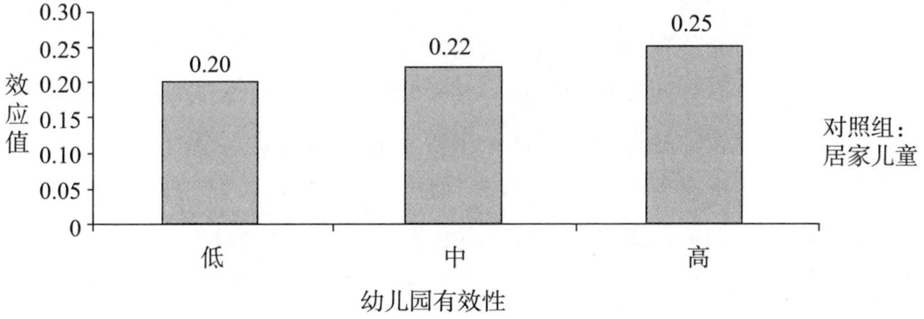

图 7－9　幼儿园有效性（前阅读方面）对儿童六年级英语成绩的影响

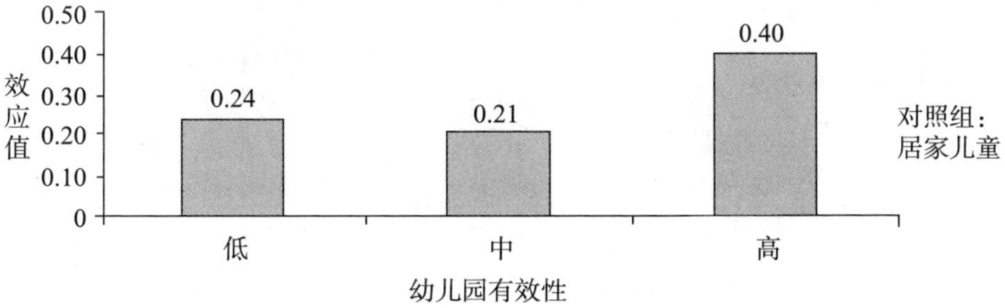

图 7－10　幼儿园有效性（早期数概念方面）对儿童六年级数学成绩的影响

在英语成绩方面，在有效性低、中、高的幼儿园就读的儿童在六年后11岁时的成绩都显著高于没有上过幼儿园的儿童。

数学成绩方面的结果与之类似。无论幼儿园对促进早期数概念发展的有效性或低或中或高，上过幼儿园的儿童都比没上过幼儿园的儿童成绩要好。另外，就读于高效幼儿园的儿童的成绩高于就读于低效或中等幼儿园的儿童。高效幼儿园的影响效应较大，与母亲学历在水平A相对于没有学历的母亲的影响效应一样。

社会行为发展成果

就读于高效幼儿园的儿童，六年后仍然显著表现出更好的社会行为发展。更特别的是，幼儿园在学业方面的有效性对儿童随后的自我调节和亲社会行为有积极的影响（参见图7－11和图7－12）。结果显示，幼儿园的有效性越高，儿童在六年级的自我调节行为（ES＝0.29）和亲社会行为（ES＝0.27）就越好。

幼儿园在促进社会行为四个方面发展上的有效性都是11岁时自我调节和亲社会行为的显著预测因素（参见图7－13和图7－14）。总的来说，就读于中等有效或高效幼儿园的儿童，其自我调节和亲社会行为比居家儿童更好。同样，按照教师的评定，就读于中等有效或高效幼儿园的儿童比就读于低效幼儿园的儿童有更好的自我调节（ES从0.12到0.24）和更多的亲社会行为（ES从0.17到0.38）。高效组和低效组在亲社会行为方面的差异最大（ES＝0.38）。

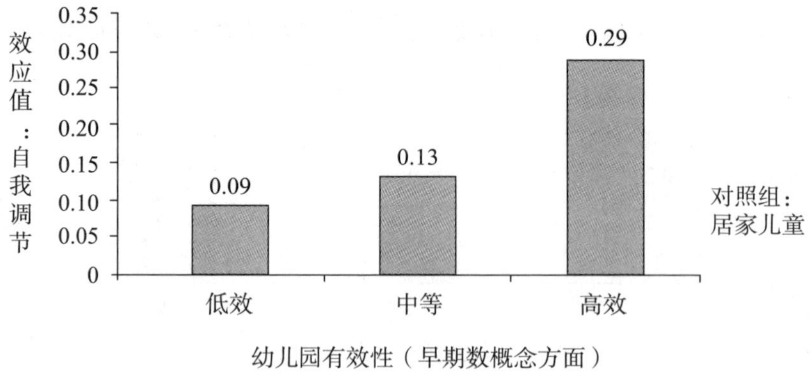

图7－11　幼儿园有效性（早期数概念方面）对儿童六年级时自我调节行为的影响

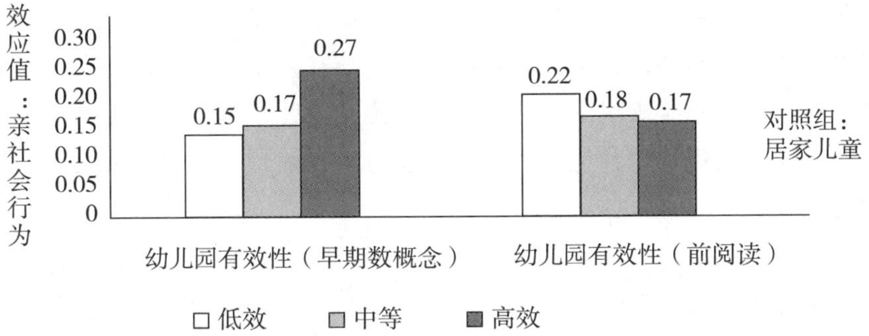

图 7－12　幼儿园有效性(早期数概念和前阅读方面)对儿童六年级时亲社会行为的影响

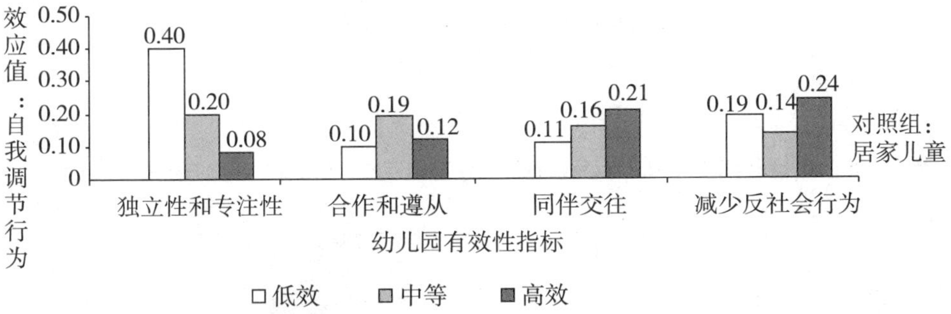

图 7－13　幼儿园有效性（社会行为方面）对儿童六年级时自我调节行为的影响

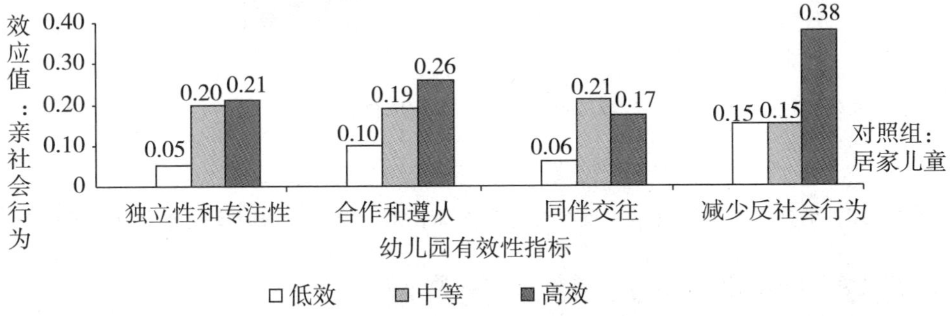

图 7－14　幼儿园有效性（社会行为方面）对儿童六年级时亲社会行为的影响①

幼儿园的有效性是儿童 11 岁时多动和反社会行为的显著预测因素（参见图 7－15 和图 7－16）。如果儿童就读的幼儿园在独立性和专注性、同伴

① 原书中，纵坐标标题为“效应值：自我调节”，但根据图的名称及上下文，这个标注有误，故翻译时进行了修改。——译者注

交往两方面的有效性较低，那么儿童在六年级的多动倾向会比其他儿童特别是居家儿童高。同样，如果儿童就读的幼儿园在减少反社会行为方面有效性较高，那么儿童六年级时的反社会行为会比其他儿童少。居家儿童六年级时在多动方面的表现好于其他三方面的社会行为，而且显著好于就读于低效幼儿园的儿童。

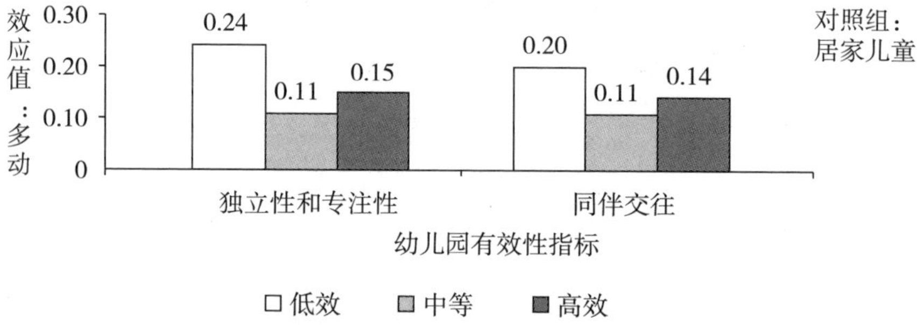

图7-15 幼儿园有效性（独立性、专注性和同伴交往方面）对儿童六年级时多动行为的影响①

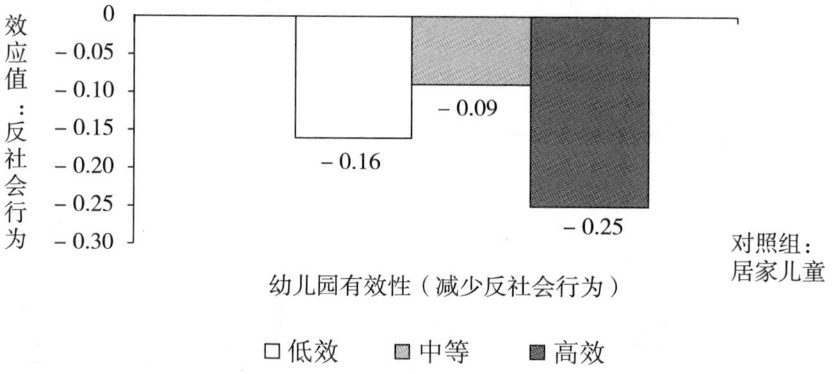

图7-16 幼儿园有效性（减少反社会行为方面）对儿童六年级时反社会行为的影响②

家庭学习环境与幼儿园的协同影响

上述分析显示，幼儿园的质量和有效性对儿童发展成果有中等程度的影响，而早期家庭学习环境则有强烈的影响，在此将考察它们的协同作用。为便于分析，将早期家庭学习环境按得分情况分为低、中、高三组。

① 原书中图例依顺序是“居家儿童—对照组”“低效”“中等有效”。根据上下文及图名，这样的标注有误，故翻译时进行了改动。——译者注

② 同上，翻译时有改动。——译者注

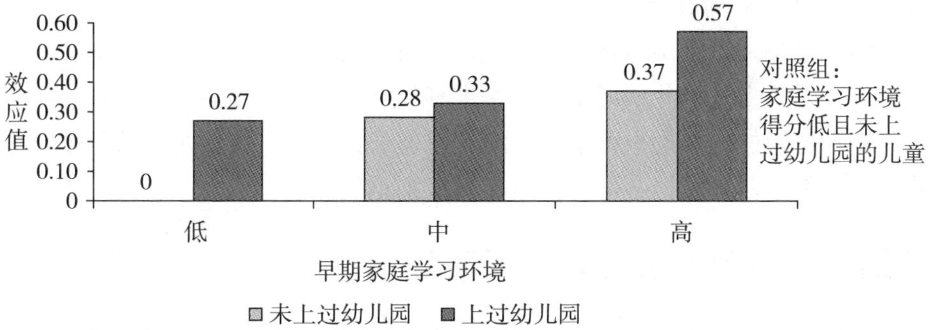

图 7－17 早期家庭学习环境与幼儿园教育对儿童六年级英语成绩的协同影响

图 7－17 展示了早期家庭学习环境和是否上过幼儿园的协同影响。其对照组是没上过幼儿园且家庭学习环境得分低的小组。

我们可以看出，良好的早期家庭学习环境对居家儿童的英语成绩有显著的积极影响。在未上过幼儿园的儿童中，早期家庭学习环境中等或得分高的儿童比学习环境得分低的儿童更有优势，效应值分别为 0. 29 和 0. 37。

但是，在比较家庭学习环境得分中和高这两组居家儿童与相应的幼儿园儿童（家庭学习环境得分中或高）时，儿童上幼儿园的优势就清楚地显现出来：上幼儿园且家庭学习环境得分中或高的影响效应分别是 0. 33 和 0. 57。此外，早期家庭学习环境得分低的儿童中，上幼儿园的儿童相对于居家儿童的优势更为突出（ES =0. 27）。早期家庭学习环境得分高与上幼儿园的经验结合起来对儿童的益处最大（ES =0. 57）。有意思的是，是否上过幼儿园对早期家庭学习环境得分低的儿童的影响（ES =0. 27）稍大于对早期家庭学习环境得分高的儿童的影响（效应值的差为 0. 20）。这再次表明，幼儿园教育有帮助弱势群体缩小成就差距的潜力。

数学方面的结果与英语相似。在控制社会经济地位、父母学历等背景因素的影响后，早期家庭学习环境对儿童六年级的成绩有相当强的积极影响。同样是早期家庭学习环境得分低的儿童，上过幼儿园的儿童比居家儿童有明显的优势（ES =0. 29）。对早期家庭学习环境中等的儿童，是否上过幼儿园也有差别（未上幼儿园 ES =0. 25，上过幼儿园 ES =0. 34）。早期家庭学习环境得分高的儿童不仅能从早期学习环境得益，而且能从幼儿园获得额外的益处（上过幼儿园组和未上过幼儿园组的效应值的差 =0. 24）。是否上过幼儿园对早期家庭学习环境得分低的儿童的影响（ES =0. 29）略微大于对得分高的儿童的影响（ES = 0.24）。总的来说，我们的结果支持这样一种观点，即无论早期家庭学习环境得分低还是高，上幼儿园都能给儿童带来显著的益处。是否上过幼儿园的影响比是否享受学校免费午餐的影响还大，而儿童可以从比较好的早期家庭学习环境获得益处，因此，上幼儿园的积极影响对早期家庭学习环境得分低的儿童显得特别重要。

早期家庭学习环境与幼儿园质量

我们进一步考察幼儿园质量与早期家庭学习环境的协同影响。这些分析的对照组仍是早期家庭学习环境得分低且未上过幼儿园的儿童。早期家庭学习环境得分低的儿童能够通过上幼儿园获益，特别是能从优质幼儿园获益（ES = 0.44）。早期家庭学习环境中等的儿童可以从质量较高的幼儿园获得额外的益处。早期家庭学习环境得分高的儿童从优质幼儿园获得的益处（效应值）不如早期家庭学习环境得分低的儿童从优质幼儿园获得的益处。

认知发展成果

早期家庭学习环境得分高且进入一般或优质幼儿园的儿童，其六年级结束时的英语成绩收益最明显（效应值分别是 0.61 和 0.58）。居家儿童和就读于质量较差幼儿园的儿童能够从较好的早期家庭学习环境获益（效应值均为 0.37），但其影响不如上优质幼儿园对早期家庭学习环境得分低的儿童的影响。

在进入质量较差幼儿园的儿童中，家庭学习环境得分高的儿童的收益（ES = 0.37）超过家庭学习环境得分低（ES = 0.33）或中（ES = 0.25）的儿童。这些发现显示，幼儿园质量和早期家庭学习环境对提高英语成绩都很重要。

对早期家庭学习环境最不利的儿童来说，任何幼儿园都能产生积极影响，但优质幼儿园的作用最大。其影响效应略高于母亲学历 A 水平与没有学历之间的差异。

图 7 – 18 显示，数学方面的结果与英语类似，存在着显著的积极影响。早期家庭学习环境得分低的儿童，如果此前进入了优质幼儿园，那么他们在六年级时能有很好的表现，其影响相对于早期家庭学习环境得分低且未上幼儿园达到了中等强度（ES = 0.51）。对早期家庭学习环境中等的儿童，幼儿

园效应相对小一些，但仍很显著。相对于早期家庭学习环境得分低且未上幼儿园的效应值随幼儿园质量的提高呈现一种线性增长趋向（质量较差幼儿园 ES =0. 29，一般幼儿园 ES =0. 36，优质幼儿园 ES =0. 38）。

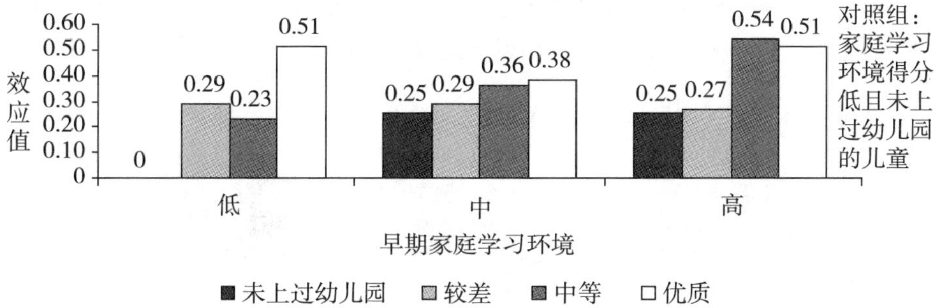

图 7－18　早期家庭学习环境和幼儿园质量对儿童六年级数学成绩的协同影响

在未上过幼儿园的儿童中，早期家庭学习环境中等的儿童六年级的数学成绩好于早期家庭学习环境得分低的儿童（ES =0. 25）。与早期家庭学习环境得分低且未上过幼儿园的儿童相比，早期家庭学习环境得分高的儿童在数学方面能从中等或优质幼儿园获益（中等幼儿园 ES =0. 54，优质幼儿园 ES =0. 51，而早期家庭学习环境得分高且未上过幼儿园的效应值 =0. 25）。优质幼儿园对早期家庭学习环境得分低的儿童的影响很大（ES =0. 51），对早期家庭学习环境得分高的儿童的影响略小，二者的效应值差异为 0. 26（0. 51 －0. 25）。

这些相互作用说明幼儿园教育的积极影响受儿童早期家庭学习环境质量的调节，优质幼儿园教育对早期家庭学习环境较差的儿童有特别重要的作用。

社会行为发展成果

在探索早期家庭学习环境与幼儿园质量的交互作用时，自我调节是唯一一个结果显著的社会行为发展成果。

自我调节

如图 7 －19 所示，在居家儿童中，早期家庭学习环境得分高的儿童（ES =0. 29）六年级时的自我调节表现比家庭学习环境得分低（对照组）和中等（ES = -0.02）的儿童更好。在另一端，早期家庭学习环境得分低的儿童中，曾进入优质幼儿园的儿童（ES =0.42）六年级的自我调节比未上过幼儿园的儿童（即居家儿童）更好。和我们预期的一样，中等或优质幼儿园与早期家庭学习环境得分高结合起来，可以给儿童的自我调节带来益处（中等质量幼儿园 ES =0.41，优质幼儿园 ES =0.46）。

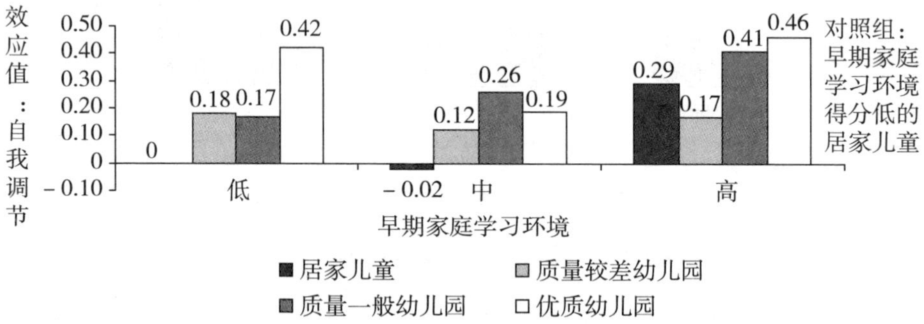

图 7 -19 早期家庭学习环境和幼儿园质量（《学前教育环境等级量表增补版》）对自我调节行为的协同影响

早期家庭学习环境和幼儿园质量对儿童随后的自我调节有很强的协同作用。在控制其他背景特征的影响后，早期家庭学习环境得分高与质量中等或优的幼儿园的共同影响可以促使儿童在第二学段结束时有更高水平的自我调节。此外，早期家庭学习环境得分高似乎可以为未上过幼儿园的儿童提供一种保护因子，帮助他们在小学获得较高的自我调节水平（ES =0.29）。同样，儿童进入优质幼儿园似乎可以对抗早期家庭学习环境较差的不利影响，使儿童随后的自我调节水平得到提高。这种影响（ES =0.42）比是否享受学校免费午餐或家庭社会经济地位的影响更大。

早期家庭学习环境和幼儿园的有效性

我们研究了早期家庭学习环境和幼儿园有效性对认知发展成果的交互作用，结果与上述有关幼儿园质量的研究相似。英语方面的结果呈现出类似的趋势：与早期家庭学习环境得分低且未上过幼儿园相比，其他组合都对随后六年级的成绩有持续的积极影响；效应值随早期家庭学习环境得分和幼儿园有效性的提高而增大。

图 7 -20 展示了数学方面的研究结果。其结果与英语方面的研究相似，

但差异甚至更加明显。总的来说，早期家庭学习环境得分和幼儿园有效性越高，其有利影响就越大。

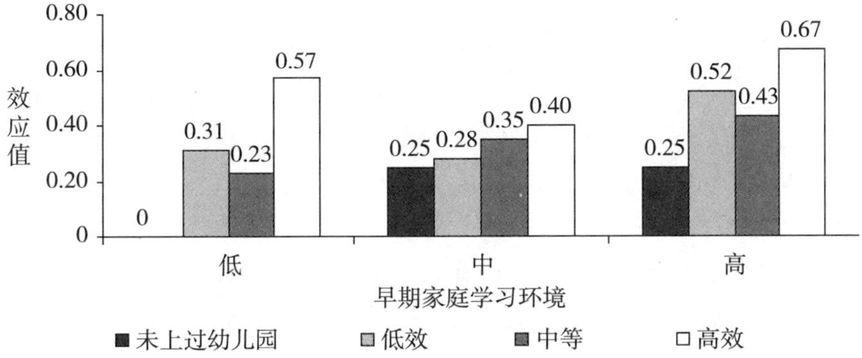

图 7－20　早期家庭学习环境和幼儿园有效性(算术)对儿童六年级数学成绩的协同影响

早期家庭学习环境得分低的儿童，如果就读于能高效促进幼儿计算能力发展的幼儿园，则其获得的优势最大（ES = 0. 57），就读中等有效幼儿园（ES = 0. 23）或低效幼儿园（ES = 0. 31）的益处相对较小。对于早期家庭学习环境中等的儿童而言，其成绩随着幼儿园有效性的提高而稳步增长。在幼儿园有效性相当的情况下，成绩提高最多的是早期家庭学习环境得分高的儿童，而早期家庭学习环境得分低的儿童成绩提高的则相对较少。与此一致，早期家庭学习环境得分高且进入高效幼儿园的儿童成绩最好（ES = 0. 67）。这些儿童不仅从高水平的家庭学习环境获益，而且通过高效幼儿园获得进一步的提高。

英语和数学方面的研究结果与有关幼儿园质量的结果一致。高效幼儿园对早期家庭学习环境得分低的儿童的帮助最显著（ES = 0. 57），未上过幼儿园与高效幼儿园对早期家庭学习环境较好儿童的影响差异（0. 67 – 0. 25 = 0. 42）则略小。这个结果再次表明，有效的幼儿园教育对减少弱势儿童群体的成就差距有长期的益处。

小学教学的有效性

我们试图像研究幼儿园教育的持续影响那样研究小学教育的影响。在控制背景因素的影响后，参与 EPPE 项目 3—11 岁研究的儿童所在小学的教学有效性对其六年级的英语和数学成绩有显著影响。在英语方面，教学有效性较高的小学可以使儿童的成绩显著提升（ES =0.24）。结果显示，早先就读于优质幼儿园仍然对就读于教学有效性较低小学的儿童有补偿或保护作用。在数学方面，在控制其他因素的影响后，幼儿园质量和有效性仍然影响着儿童随后的成绩。但小学的教学有效性对儿童六年级的数学成绩有更重要的预测作用（ES =0.38），它似乎比对六年级英语成绩的预测作用更敏感。这与关于学校有效性的已有研究结果一致，这些研究发现学校对数学和科学的影响效应比较大。

就读于有效性较高的小学对提升儿童的教育成就具有预测作用，尤其是对处境不利的儿童。在英语方面，小学的有效性对处境不利较严重儿童的影响大过对处境不利程度较轻的儿童。这里的处境不利程度通过多重不利指标进行测算（参见附录5）。处境不利较多是指有两项或两项以上的不利表现，这些儿童就读于高效小学的成绩比就读于低效小学要好（ES =0.25）。在数学方面，处境不利较多的儿童就读于高效小学比低效小学的成绩更好（ES =0.43），就读于中等有效的小学也比就读低效小学成绩更好（ES =0.24）。

小学有效性对父母学历较低的儿童的数学成绩也有预测作用。父母学历较低的儿童就读于教学有效性中等（ES =0.35）或高效（ES =0.44）的小学，其数学成绩会比较好。另外，教学有效性较高的小学能够促进有特殊教育需要的儿童加强自我调节，减少反社会行为（自我调节 ES =0.32，反社会行为 ES =0.37），也能促进母亲学历低的儿童的发展（只在反社会行为方面，ES =0.33）。

幼儿园教育经历和小学有效性的协同影响

由于幼儿园教育经历和小学教学有效性都对儿童随后的认知发展有预测作用，因此我们对二者的协同作用进行了研究。我们想确定，优质或高效幼儿园是否对儿童随后就读于有效性较差的小学具有保护性的影响；居家儿童及曾就读于低效或质量较差幼儿园的儿童是否会因进入有效性较高的小学而有更好的表现。我们将幼儿园质量（《学前教育环境等级量表增补版》）和小学教学有效性的数据一起纳入同一个模型，探索幼儿园和小学的共同作用。由于数量较少，中等有效和高效的小学合为一组，对照组是未上过幼儿园（居家儿童）且就读于低效小学的儿童。

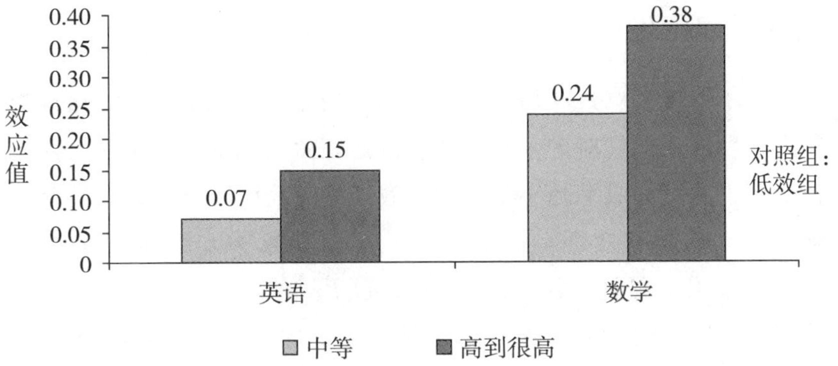

图 7－21　小学教学有效性对儿童六年级英语和数学成绩的影响

小学教学有效性对英语的影响不如对数学的影响那么明显，但先上优质幼儿园再上教学有效性很高的小学，这种情况的积极影响最大。在数学方面的影响更加显著一些，幼儿园的质量越好，儿童的数学成绩就越高；小学教学有效性越高，儿童在六年级的数学成绩也越高。重要的是，研究结果显示，未上过幼儿园的居家儿童可以从教学有效性较高的小学获得特别大的益处（ES＝0.43）。在就读于低效小学的儿童中，即便只是曾经进入质量较差或中等的幼儿园，儿童也比完全没上过幼儿园要做得更好（ES＝0.29）。曾进入优质幼儿园的儿童，即使后来进入低效的小学，其表现也特别好（再次表明幼儿园的补偿作用）。在上过优质幼儿园且进入中等和高效小学的儿童身上，我们发现了一种累加效应。在控制所有其他背景因素的影响后，这些儿童在六年级结束时的成绩提升最大（ES＝0.67）。小学有效性对上过优质幼儿园儿童的影响不如对没上过幼儿园或只上过较差幼儿园儿童的影响。

幼儿园有效性和小学有效性的协同影响

在分别探讨幼儿园和小学教学有效性的各自影响之后，我们将两方面的数据结合起来，加入同一个模型，以检验其协同作用。我们想确定，比较高效的幼儿园是否对儿童就读于有效性较差的小学发挥保护性的影响，居家儿童或就读于有效性较低幼儿园的儿童是否会因随后进入比较高效的小学而有更好的表现。这些分析的对照组是就读于教学有效性很低的小学且没有上过幼儿园的儿童（居家儿童）。

认知发展成果

不管其小学教学有效性如何，上过高效幼儿园的儿童在英语和数学方面都有相当的发展，但这对进入有效性较低幼儿园的儿童并不成立——在后者这种情况下，儿童的成绩随小学教学有效性的提高而逐级提高。没上过幼儿园但随后进入教学有效性较高小学的儿童，其数学方面的表现特别明显（ES =0.65），几乎是社会经济地位效应值的两倍。曾进入有效性较低幼儿园的儿童，在进入教学有效性较高小学后的变化也很大（效应值的差异为 0.9 -0.4 =0.5）。因此，小学的有效性对曾就读于低效幼儿园或未上过幼儿园的儿童有特别重要的影响。

社会行为：自我调节

小学教学有效性自身不是社会行为的预测因素。我们想确定，小学教学有效性是否会像对学业成绩的影响一样，通过与幼儿园质量的共同作用显著影响儿童的社会行为。

幼儿园质量与小学教学有效性（数学方面）只在儿童 11 岁时的自我调节方面有显著的交互作用。所读小学教学有效性较低或中等，但幼儿园质量很高的儿童在第二学段结束时表现出更好的自我调节。同样，教学有效性较高的小学可以使未上过幼儿园或只上过较差幼儿园的儿童获益，让他们 11 岁时有更好的自我调节。与预期一样，有些儿童未上过幼儿园或只上过较差幼儿园，后来又进入低效小学，他们在第二学段结束时的自我调节得分最低。

这些结果指出，幼儿园教育和小学教育的影响是交互的，并且可能累加。因此，学前教育的调节作用可能是双向的。小学教学的影响不仅可以调节稍早时幼儿园教育的影响，而且会受幼儿园积极或消极影响的调节。优质幼儿园可以减小小学的消极影响，较差的幼儿园也可以削弱小学的积极影响。在社会行为中，似乎只有自我调节受到小学教学有效性的显著影响。这可能反映了儿童自我调节与学业成绩之间有较大的联系。

学生在第二学段的进步

在控制儿童 7 岁时的成绩（第一学段的国家统测结果）后，我们通过进一步的分析研究儿童在第二学段的进步。

做此研究是因为我们想知道，幼儿园教育除了提升儿童的认知成就并促进其社会行为发展外，是否对儿童随后的学习也有影响。我们发现，幼儿园的质量和有效性对学生从第一学段到第二学段的进步也有影响（幼儿园质量对英语的效应值为 =0. 23，对数学的效应值为 =0. 20；幼儿园有效性对英语的效应值为 =0. 28，对数学的效应值为 =0. 22）。这显示，较好的幼儿园教育不仅使儿童的认知成就在 11 岁之前持续提升，而且有助于促进他们随后的进步（可能是因为培养了儿童的学习能力，并通过提升自我调节增强了他们的学习动机）。同样，就读于教学有效性较高小学的儿童在第二学段也取得了较大的进步。值得注意的是，小学对儿童进步的影响超过大多数儿童或家庭背景因素的影响，在数学方面尤其明显（英语 ES =0. 37；数学 ES =0. 52）。

小学教学有效性对第二学段的进步的影响超过幼儿园教育的影响。这和我们的预期一致，因为儿童在小学的时间比较长（超过六年）。这再次证明，小学与儿童现在和以前的学习成绩以及各种背景因素一样，是儿童学习进步的一种重要影响因素。同认知成就方面的研究结果一样，学校对数学进步的影响强于对英语的影响（关于教育有效性的其他研究有类似的结果，参见 Teddlie 和 Reynolds，2000）。

小结

以上是对 EPPE 儿童小学结束时（六年级）的国家统测成绩进行的分析，结果与我们对 10 岁儿童在数学和英语方面的标准化测试（NFER 测验）一致（Sammons et al.，2007a，2007b）。我们还通过教师评定，收集到儿童近两年的社会行为表现。我们发现，学业和社会行为两方面的研究结果在这两年是一致的，这更加证明了我们结论的确定性。因为六年级有国家统测，这种高利害关系的测验可能影响教师的行为，使他们组织学生为应考做准备，而这可能带来儿童在六年级发展成果测评中的某种偏差。五年级没有国家统测，因此出现这种偏差的可能性有所减少。

我们的数据说明，与居家组相比，低效且质量较差的幼儿园对儿童到11岁时的发展成果只有很小的益处，而且与某些社会性发展不足有关；但在亲社会行为方面，这些经验的有利影响一直有所显现。相反，中等（EPPE样本的普遍情况）和特别优质的幼儿园对儿童11岁时的认知和社会行为发展成果有显著的益处，还能有力地增进儿童在第二学段的进步。在控制多种背景因素的影响后，居家儿童在多数发展方面的表现仍比上过中等或优质幼儿园的儿童较差。即便是在经历六年的小学学习后，他们仍没有赶上其他儿童。他们在亲社会行为方面一直处于不利地位，但在多动方面的得分较低。

综合而言，我们的研究证实，对未上过幼儿园的儿童来说，早期家庭学习环境得分高是一个保护性的因素，可以促使他们在第二学段有更好的自我调节。同样，优质幼儿园可以长期影响儿童，使之在11岁时形成相对较好的自我调节能力，由此缓解早期家庭环境不足（家庭学习环境得分低）的不利影响。

教学有效性较高的小学可以提高儿童的英语成绩，更能够提高数学成绩；它还能促进与学习成绩有关的自我调节，而且不会对其他社会行为有消极影响。这对英格兰实施《每个孩子都重要》具有重要启示，它显示，提高小学儿童的学业成就与增进其社会行为发展并不矛盾。我们的数据显示，由增值量所代表的小学教学有效性对未上过幼儿园的儿童有特别重要的影响，而这些儿童的家庭教育水平往往很低。这个发现对促进社会融合和提高教育标准的有关政策很有意义。

结论

总的来说，这些追踪研究结果证实，幼儿园教育对儿童发展成果的影响在中长期甚至经过六年小学教育后仍很明显。我们的结果说明，家庭因素和教育因素的结合（较好的早期家庭学习环境、优质而高效的幼儿园、高教学有效性的小学三者结合）能够使儿童在11岁时获得显著更好的发展成果。

这些研究可以增进有关缩小处境不利儿童成就差距的讨论，我们将在随后章节对此进行更细致的讨论。要改善处境不利儿童的发展状况，需要在改进早期家庭学习环境和增进幼儿园及小学教育经验（减少其质量和有效性的差异）方面联合行动。此外，研究表明，初入学时在认知和社会行为方面落后于同伴的儿童仍然需要有针对性的特殊干预，那些没有接受过良好幼儿园教育或缺乏良好早期家庭学习环境的儿童更是如此。因为这些干预可以改善这些儿童的发展轨迹，因此可在一定程度缩小第一学段和第二学段的成就差距（Sammons et al.，2004；Hurry and Sylva，2007；Sylva et al.，2008）。

参考文献

Goldstein, H. (1995) *Multilevel Statistical Models*, London: Arnold.

Goodman, R. (1997) The strengths and difficulties questionnaire: a research note, *Journal of Child Psychology and Psychiatry*, 38, 581 - 586.

Hurry, J. and Sylva, K. (2007) Long term outcomes of reading interventions, *Journal of Research in Reading*, 30(2), 1 - 22 .

Melhuish, E., Romaniuk, H., Sammons, P., Sylva, K., Siraj-Blatchford, I. and Taggart, B. (2006) *Effective Pre-school and Primary Education 3—11 Project (EPPE 3—11): The Effectiveness of Primary Schools in England in Key Stage 2 for 2002, 2003 and 2004. Full Report.* London: Institute of Education, University of London. http://eppe. ioe. ac. uk

Melhuish, E. C., Sylva, K., Sammons, P., Siraj-Blatchford, I., Taggart, B., Phan, M. and Malin, A. (2008) Pre-school influences on mathematics achievement, *Science*, 321, 1161 - 1162.

Niles, M. D., Reynolds, A. J. and Roe-Sepowitz, D. (2008) Early childhood intervention and early adolescent social and emotional competence: second-generation evaluation evidence from the Chicago Longitudinal Study, *Educational Research*, 50(1), 55 - 73.

Sammons, P., Sylva, K., Melhuish, E. C., Siraj-Blatchford, I., Taggart, B. and Elliot, K. (2002) *The Effective Provision of Pre-school Education (EPPE) Project: Technical Paper 8a—Measuring the Impact of Pre-school on Children's Cognitive Progress over the Pre-school Period.* London: DfES/Institute of Education, University of London.

Sammons, P., Sylva, K., Melhuish, E. C., Siraj-Blatchford, I., Taggart, B. and Elliot, K. (2003) *The Effective Provision of Pre-school Education (EPPE) Project: Technical Paper 8b—Measuring the Impact of Pre-school on Children's Social/Behavioural Development over the Pre-school Period*, London: DfES/Institute of Education, University of London.

Sammons, P., Sylva, K., Melhuish, E., Siraj-Blatchford, I., Taggart, B. and Hunt, S. (2008) *In-*

fluences on Children's Attainment and Progress in Key Stage 2: Cognitive Outcomes in Year 6. DCSF. Research Report RR-048, Nottingham: DCSF.

Sammons, P., Sylva, K., Melhuish, E. C., Siraj-Blatchford, I., Taggart, B., Elliot, K. and Marsh, A. (2004) *The Effective Provision of Pre-school Education (EPPE) Project: Technical Paper 11—Report on the Continuing Effects of Pre-school Education at Age 7*, London: DfES/Institute of Education, University of London.

Sammons, P., Sylva, K., Melhuish, E., Siraj-Blatchford, I., Taggart, B., Grabbe, Y. and Barreau, S. (2007a) *Effective Pre-school and Primary Education 3—11 Project (EPPE 3—11): Summary Report: Influences on Children's Attainment and Progress in Key Stage 2: Cognitive Outcomes in Year 5*. Research Report No. RR828, Nottingham: DfES Publications.

Sammons, P., Sylva, K., Melhuish, E., Siraj-Blatchford, I., Taggart, B., Barreau, S. and Grabbe, Y. (2007b) *Effective Pre-school and Primary Education 3—11 Project (EPPE 3—11): Influences on Children's Development and Progress in Key Stage 2: Social/behavioural Outcomes in Year 5*. Research Report No. DCSF-RR007. Nottingham: DfES Publications.

Sammons, P., Sylva, K., Melhuish, E., Siraj-Blatchford, I., Taggart, B., Hunt, S. and Jelicic, H. (2008a) *Effective Pre-school and Primary Education 3—11 Project (EPPE 3—11): Influences on Children's Development and Progress in Key Stage 2: Social/behavioural Outcomes in Year 6*. DCSF Research Report, DCSF-RR-49. Nottingham: DCSF.

Sammons, P., Sylva, K., Melhuish, E., Siraj-Blatchford, I., Taggart, B., Jelicic, H., Barreau, S., Grabbe, YI and Smees, R. (2008b) *Effective Pre-school and Primary Education 3—11 Project (EPPE 3—11): Relationships Between Pupil Self-perceptions, Views of Primary School and tleir Development in Year 5*. http://eppe. ioe. ac. uk/.

Sammons, P., Sylva, K., Melhuish, E., Siraj-Blatchford, I., Taggart, B., Hunt, S. and Jelicic, H. (2008c) *Effective Pre-school and Primary Education 3—11 Project (EPPE 3—11): Influences on Children's Cognitive and Social Behaviour (Attainment, Progress and Development) to the End of Primary School (Year 6)*. DCSF Research Brief DCSF-RB048-049, Nottingham; DCSF.

Sammons, P., Sylva, K., Melhuish, E. C., Siraj-Blatchford, I., Taggart, B., Smees, R., Dobson, A., Jeavons, M., Lewis, K., Morahan, M. and Sadler, S. (1999) *The Effective Provision of Pre-school Education (EPPE) Project: Technical Paper 2—Characteristics of the Effective Provision of Pre-school (EPPE) Project Sample at Entry to the Study*, London: DfEE/ Institute of Education, University of London.

Scheerens, J. and Bosker, R. (1997) *The Foundations of Educational Effectiveness*, Oxford, Pergamon.

Schweinhart, L. J. and Weikart, D. P. (1997a) The high/scope pre-school curriculum comparison study through age 23, *Early Childhood Research Quarterly*, 12(2), 117 - 143.

Schweinhart, L. J. and Weikart, D. P. (1997b) *Lasting Differences: The High/Scope Pre-school Curriculum Comparison Study Through Age 23*. High/Scope Educational Research Foundation Monograph No. 121, Ypsilanti, MI High/Scope Press.

Sylva, K., Melhuish, E., Sammons, P., Siraj-Blatchford, I. and Taggart, B. (2008) *Effective Pre-school and Primary Education 3—11 Project (EPPE 3—11). Final Report from the Primary Phase: Pre-school, School and Family Influences on Children's Development during Key Stage 2 (age 7—11)*, Department for Children, Families and Schools (DCSF), Research Report DCSF - RR 061, Nottingham: DCSF.

Teddlie, C. and Reynolds, D. (2000) *The International Handbook of School Effectiveness Research*, London: Routledge Falmer.

第八章

聚焦教学法
——有效教学实践的个案研究

艾拉姆·西拉杰－布拉奇福德

本章主要从教学角度介绍儿童在那些带来较好发展成果的幼儿园中的日常活动。除了研究幼儿园服务对儿童发展的影响外，EPPE 项目还在 12 所幼儿园搜集了大量翔实的质性数据和定量数据，据此探寻有效教育实践的特征及其背后的教学论依据。这些个案都是为儿童带来良好和优秀发展成果的优质幼儿园。本章先提出教学法（pedagogy）和课程的操作定义，接着反思欧洲现有文献对幼儿园教学的争议。本章还介绍了本研究在这部分的研究方法以及主要研究结果。

什么是教学法？

在英国和欧洲大陆，关于“教学法”的定义多种多样，这使英国早期教育领域在“课程”一词的使用上产生了一些困惑。很多时候，人们会将教学法和课程两个词混用。因此，理解“教学法”概念的最简单途径是先将它同“课程”一词的含义区分开。但非常不幸的是，过去这两个词语的使用比较随意，而且和我们即将看到的一样，这可能使一些当代的重要学者错误地将“学校化”（schoolification）的教学法与“社会教学法”（socio-pedagogy）对立起来。

我们在 EPPE 项目采用的教学法定义主要依据盖奇（Gage，1985）的观点，他认为教学法是“教学这一艺术的科学基础”。盖奇指出，我们应该区分一般知识（常规知识，nomothetic knowledge）和用于理解特定事件或个人的知识（具象知识，ideographic knowledge）。他认为，教师面对的特定儿童群体具有其特定的需要、社会文化地位、认知及情感需求，教师应该创造性地把他们的常规知识运用到这些儿童所提出的具象问题中。

因此，“教学法”广义上是指一整套教学的技术和策略，它们使早期学习得以发生，由此为儿童获得知识、技能、态度、品性提供机会。这一内涵非常广泛，包括教师为儿童提供发现学习的环境、鼓励家长参与等间接行为。

什么是课程？

新西兰《幼儿教育课程大纲》中的课程定义很广泛，是“在为促进儿童学习和发展而设计的环境中的直接和间接的经验、活动、事件的总和”（New Zealand Ministry of Education，1996，p. 10）。这个广泛的定义似乎特别适合早期教育，但我们需要认识到，有的时候，不管我们是否按照某种目的有意识地设计环境，儿童的学习和发展都会发生。幼儿一直在学习，无论这种学习多么内隐、多么隐蔽，其学习内容（课程）“总是”由照顾儿童的成人所决定。他们认为儿童可以完全“自由”地玩耍，这种观点只是一种神话。我们为儿童提供的物质资源（玩具、家具、文具等）、活动、社会交往和环境等，既为儿童学习提供了机会，也为其学习带来了限制。儿童沉浸其中的语言和文化背景影响着他们的学习内容，这种影响甚至是根本性的。为此，幼教工作者面临着两种选择，一是简单地认可上述各种影响因素，二是主动对这些因素进行管理。在今天的英国，大部分专业幼教工作者选择后者，他们尽可能运用自己的知识和技能将他们认为如今这个多元文化社会所共有的和看重的能力、知识、理解、态度等传递给儿童。

EPPE 项目在 2000 年收集了大量的质性数据。这是英格兰实施 3—5 岁儿童《基础阶段课程指南》的第一年。接下来将对《基础阶段课程指南》作简要介绍，说明我们进行个案研究的情境。我们会谈及班尼特（Bennett，2004）提出的、在欧洲广泛运用的两种学前教育方式，一种是“社会教学法”的方式，课程由各幼儿园自己开发；另一种是“托儿学校”的方式，课程由中央权威机构提供。班尼特在《优良开端（2）》（*Starting Strong II*）中对这种争论进行了讨论（Bennett and Tayler，2006）。

《基础阶段课程指南》对幼教工作者在“教”方面的角色作出了明确的说明——再次强调“支持和扩展儿童游戏”的重要性，并首次倡导幼教工作者采取多种教学和保育策略。

> “幼教工作者需要将儿童的需要和成就与能够促进其进步的多种学习经验结合起来，对最佳学习经验进行规划。”（p. 7）

《基础阶段课程指南》提出的“幼儿教育原则”主要有：与家长建立伙伴关系，有计划的自由游戏，为实现“早期学习目标”（Early Learning Goals，ELGs）进行干预等。“早期学习目标”包括六个课程领域：个性、社会性和情感发展；交际、语言和读写；数学发展；创造性发展；身体发育；世界知识和理解等。《基础阶段课程指南》中关于“幼教工作者需要做什么”的许多内容与课程有关，它建议幼教工作者鼓励或提供特定的经验和活动，但其中许多表述在教学层面显得模棱两可。这部分有少许内容就幼教工作者应该“认识”“了解”“知道”什么提出了建议，更多的则是建议他们通过非专门化的方式“帮助”或“支持”儿童，“引导”“等待”或“促进”儿童的某种理解。

但是，系统的分析显示，《基础阶段课程指南》在涉及操作技能和安全行为的学科领域比较强调直接教学，在“数学”领域还强调提问，在“世界知识和理解”领域强调外出参观。整个指南非常重视幼教工作者的榜样作用，这表明，早期学习目标的六个领域都普遍接受“生成性”学习的理念（Siraj-Blatchford and Siraj-Blatchford，2001）。

社会教学法

在北欧的大部分地区，儿童保育最初是家庭导向的（family oriented），主要从增进家庭观念方面考虑。与之相反的是教育导向的方式，如欧文·罗伯特（1842）的“托儿学校”、福禄贝尔（1862）的“幼儿园”、蒙台梭利（1909）的“儿童之家”。但是，正如班尼特（Bennett，2004）所说，近年来，社会教学法在北欧国家和东欧地区很有影响。在瑞典，社会教学法可以追溯到阿尔娃·米达尔（Alva Myrdal）于1935年开办的研讨班，即“社会教学法研讨班”（Myrdal，1945，p. 396）。社会教学法的核心目标不是既定的、儿童在日常生活中取得成功所必需的知识、技能或态度，而是使儿童有能力成长为主动积极的公民，能够为改变自己的生活采取行动。在实践方面，这种教学法关注培养儿童的自我认同和自尊感。英国历史上形成了满足“保育”或“教育”需要的多样化的教学方式，与上述社会教学法类似的教学方式在英国也曾很受欢迎。由于英国分管社会服务的保育部门和地方教育部门各自管理部分幼儿园，因此保教分离的情况有所增强。这还进一步激发了关于“儿童中心”和“进步主义”教学法与“传统”的小学教学方法之间的持续争议。但是，近年来有一种明显的折中趋势，越来越多的人认识到需要采取一种更加平衡的方式（通常被称为教育共识）。

在《优良开端（2）》中，班尼特将英国的《奠基方案》（*Foundation Stage*，FS）与社会教学法进行了对比。他认为，前者是“幼儿教育”式的教学法（他在2004年的著作中称之为“托儿学校”教学法，2006年称之为“学校化”的教学法）的典范，因为这种教学法对课程进行了详细的说明，弱化了家长和社区的作用，而且它注重认知发展和入学准备。根据上述课程指南的细则，他的观点可能有些夸大，根据2008年在英格兰推行的修订后的《早期奠基方案》，他的观点无疑是错误的。

《早期奠基方案》的基本理念

《早期奠基方案》围绕四个基本理念：儿童的唯一性、积极关系、引导性的环境、学习与发展。《早期奠基方案》包括69项早期学习目标，其中只有30项（43%）与知识内容有确切的联系，而且只有7项（10%）是比较具体的专门化内容，其他项目都很一般化，如“扩大词汇量，探索新词的发音和意思”“开始了解自己和他人的文化和信仰”。即使目标限定为非常具体的知识内容，很明显，最需要优先考虑的还是生成性的读写或数学课程情境，如“了解文字会表达一定的意思，阅读要按从左到右和从上往下的顺序”，“运用‘较大’‘较小’‘较重’‘较轻’等词语进行数量比较”。事实上，很难想象任何一种（社会教学法的）幼教课程不包含指向具体内容的学习目标，如“认识保持健康的重要性以及有助于保持健康的做法”。

早期学习目标在很多方面与班尼特在挪威国家课程中确立的目标（四项基本能力和五个学习领域）以及2004年丹麦国家课程的六个领域表现出相似性。正如班尼特所说：

“研究表明，幼儿教育和小学教育都应采用更加统一的学习方式，

要关注幼儿在入学时面临的幼小衔接挑战。”（Bennett and Tayler, 2006, p. 13）

这种幼小衔接的挑战在于，要在激发儿童成长和发展的同时避免倒退或失败的风险。这种观点得到了研究者和政策制定者的广泛认可。整个欧洲都在努力促进托儿所、幼儿园和学校的衔接。研究者（Oberhuemer, 2004）指出，在2001年OECD-PISA国际学生评估项目结果发布之后，由于德国15岁学生的成绩不尽如人意，人们普遍认为，长期以来在幼儿园实行的社会教学法必须根据入学准备的紧迫需要进行调整。另有研究（Brostrom, 2006）指出，丹麦在2004年8月通过了一部教育课程法案，要求每所幼儿园实现六方面的目标和内容，具体表述为六个一般性的主题：①个人能力；②社会能力；③语言；④身体和运动；⑤自然和自然现象；⑥文化修养和价值观（Socialministeriet, 2004）：

> ……学习概念和六个课程主题的引入是一个信号，标志着改变极端的儿童中心式的教育实践，让儿童保育工作者发挥更积极的作用。（p. 393）

EPPE项目对认知和情感、社会行为发展给以同等关注。可见，这个项目与社会教学法的主流观点完全一致，这种观点因整个欧洲正在兴起的对幼小衔接的认识和关注而得到强化。

本章主要介绍比较高效的幼儿园所采用的教学法。关于小学预备班、育儿员以及基础阶段课程的详细信息，请参考《学前教育有效教学研究》（Siraj-Blatchford et al., 2002）。

EPPE个案研究

深入的个案分析的目标，是看看取得“优秀”发展成果的幼儿园有哪些教学及其他实践做法与取得“良好”或“一般”发展成果的幼儿园有所不同。个案分析可以为很多关于教育实践与儿童发展成果相关的统计结果（见Sammons et al., 2002, 2003, 2004）提供解释。教育实践主要通过《学前教育环境等级量表修订版》和《学前教育环境等级量表增补版》进行测量（见 Sylva et al.，1999，2006）。

EPPE 项目对家庭和儿童特征的影响进行了控制，由此可以确定 141 所样本幼儿园的“有效性”。分析显示，没有一所幼儿园在所有发展结果上的得分都高于或都低于期望值，但有些幼儿园表现出特别的优势，另一些幼儿园则有明显的缺陷。我们用分层随机抽样的方式，从 EPPE 样本幼儿园中选出 12 所。它们在一项或多项认知（前阅读、非言语推理、语言、数概念）或社会行为（独立性和专注性、合作和遵从、较少反社会行为、焦虑和烦躁、同伴交往）方面使儿童发展达到“良好”（68% 的置信水平）或“优秀”（95% 的置信水平）等级。该样本提供了可供深入对比分析的大量资料。

我们认为，对所有类型的幼儿园都进行分析是很重要的。所以，这 12 所幼儿园包括：1 个游戏小组，1 个地方举办日托中心，3 个私立日托中心，2 个地方教育部门开办的托儿学校，3 个小学附属的托儿班，2 个早期培优中心（综合中心）。负责挑选这些幼儿园的是 EPPE 项目的一个核心成员，他不参加实地调研，也不参加质性分析。这样，进行个案分析的研究者对各个幼儿园的儿童发展成果毫不知情，他们可以不带任何偏见地进入幼儿园。在进行个案研究的时候，EPPE 的样本儿童已经离开了幼儿园，因此我们的取样标准包括一些特别的项目，以确保幼儿园在研究期间没有发生太大的变化。我们一再确认，最终选出的供我们深入分析的个案幼儿园符合以下条件：

- 自 EPPE 样本儿童入园以来，管理方面没有重大改变；
- 在《学前教育环境等级量表增补版》上的得分与 EPPE 项目较早测得的结果相似或得分更高；
- 没有遭遇困难（比如准备迎接或正在接受教育标准办公室的视导）。

为了确定幼儿园通过哪些教学实践取得了某种特定的学习成果，我们在每所个案幼儿园都采用了多种数据收集方法，包括对视导报告和园所文件等进行文本分析，对儿童和保教人员进行系统的自然观察，访谈保教人员和家长，核心小组讨论，等等（Siraj-Blatchford et al.，2003）。就这样，我们从这12所使儿童有很好（认知和社会行为）发展成果的高效幼儿园收集数据，并通过对数据的分析展示每所幼儿园的独特“故事”。

在个案研究过程中，经过训练并且熟悉幼儿园的研究者在每所幼儿园进行了两周的自然观察，接着进行了一周的目标儿童系统观察。对来自园所文件的数据，通过管理者和家长访谈、对教职员工的广泛自然观察（400小时以上）、对目标儿童的系统观察（观察了254个目标儿童）等进行了三角验证。

个案研究的一些数据是在1999年末到2000年期间搜集的，当时《基础阶段课程指南》还未颁布。2001—2002年期间，学前教育有效教学研究项目获得了追加资助，我们又在实施《基础阶段课程指南》的幼儿园收集了一些信息。

个案研究力求收集具有可比性的数据，并为在幼儿园之间进行比较提供了一种分析框架。个案研究主要对幼儿园的质量特征进行了对比，如它们采用的教学法、提供的课程、文化氛围、组织和管理策略，等等。

和上述管理、氛围等要素一样，我们确定对量化分析所揭示的四种相关模式给以特别关注。对系统观察数据的细致分析表明，以下实践做法应深入考察：

- 成人与儿童的语言沟通；
- 差别对待和形成性评价；
- 制订行为规范和成人支持儿童冲突时说出想法；
- 家园合作伙伴关系和家庭教育环境。

学前教育有效教学研究最初是对事实材料的分析，先进行归纳，然后才进入推演和验证的阶段（Strauss，1987，pp. 11－12；Siraj-Blatchford et al.，2006）。我们不断地将新的数据与我们所发现的相互关系进行对比，一旦某种理论框架显现出来，我们就继续用数据来检验、调整和修正该理论框架。刚显现的理论往往表现为几个类别编码间的简单联系，在确定核心类别之后，我们就可以提出概念间的层级关系和相互联系。如前所述，研究者在进行这些工作的时候，他们并不知道EPPE项目所发现的幼儿园已经取得的发展成果。我们通过对其他数据资源的理论性抽样来证实或反驳已显现的理论模型。为此，已有的观察数据通过对比幼儿园管理者、教师或保育员、家长等的访谈资料进行交叉验证。下面两个具体例子就是按上述步骤产生的两个类别。先显现的是“保持共同思考”（Siraj-Blatchford et al.，2003，2004）；另一个是“教学技巧”，最开始表现为若干个子类别，如“提问”“演示”“讲解”“对话”等。在获得下面的数据后，研究者才将一些“对话”归为“保持共同思考”这个类别，并提出了“儿童发起”和“成人发起”两种子类别。

* * *

情境：孩子们在玩水。

男孩8（4：1）[①]（一直在看水上漂浮的东西）：“看那个冷杉球果。有气泡出来。”

保育员：“它在转圈。”

男孩8（4：1）：“因为它里面有空气。”

保育员（拿起冷杉球果，向“所有孩子”演示：转动冷杉球果时，它外围的鳞片也会旋转起来）：“空气变成气泡从里面跑出来，就让冷杉球果转起来了。”

女孩2E（4：9）（用一根塑料管向水里吹气）：“看这些气泡。”

保育员：“你们把什么放进水里，造出了气泡？……吸管里出来的是什么？”

女孩2E（4：9）：“空气。”

（资料421，NS）

* * *

情境：孩子们一直在学习有关水的内容。

我们让孩子们围绕雨、下水道和其他事物做了很多活动。作为成人，我们可以告诉他们“下水道里没有鳄鱼”，但你却说，“你为什么认为下水道里有鳄鱼？也许有吧”。他们真的会为了找鳄鱼而在公园挖个洞。但事实上，就在挖洞的时候，他们发现了一些陶瓷碎片、珍珠纽扣，还有1901年的硬币。他们还去了一次博物馆。活动还在延伸。所有这些就是因为一个孩子说“我觉得下水道里有鳄鱼”。

---

① “男孩8”表示编号为8的男孩，“4：1”表示4岁1个月。——译者注

（421 访谈资料，第 64 段）

接下来是对 EPPE 项目关于发展成果的多层分析数据以及由《学前教育环境等级量表修订版》和《学前教育环境等级量表增补版》测得的幼儿园质量等级（当时已得到完全的证实）进行理论性的抽样分析。在 EPPE 项目的 141 所幼儿园中，儿童的前阅读和早期数概念发展成果与《学前教育环境等级量表增补版》读写分量表的得分呈现正相关（$r=0.17$，$p<.005$），早期数概念发展成果还与《学前教育环境等级量表修订版》的交往分量表得分相关（$r=0.26$，$p<.005$）。《学前教育环境等级量表修订版》的交往分量表得分与儿童的合作和遵从（$r=0.25$，$p<.005$）以及独立性和专注性（$r=0.19$，$p<.05$）也相关。在此可以就某种教学实践的有效性提出一个假设性的解释。在上述“资料 421”所反映的幼儿园，儿童在“非言语”和“数概念”的测评中取得了“优秀”（95% 的置信区间），语言表现则是“良好”（68% 的置信区间）。

随后的进一步分析揭示了某种关系模式，即儿童的较好认知成果与成人和儿童之间持续的语言沟通存在某种联系，缺少这种沟通的幼儿园则与儿童在此方面的表现不佳有联系。按照同样的过程，我们在再次分析结构性观察资料时，将“保持共同思考”当做了一个分析类别。我们在分析 250 多位目标儿童的观察资料（Sylva，1997）时，很多既定的分析类别被推翻，但它们与“保持共同思考”的定义很吻合，如成人扩展儿童的思维、成人示范或提问等。由此，我们提出，“保持共同思考”是一种有效的教学互动，对成人与儿童互动的质性观察以及对儿童的量化的结构性观察都证实了这一点。我们把它定义为这样一些情况，即两个或两个以上个体“一起致力于”理智地解决问题、澄清概念、评价活动、扩展故事等。随后我们发现，“保持共同思考”是成人与儿童一对一交往时最常见的方式。

与儿童面对面地交流

我们发现，“优秀”的幼儿园很鼓励“保持共同思考”。这个概念被定义为一种情景，即两个或两个以上个体“一起致力于”理智地解决问题、澄清概念、评价活动、扩展故事等。要做到“保持共同思考”，交往双方必须都对思考过程有所贡献，而且必须显示出思维的深化和扩展。研究发现，这种情况的发生不是很频繁。但在“优秀”的幼儿园，教师与儿童之间的这种互动显著多于处于“良好”水平的幼儿园。这种互动一旦发生，它就能扩展儿童的思维。我们对成人—儿童互动的调查显示，“保持共同思考”是优秀幼教实践的必要条件，如果家长在家中也鼓励这种交往，其影响将更加有力。

在“优秀”的个案幼儿园中，还可以清晰地发现教师在扩展由儿童发起的交往过程。事实上，对目标儿童的观察分析表明，在由儿童发起的带有智力挑战性的互动中，将近一半包含有教师为扩展儿童思维而进行的指导。这些资料还显示，成人的示范[①]往往与“保持共同思考”有关，而开放性的问题与更高的认知成就有关。然而，在个案研究所记录的提问中，开放性问题仅占5.1%。随后有一个更大范围的研究对此进行了探讨。在该研究分析的5 808个问题中，只有5.5%是开放性问题。开放式提问鼓励儿童从尝试和错误中思考和学习，可以激发儿童保持共同思考。对七种封闭式提问和四种开放性问题的编码和分析参见另一篇论文（Siraj-Blatchford and Manni，2008）。

在“优秀”幼儿园中，三分之二的活动由儿童发起，同样比例的活动得到了成人的延展。在儿童发起的活动中，有一半得到了成人的延展。保教人员在不主导活动的情况下为儿童提供了认知挑战。学前教育有效教学研究发现，小学预备班的活动与此相反，较大比例的活动由保教人员发起。在所有个案幼儿园中，儿童的大部分时间在分组活动。但观察表明，“保持共同思考”最有可能发生在儿童与成人或者与另一个儿童一对一交往时。儿童自由选择游戏活动往往是成人扩展儿童思维的最好时机。所以，成人需要为儿童自发的游戏活动提供机会，增加由保教人员发起的分组活动，这二者是促进学习的最佳途径。

结果显示，专业水平为五级的保教人员（大多是合格教师）为儿童提供了比较多的学术活动经验（尤其是语言和数学），他们鼓励儿童投入认知难度较高的活动；专业水平达到最高级的保教人员运用直接教学（演示、讲解、提问和示范等）最多，与儿童的互动最有效，“保持共同思考”的情况也最多；专业水平较低的保教人员在与专业水平较高的保教人员一起工作时，他们的教学法有明显好转。

“优秀”幼儿园采用的行为规范要求保教人员在儿童出现冲突时支持他

① 示范是指教师通过他们的语言、动作、技能和态度等为儿童提供模仿学习的榜样。

们讲道理和说想法。换句话，就是采用一种更利于解决问题的方法。在社会行为发展成果最好的三所幼儿园里，所有保教人员都很熟悉这种行为管理规定，并支持这种教学实践方式。观察发现，这方面表现不太好的幼儿园，在儿童出现不良行为或冲突时，很多时候只是分散注意或简单地叫他们住手，却没有跟进展开指导。

学习规划（planning for learning）

对保教人员的观察分析表明，课程分化程度（curriculum differentiation）、形成性评价、选择最具认知挑战的活动的过程等与“保持共同思考”有正相关。表现最好的个案幼儿园很好地保存着各种档案，每周或每月向家长通报儿童的进步情况。但是，关于在活动中为儿童提供形成性反馈的信息则非常少。

个案研究发现，幼儿园为儿童和家庭提供的条件和服务千差万别，例如幼儿园的开放时间和开放方式各不相同，包括每周几次、每次半天到每年48—50周、全日开放。保教人员的工资待遇也有同样的差别。游戏小组的年薪是3 000—7 000英镑，公办幼儿园的年薪是15 000—32 000英镑，私立幼儿园年薪是11 000—24 000英镑。儿童总人数也有差异，游戏小组和托儿班一般是20人左右，托儿学校、公办日托中心和综合中心一般是100—200人。保教人员的数量反映了儿童的人数，也反映了为家庭和其他幼教工作者提供的服务范围，如培训支持。

大多数托儿班和游戏小组规模较小，只有两三位保教人员。大多数私立托儿中心为中等规模，有3—8位或更多的保教人员，托儿学校的保教人员达到12人。比较复杂的综合中心或早期培优中心（见第二章）及地方政府举办的日托中心往往有比较多的保教人员，那是因为有大量儿童入托，同时保教人员要对家长做很多拓展工作，并进行教师培训和宣教工作。例如有一所个案幼儿园，招收了200名儿童，同时也承担早期培优中心的职能，其保教人员共有55名。

EPPE项目在各种类型的幼儿园里都找到了良好至优秀的机构。但是，在游戏小组和地方举办的日托中心里，儿童取得较好成绩的机构要少很多。考虑到保教人员在工资、培训和专业发展等方面的差距，这个发现一点儿也不意外。它们几乎没有可比性。尽管如此，每所个案幼儿园都呈现出文化氛围方面的某种（有时是很多）优质特征。

- 所有的个案幼儿园都以温暖、关爱、安全、支持性的方式对待儿童。所有幼儿园都让儿童以不同的分组形式参与各种活动，包括个人或小组游戏、分组桌面活动、兴趣小组活动、餐点时间和故事时间等。
- 所有个案幼儿园都显得非常友好。这些幼儿园到处体现了儿童的工作。这些幼儿园温暖而友善，一般对儿童很尊重，保教人员看上去很平静，和儿童相处得很好。这些幼儿园都拥有相当好的资源，尽管不完美，但都有充足的室内空间。不过，户外游戏场地有很大差别。

个案研究表明，教育者关于所教课程领域的知识和理解非常重要。我们发现，掌握恰当的“教学内容知识”是教学法的一个重要部分，这在早期教育阶段和后续教育阶段都一样。即使在这些“良好”和“高效”的幼儿园里，也有对课程领域认识和理解不足的情况，尤其是在语音和科学领域的教学中。在“教学内容知识”方面表现较好的教育者对其所教的课程内容有稳固的认识和理解，但最关键的是，最“有效”的教学者还能认识和理解课程内容的哪些部分最重要并且能满足儿童的需要。他们知道哪种教学策略对要教的内容最有效，并且能够在自己的教学中运用这方面的知识。

保教人员管理

数据显示，所有个案幼儿园都领导有方、人员稳定。大多数管理者和保教人员在幼儿园工作三年以上。我们发现，虽然一般而言私立机构的保教人员流动较大（Taggart，2000），但个案研究中的私立托儿中心却有稳定的保教队伍，工作时间在3—9年之间。在其他幼儿园里，保教人员，特别是高级管理层的在园时间更长，10—20年的情况并不少见。

所有管理者都有力地发挥了领导作用，尤其在课程和规划方面。在大多数幼儿园，这种很强的领导力体现为幼儿园的每个员工都认同一种教育理念。优秀幼儿园的管理者非常重视教育，强调成人—儿童互动的重要性，支持保教人员寻求更好的方式引导儿童参与。对个案数据的进一步分析证实，赞同合作和提高儿童学习结果的园所文化可以作为领导学习（Leadership for Learning）的基本要求（Siraj-Blatchford and Manni，2008）。

优秀的幼儿园鼓励所有保教人员参加专业发展活动，但不同幼儿园提供的培训及保教人员可以参加的培训存在巨大差异。近期的发展使地方政府可以为来自所有类型幼儿园的保教人员提供培训，这是积极的发展方向。但是，研究表明，这些培训需要更加针对不同背景保教人员的不同需求。与地方政府人员及个案幼儿园保教人员的讨论发现，这些受训者的背景差别很大。有合格教师的地方往往比较重视教育，这些教师在课程规划方面发挥领导作用，并为专业水平较低的保教人员提供教学方面的示范（见 Siraj-Blatchford et al.，2007）。

家长工作

个案研究表明，如果幼儿园与家长形成了共同的教育目标，而且家长尝试在家给孩子一些教学支持，那么，即使在幼儿园不经常出现良好教学法的情况下，有效学习也会发生。优秀幼儿园让保教人员和家长共享儿童方面的信息，请家长参与制订与其子女有关的学习规划。这一层面的沟通在私立日托中心尤为重要。尽管这种做法对为社会经济地位较高家庭提供服务的幼儿园特别有利，但在处境不利地区，如能将园内的良好教学实践与对家庭学习环境的支持结合，其潜在的益处也会清晰地显现。

在处境不利地区，为了促进儿童的学习，幼儿园保教人员必须积极主动地对家庭教育环境施加影响并提供支持。有证据表明，来自处境不利地区的优秀幼儿园认识到了鼓励家长参与教育过程的重要性，并在此方面付出很多努力。他们努力让家长了解他们的课程、教学策略、教育目标，为家长提供建议，告诉他们如何通过家庭学习环境实现这些目标，并解释这对孩子的发展会有怎样的影响。

小结

总之，在早期教育中，有效的教学方法既包括与传统意义上的“教”有关的互动方式，也包括提供引导性的学习环境和作息安排。优秀的个案幼儿园既有保教人员发起的分组活动，也有在保教人员引导下的自由选择的游戏活动。儿童的认知发展成果似乎与保教人员（成人）计划和发起的核心小组学习活动的数量和质量有直接相关。这些研究结果支持了《基础阶段课程指南》提出的一般要求，其中，关于“保持共同思考”的讨论为形成《早期奠基方案》提供了依据。认识到认知发展与社会性发展相辅相成的幼儿园给儿童带来了最佳发展成果。合格教师最经常运用“保持共同思考”的互动方式，与儿童的交往最有效；专业水平较差的保教人员在合格教师的帮助下可以成为更好的教学者。

结果显示，能给儿童带来良好发展成果的幼儿园具有以下特点：

- 认识到儿童的认知发展和社会性发展相辅相成，不偏重其中某个方面；
- 领导有方、人员稳定（三年以上，即使在人员流动一般比较大的私立机构，这也是好幼儿园的一个特点）；
- 高度重视教育，训练有素的教师与专业水平较弱的保教人员一起工作，前者为后者提供支持；
- 成人发起的分组活动与儿童自由选择的游戏结合；
- 通过成人与儿童之间“保持共同思考”的互动以及开放式提问扩展儿童的思维；
- 保教人员有丰富的课程知识，并对幼儿是如何学习的有所认识和理解；
- 家长参与度高，特别是与家长形成共同的教育目标；
- 在活动中为儿童提供形成性反馈，定期向家长报告并与家长讨论孩子的进步情况；
- 制定行为规范，要求保教人员帮助儿童在发生冲突时讲道理、说感受；
- 根据特定儿童个体或群体（如双语的、有特殊教育需要的、女孩/男孩等）的需要提供相应的学习机会。

结论

正如一些研究指出的（Oberhuemer，2004），德国目前特别关注一个现象，即在 PISA 项目技能和能力测验上得分最低的学生中，有相当比例来自社会弱势群体和移民家庭。英国之所以提出《早期奠基方案》，也是为了解决同样的问题——通过这个早期教育行动，再加上其他层次的学校教育行动，提升最弱势群体的发展成果。EPPE 3—11 岁研究的结果（见第七章的概述）表明，有效的学前教育实践对弱势儿童 11 岁时的成就有特别显著的影响。还值得一提的是，早期家庭学习环境的质量对儿童 11 岁时的学习成绩也有很大影响。本章开篇提及的跨文化比较结果可能对读者产生一些误导，特别是在忽略其他一些重要因素的情况下，这种误导更明显。这些因素中最重要的一点是，在北欧国家的传统中，家庭要在儿童入学前在家里为儿童提供许多教育支持。

要理解“保持共同思考”这种教学法在早期教育中的重要性。我们需要认识到，它是作为一种分析的节点或一个“凝练”的符号在我们的质性研究过程中出现的。之所以这样给它命名，是因为观察者和被访谈者都提到了“共同思考”，并提到了这种互动特有的持续性。在这里，最重要的、最有新意的是“保持共同思考”的事实依据，而不是“保持共同思考”这个概念。其他研究者在对其他一些教育机构或情境进行研究时，采用类似的术语详细描述了本质上相同的教学实践过程。其中，最有力的理论论述来自维果茨基（1978），他描述了教育者指导儿童在其最近发展区内学习的过程。这种互动过程被称为“有指导的参与”（Rogoff et al.，1993）和“支架式指导”（Wood，Bruner and Ross，1976）。“参与”和“互动”也是“对话式教学”的特征（Wells，1999；Mercer and Littleton，2007；Alexander，2008）。

我们的发现已经发挥了极大的影响作用（Siraj-Blatchford et al.，2008）。英格兰《早期奠基方案》推动的一种教学法，就是通过成人或儿童发起的“保持共同思考”的游戏过程，对课程进行协商和共同建构。其实，只要双方能在“自然流动”的过程中为确定思考焦点和方向发挥同等作用（即共同建构“课程”），那么“保持共同思考”由谁发起似乎就没多大关系。从某种意义上说，儿童和成人是在随着物质或符号材料的不同轮流“发起”交往，每一个游戏化的学习片段都像独一无二的即兴创作那样得到扩展。在儿童发展了才能并愿意与同龄人玩耍时，《早期奠基方案》鼓励学前教育工作者不断为儿童提供丰富多样的资源和经验，使他们利用这些资源和经验开展合作游戏，并能对自己的学习和发展有更多的了解。最终，儿童会乐此不疲地自主学习，只在规定的时间玩耍；他们会积极参与学科性的创造活动以及多种形式的规则游戏（Siraj-Blatchford，2009）。

幼儿园对幼儿的语言发展和同伴交往有特别大的影响（第六章），这是本研究的一项重要发现。在拥有较多高水平保教人员（如合格教师）的优质幼儿园中，儿童在发展成果方面获得的益处比较大。我们使用混合研究设计（Siraj-Blatchford, et al., 2006），通过丰富的定性及其他个案数据证明了上述关系，描绘了“保持共同思考”促进儿童学习和发展的具体过程。

《早期奠基方案》的实践指导部分有很多宝贵的具体材料说明这种做法如何在实践中发挥作用，但这些行动能否成功，最终取决于学前教育工作者入职培训和继续培训的质量。他们需要对教学法原则形成深刻的理解，以便在广泛的合作性的教学情境中有效地运用这些教学法原则。

参考文献

Alexander, R. J. (2008) *Towards Dialogic Teaching: Rethinking Classroom Talk*, York: Dialogos.

Bennett, J. (2004) Curriculum issues in national policy making. Keynote address to the ECCERA Conference, Malta, September 2, 2004, Paris: Organization for Economic Cooperation and Development.

Bennett, J. (2006) 'Schoolifying' early childhood education and care: accompanying pre-school intoeducation. Public lecture given at the Institute of Education, University of London, 10 May.

Bennett, J. and Tayler, C. (2006) *Starting Strong Ⅱ: Early Childhood Education and Care*, OECD. Accessed 17. 05. 09: http://oberon. sourceoecd. org/v1 = 2049431/cl = 33/nw = l/rpsv/ ~6682/v2006n9/sl/pll

Brostrom, S. (2006) Care and education: towards a new paradigm in early childhood education, *Child Youth Care Forum*, 35, 391 – 409.

Fröbel, F. (1826) *On the Education of Man (Die Menschenerziehung)*, Leipzig: Wienbrach.

Gage, N. (1985) Hard *Gains in the Soft Science: The Case of Pedagogy*, Phi Delta Kappa CEDR Monograph, Bloomington, IN, Indiana.

Mercer, N. and Littleton, K. (2007) *Dialogue and the Development of Children's Thinking: A Sociocultural Approach*, London: Routledge.

Montessori, M. (1909) *The Method of Scientific Pedagogy as Applied to Infant Education in The Children's Houses*, New York: Schocken Books.

Myrdal, A. (1945) *Nation and Family A Swedish Experiment in Democratic Family and Population Policy*, London: Kegan Paul, Trench and Truber.

New Zealand Ministry of Education (1996) *Te Whāriki: Te Whariki Matauranga monga Mokopuna of Aotearoa—Early Childhood Curriculum*, Wellington: Learning Media.

Oberhuemer, P. (2004) Controversies, chances and challenges: reflections on the quality debate in Germany, *Early Years*, 24(1), 9 – 21.

Owen, R. (1824) *An Outline of the System of Education at New Lanark*, Glasgow: Wardlaw & Cunninghame.

QCA/DfEE (2000) *Curriculum Guidance for the Foundation Stage*, London: QCA/DfEE.

Rogoff, B., Mistry, J., Göncü, A., Mosier, C., Chavajay, S. and Heath, B. (1993) Guided participation in cultural activity by toddlers and caregivers, *Monographs of the Society for Research in Child Development*, 58(8).

Sammons, P., Sylva, K., Melhuish, E., Siraj-Blatchford, I., Taggart, B. and Elliot, K. (2002) *The Effective Provision of Pre-school Education (EPPE) Project: Technical Paper 8a—Measuring the Impact of Pre-school on Children's Cognitive Progress*, Institute of Education, London: Institute of Education, University of London.

Sammons, P., Sylva, K., Melhuish, E., Siraj-Blatchford, I., Taggart, B., and Elliot, K. (2003) *The Effective Provision of Pre-school Education (EPPE) Project: Technical Paper 8b—Measuring the Impact of Pre-school on Children's Social/behavioural Development*, London: Institute of Education, University of London.

Sammons, P., Elliot, K., Sylva, K., Melhuish, E., Siraj-Blatchford, I., Taggart, B. and Smees, R. (2004) The impact of pre-school on young children's cognitive attainments at entry to reception, *British Educational Research Journal*, 30(5), 691 – 712.

Siraj-Blatchford, I. (2009) Conceptualising progression in the pedagogy of play and sustained shared thinking in early childhood education: a Vygotskian perspective, *Educational and Child Psychology*, 26(2), 77 – 89.

Siraj-Blatchford, I. and Siraj-Blatchford, J. (2001) Content analysis of pedagogy in the QCA/DfEE guidance, *Early Education Journal*, September issue.

Siraj-Blatchford, I. and Sylva, K. (2004) Researching pedagogy in English pre-schools, *British Educational Research Journal*, 30(5), 713 – 730.

Siraj-Blatchford, I. and Manni, L. (2008) *Effective Leadership in the Early Years Sector*, London: Institute of Education (Bookshop), University of London (Issues in practice series).

Siraj-Blatchford, I., Clarke, K. and Needham, M. (eds) (2007) *The Team Around the Child: Multi-agency Working in the Early Years*, Stoke-on Trent: Trentham Books.

Siraj-Blatchford, I., Sylva, K., Muttock. S., Gilden, R. and Bell, D. (2002) *Researching Effective Pedagogy in the Early Years*, DfES Research Report 365, London: HMSO, Queen's Printer.

Siraj-Blatchford, I., Sammons, P., Sylva, K., Melhuish, E. and Taggart, B. (2006) Educational research and evidence based policy: the mixed nethod approach of the EPPE project, *Evaluation and Research in Education*, 19(2), 63 - 82.

Siraj-Blatchford, I., Taggart, B., Sylva, K., Sammons, P. and Melhuish, E. C. (2008) Towards the transformation of practice in early childhood education: the effective provision of pre-school education (EPPE) project, *Cambridge Journal of Education*, 38(1), 23 - 36.

Siraj-Blatchford, I., Sylva, K., Taggart, B., Sammons, P., Melhuish, E. C. and Elliot, K. (2003), *The Effective Provision of Pre-school Education (EPPE) Project: Technical Paper 10—Intensive Case Studies of Practice across the Foundation Stage*, London: DfFS/Institute of Education, University of London.

Socialministeriet (2004) *Lov om œndring af lov om social service. Padagogiske læreplaner for børn i dagtilbud til børn* (Act on Educational Curricula), København: Socialministeriet.

Strauss, A. (1987) *Qualitative Analysis for Social Scientists*, Cambridge, Cambridge University Press.

Sylva, K. (1997) The target child observation, in K. Sylva and J. Stevenson, *Assessing Children's Social Competence*, Slough: NFER Nelson.

Sylva, K., Melhuish, E., Sammons, P., Siraj-Blatchford, I. and Taggart, B. (1999) *The Effective Provision of Pre-school Education (EPPE) Project: Technical Paper 1—An Introduction to the EPPE Project*, London: Institute of Education, University of London.

Sylva, K., Siraj-Blatchford, I., Taggart, B., Sammons, P., Melhuish, E., Elliot, K. and Totsika, V. (2006) Capturing quality in early childhood through environmental rating scales, *Early Childhood Research Quarterly*, *21(1)*, 76 - 92.

Taggart, B., Sylva, K., Siraj-Blatchford, I., Melhuish, E., Sammons, P. and Walker-Hall, J. (2000) *The Effective Provision of Pre-school Education (EPPE) Project: Technical Paper 5—Characteristics of the Centres in the EPPE Study: Interviews*, London: Institute of Education, University of London.

Vygotsky, L. (1978) *Mind and Society: The Development of Higher Mental Process*, Cambridge, MA, Harvard University Press.

Wells, G. (1999) *Dialogic Inquiry: Towards a Sociocultural Practice and Theory of Education*, Cambridge: Cambridge University Press.

Wood, D., Bruner, J. and Ross, G. (1976) The role of tutoring in problem solving, *Journal of Child Psychology and Psychiatry*, 17(2), 89 - 100.

第九章

弱势儿童：识别“高危”儿童

布伦达·塔加特

本章将识别和分析 EPPE 项目中的那些被归为“高危”或“弱势”[①] 儿童的特征，并探讨幼儿园可以通过何种途径帮助这些儿童，以改变他们所处的弱势地位，并减少这种弱势地位对他们的影响，促进他们的发展。

本章关注那些因接受不良教育或社会行为不良而被看做是“高危”的儿童。我们将在研究中讨论界定“高危”和“弱势”儿童的方式，分析我们将其划定在我们定义的“高危”范畴的儿童的一些特征，也讨论这些特征如何影响“弱势”这一概念的界定。我们还将在研究的基础上，检验我们可以在多大程度上预测某些儿童在第一学段期间会被鉴别出有特殊教育需要。这一点很重要，因为它有助于我们及早发现他们的需要，并在学前期就给那些最弱势的儿童和那些最有可能出现成绩不良的儿童提供支持。

除了分析儿童“弱势”地位和“高危”处境的特点、后果等之外，我们还关注另外一个重要问题，即像幼儿园这样的教育机构对改善处境不利有多大的作用。我们已经讨论了幼儿园教育经历对儿童上小学时能有一个更好的教育开端产生的积极影响（第六章），也已经证明这些影响一直可以持续到第二学段（第七章）。这里我们要研究幼儿园到底如何对“弱势”和“高危”儿童产生特别的作用。

社会融合和社会平等问题一直是 EPPE 项目全程关注的重要主题。在前

---

① “高危”儿童是指那些易于出现某种问题的儿童，这些问题可能影响他们将来的幸福和成功。这些问题既可能是情感的，也可能是认知的，还可能是身体的，通常发生于那些曾经受到某种伤害的儿童身上。“弱势”儿童一般指某一社会生活结构中因社会、家庭或个人的原因而处于弱势地位的儿童，弱势儿童也被称为困境儿童，主要包括贫困儿童、残疾儿童、孤儿或弃儿、流动/留守儿童、被拐卖儿童和遭受暴力的儿童等。——译者注

面几章里，我们已经描述了参与研究的儿童及其父母的背景，也描述了他们早期在家学习的不同经历、不同的幼儿园教育质量和对儿童产生不同效果的小学教育。研究结果还表明，积极且具有挑战性的早期经验对“塑造”儿童以后的学业成绩和学习进步具有促进作用。第六章和第七章还详细阐述了这些综合性的早期经验产生的中期和长期效果，分析了这些早期经验对所有儿童——特别是对那些处境较不利的儿童——的成长是何等的重要。对于那些正在寻求缩小公正“差距”、促进社会融合的人或组织来说，这是非常重要的信息。对促进社会融合的关注，促使研究团队考虑谁很可能被确定为教育不利（educational disadvantage）儿童，考虑他们身上会发生什么事情。

教育不利：两个视角

这一章从两个不同的分析视角汇报有关教育不利的研究成果。

首先，通过集中分析那些在年龄很小时就在一般认知和社会行为方面明显比同龄儿童表现差的儿童，来研究教育不利问题。这些儿童被界定为“特殊教育需要高危”儿童。随后，该项目探讨是哪些因素导致这些儿童更加弱势，使他们的学业成绩更差、社会行为表现更差，分析哪类教育机构具有预防作用，可以使他们在学前期就能获得更好的发展，从而使他们将来有可能获得更多的机会，逐渐摆脱原来的“高危”处境。

其次，研究加重或阻止教育不利因素的另外一种方法是，分析哪些儿童在不同时间点（5 岁和 10 岁）的发展水平低于或高于基于他们背景因素的预期表现。这种方法使我们能够将增加获得超出预期成绩机会的因素和预测不良后果的因素（被看做是“弱势地位”的指标）进行比较。

本章讨论这两个研究（EPPE 项目的两个子项目研究）的一些主要发现，重点讨论哪些因素能够解释因背景不同导致的儿童成绩和发展水平之间的差异，分析有哪些办法能够帮助消除这些差异。

“特殊教育需要高危”儿童：背景

《沃诺克报告》（*The Warnock Report*，1978）第一个对需要得到教育系统额外支持的儿童开展了大规模的调查。这是一个具有里程碑意义的全面调查研究。有很多（尽管不是全部）以此为依据提出的建议，已经成为 1981

年教育法案的部分内容——该法案的主要内容涉及轻度和重度学习困难儿童的平等地位、权利以及获取特殊服务的方便程度。研究的一个重要发现——也可能是《沃诺克报告》中被引用次数最多的发现——有20%的儿童在学校学习的某个阶段可能出现学习障碍。这一发现对特殊教育需要内涵的认识更加宽泛，而不仅是限于那些最需要特殊教育的儿童。这一发现还倡导这样一个原则：无论在哪里，只要有可能，主流学校而不是其他机构（特殊学校或特殊机构）应当满足儿童的特殊需要，也应当承认父母有权在评估儿童的需要时参与决策。

这个研究结果推动了英国第一个国家政策文件《特殊教育需要鉴定和评估实务手册》（*The Special Educational Needs Code of Practice on the Identification and Assessment of Special Educational Needs*，DfE，1994）的制定。该文件向地方当局、学校和家长阐明了确保（有特殊教育需要）儿童享有（平等教育）权利、获得额外帮助的支持体系。这个体系实际运行后遇到了一些挑战。将有特殊教育需要的学生融入主流学校教育，进行全纳教育，对学校和教师双方提出了额外的要求，增加了他们的负担。

2001年，在评估特殊教育需要支持体系运行效果的基础上，英国又制定了新的法定指导手册，即《全纳学校教育：有特殊教育需要的学生》（*Inclusive Schooling：Children with Special Educational Needs*）和修订后的实务手册（DfES，2001）。与前一个实务手册不同，这个新体系更强调早期识别，还特别提到了早期教育机构的职责（见实务手册1.23—1.29）。同时（EPPE项目开展四年后）英国教育与技术部，然后是儿童、学校与家庭部，委托EPPE研究团队专门研究“特殊教育需要高危”幼儿。研究的核心内容是利用多方面的信息，分析有多大的可能性在学前阶段根据儿童的认知或社会行为发展水平鉴别出有特殊教育需要的儿童，分析儿童的特殊需要与他们自身、父母和家庭特征之间的关联程度。研究还探讨了英国政府为支持特殊教育需要儿童制定的政策、不同类型学前教育机构为特殊需要儿童提供的服务的变化。下面将讨论这个子项目研究的部分成果。

幼小衔接与特殊教育需要研究

EPPE项目有关这个方面的详细研究结果可以在技术论文、英国教育与技术部的研究报告和研究简报中看到（见附录3）。

以上内容是幼小衔接与特殊教育需要研究实施的历史背景。下面是该研究的具体目标：

(1) 研究幼儿园对那些被看做“弱势”或“特殊教育需要高危”的儿童在学前阶段后以及从幼儿园过渡到小学乃至小学一年级结束时学业进步和发展水平的作用；

(2) 发现被称为“高危”的儿童在不同的认知或社会行为发展水平测试中表现出来的个人特征；

(3) 分析“高危”儿童群体在不同类型幼儿园的分布状况；

(4) 分析各种“高危”儿童群体在学前教育阶段以及进入第一学段后在认知和社会行为方面的发展和变化模式，包括“高危”儿童群体在小学时有多少被鉴定为有特殊教育需要；

(5) 通过访谈幼儿园园长，分析与特殊教育需要鉴定有关的幼儿园教育政策和实践；

(6) 分析幼儿园的质量特征与不同“高危”儿童后期的发展进步之间的关系；

(7) 研究父母对他们的孩子是否需要特殊教育的看法，研究他们对满足孩子特殊需要方面的服务的看法和经验。

“特殊教育需要高危”儿童

幼小衔接与特殊教育需要研究最初面临的一个挑战是，如何从特别愿意参与本项研究的 EPPE 样本中鉴别出“特殊教育需要高危”儿童。实践证明，由于业界对年龄特别小的儿童的特殊教育需要的界定、判断标准和鉴定方法等方面存在争议，所以这项工作比预期的要复杂得多。该项目已经认识到，这样的需要可以看做是一种社会观念，某些方面的需要可能只能在发展过程中的某些特定的时间点才能看到。父母、学前教育工作者和教师对儿童特殊需要的理解可能是不同的（Hay et al.，1999；Heiser et al.，2000）。在某些时间点，某些特定的儿童会被鉴定为令人担忧或被视为表现出特别的需要，但在其他时间点上却不是。同样，不同的父母对特殊教育需要的理解或感知会出现差异，他们的经历和所受的教育也会影响他们的判断。

由于幼儿的发展进程不尽相同，所以，有关需要的表现形式可能会与预期的一样，在3—6岁之间发生变化——这个时间段正在幼小衔接与特殊教育需要研究范围（有关幼儿特殊教育需要的鉴别，参见 Scott and Carran，1989；Roffey，1999）。幼儿的表现随着时间的推移发生变化，并不能直接归因于学前教育或其他的干预措施，除非进行随机对照实验，但这样的实验并不总是切合实际的，从伦理上考虑也不是最理想的。相对于实验研究而言，幼小衔接与特殊教育需要的研究结果能够更加真实地展示学前教育实践的全貌，也能够展现幼儿认知和社会行为发展中的个体差异。因此，这项研究为了解“特殊教育需要高危”程度和在不同年龄、不同群体中的发生率提供了有价值的视角，还提供证据帮助人们理解什么样的学前教育有助于预防出现特殊教育需要，不同类型的幼儿园对“特殊教育需要高危”儿童产生了什么影响。

这里需要指出的是，EPPE 样本中的儿童来自常规的幼儿园，而不是来自专门接受多重医学失能（medical disabilities）和永久性医学失能幼儿的幼儿园，后者可能更需要得到医院或专科诊所的支持。

按照已有的正式报告或文献对特殊教育需要的界定标准，3岁儿童很少有真正的特殊教育需要，所以这个研究没有选择特殊教育需要相对狭窄的定义，而是聚焦于那些根据3岁时的表现被鉴定为“特殊教育需要高危”的儿童，即在《英国能力量表》的基线调查“一般认知能力”测试中得分比全国平均水平低一个标准差（85分及以下的分数）的儿童。我们使用英国国家年龄标准量表对 EPPE 样本中的儿童与全国儿童进行比较。EPPE 样本儿童的一般认知能力得分均值是91.6（标准差=14.0），显著低于全国平均水平的100.0（标准差=15.0）。这反映了 EPPE 研究的取样策略：试图获取在统计上具有可行性的样本规模，即包括不同的学生群体，如来自少数族群、低社会经济地位等群体，特别关注来自不同的行政区域（农村、城市、多民族杂居的地区和郡等）。总体而言，EPPE 研究样本中大约有三分之一的3岁以上儿童（33%）比英国全国平均水平低一个标准差，这大约是国家预期比例的两倍。

表 9-1　全国样本和 EPPE 样本中 3 岁以上儿童《英国能力量表》的均值和标准差

	全国样本平均值和标准差	EPPE 样本平均值和标准差
一般认知能力	100.0（sd=15.0）	91.6（sd=14.0）
特定非言语综合能力	100.0（sd=15.0）	93.6（sd=13.0）

除了与全国样本进行比较外，我们还在 EPPE 样本内使用平均值和标准差进行比较，结果发现，大约 16% 的学生的一般认知能力低于平均水平的一个标准差（78 分及以下的分数）。这样，就可以给那些认知发展水平非常低的儿童、可能在上学后被鉴定特殊教育需要的儿童作出更加缜密的界定。我们要研究的就是那些需要特殊教育特别“高危”的儿童。

经过年龄校正之后再鉴定“高危”儿童是极为重要的，因为在这个阶段，年龄对儿童发展的影响经常不易察觉。①

哪些因素导致儿童面临认知方面特殊教育需要的“高危”处境

我们已经讨论了儿童自身和父母特征的重要性，两者都对儿童认知和社会行为的发展产生影响（见第四章）。在这一章，我们要分析这些特征是如何帮助我们在儿童年龄很小时就鉴别出那些最“高危”的儿童。

一旦确定哪些儿童在 3 岁及以上时就为“高危”儿童，我们就开始着手分析这些儿童的背景特征以及各种背景特征与他们《英国能力量表》测试成绩之间的关系。我们在数据模型中对儿童及其父母、家庭环境等方面的背景特征单独和共同对“高危”可能性产生的影响进行分析。分析发现，这些变量具有有效的预测作用。我们将“高危”组儿童和整个 EPPE 样本的各个特征变量依次进行比较，也比较多重不利因素的影响（这部分内容将在稍后讨论）。在表 9-2 中列出的是对处在认知“高危”处境非常重要的一些特征，所有的相关分析过程全文见幼小衔接与特殊教育需要技术报告

---

① 这里需要指出的是，由于有语言困难，有 45 名小学生没有参加言语分量表的测试，但他们参加了两个非言语量表的测试。“特定非言语综合能力”（Special Non-verbal Composite，SNC）就是这两个非言语量表测试的结果。研究中的这一特殊问题在第一篇 EYTSEN 技术论文中进行了详细的阐述（Sammons et al.，2002b）。

（见附录3）。因为分析结果显示，这些因素能增加认知水平非常低的幼儿的“高危”程度，所以这些因素帮助我们确定，哪些幼儿因特殊的个人和家庭特征的影响而处境更加不利。表9－2列出了我们在分析中发现的所有因素。下面我们就来分析为什么这些因素很重要。

表9－2 与认知“高危”处境有关的儿童、父母和家庭的特征

儿童变量	父母变量	家庭环境变量
性别	母亲最高学历	父母对家庭学习环境的重视程度（总体）
族裔	母亲就业状况	父母为孩子讲故事的频率
母语	母亲年龄	父母带孩子去图书馆的频率
入园年龄	父亲职业的社会阶层	儿童玩字母或数字的频率
兄弟姐妹数量	父亲就业状况	父母对教字母的重视程度
早熟	家庭平均社会经济地位	父母对教歌曲、诗歌、童谣的重视程度
	婚姻状况	儿童画画的频率
		儿童与小朋友在其他地方（家庭以外）一起游戏的频率

儿童的个人特性

性别

研究发现，性别是一个与从入学到中学毕业整个阶段的学习成绩关系密切的影响因素。在英格兰，男生获得A水平的人数在多数阶段明显少于女生。在控制其他因素影响的基础上，对学生成绩和进步程度的更复杂的多层分析发现了有关性别效应大小变化的细节（如 Mortimore et al.，1988；Sammons，1995；Sammons and Smees，1998；Tymms，1999；Strand，1999 等）。总之，在儿童刚入园时，被界定为认知发展“高危”的男孩的比例明显高于女孩，但是，值得一提的是，事实上大多数男孩并不存在“高危”倾向。

族裔

EPPE 样本中，不到四分之三的父母声称他们的孩子是英国白人的后裔。所有非英国白人族裔的儿童，与英国白人儿童相比，被认定为认知“高危”

的比例更高。这很可能说明了两个问题：一是《英国能力量表》的两个分量表都包含了言语方面的内容（对那些母语不是英语的儿童来说存在一定的困难）；二是社会经济处于弱势地位对这些家庭产生不利影响的几率更高。萨蒙兹等人（Sammons et al.，1999）详细研究了这个问题，结果发现，当考虑到其他因素——特别是考虑社会经济地位和父母教育水平——的影响后，族裔导致的认知发展水平差异在入园时就会减小。我们在 EPPE 样本中（也）发现，不同族裔儿童在较少依赖言语参与的非言语量表测试中表现出来的差异没有达到统计意义上的显著水平。如下所述，语言因素比族裔因素影响更大。

母语

从比例上看，在刚入园进行认知发展水平测试时，母语不是英语的儿童被归为“高危”组的更多，他们也更容易被列为有非言语“高危”倾向。值得注意的是，从整体上看，母语不是英语的儿童组初入园的时间明显晚于母语是英语的儿童组。研究已经发现，初入园时间与认知发展密切相关。这样的儿童也更容易受到社会经济不利因素的影响。

进入目标幼儿园的年龄

运用基于组内标准分的归类方法，认知“极高危”儿童进入目标幼儿园的年龄明显大于不是“高危”的儿童，但按照英国对认知“高危”的界定①，他们之间的入园年龄没有显著差异。这表明，入园时间晚可能会对认知发展产生负面作用，这可能是因为他们与更多儿童和成人接触的机会少，而与人交往对促进语言发展能起到特别的帮助作用。

家庭规模

在每类认知“高危”儿童中，来自规模较大家庭（在 EPPE 样本中为家里有三个以上的兄弟姐妹，即有四个及以上的孩子）的比例很高。由于

① 本研究也探索了儿童在参与 EPPE 研究前的在园时间长度与其认知发展水平之间的关系。在控制了测试时的年龄后，发现初入园年龄与《英国能力量表》测试得分之间存在部分相关。结果表明，入园较晚儿童的认知测试得分显著较低（-0.13，$p<.001$）。

家庭规模大（有四个以上的孩子）与诸如社会地位等其他因素[①]相关程度很大，所以这种关系很复杂。

早产和低出生体重

出生时体重低于 2 500 克就被界定为低出生体重（Scott and Carran，1989）。在我们研究样本的所有低出生体重的儿童中，有 73% 的儿童其父母声称这些孩子早产。入园时（3 岁及以上）表现为认知“高危”的儿童组中，早产儿童的比例都非常高。被界定为认知“高危”的儿童其出生体重明显比不是“高危”的儿童低。越来越多的研究证据表明，低出生体重儿童未来的学业成绩更差（Richards，2001；Sorenson et al.，1997；Martyn et al.，1996；Breslau，1995）。斯科特和卡伦（Scott and Carran，1998）也提到，正常出生体重以下的儿童更有可能需要特殊教育服务。低出生体重与母亲的年龄、教育水平和所处的社会阶层有关。

父母特点

母亲的最高学历

有明显证据表明，在 EPPE 研究样本中，母亲的教育水平和幼儿的认知发展水平密切相关（见 Sammons et al.，1999；Melhuish et al.，2001）。调查结果显示，在每个认知“高危”儿童组里，母亲没有受过教育的比例相当大（那些认知“极高危”儿童的母亲有三分之一以上没有受过教育）。

母亲的就业状况

从研究样本的整体来看，母亲失业的“高危”儿童所占的比例较大，母亲有工作（无论是全职工作还是半职工作）的“高危”儿童所占的比例较小。

---

① 来自大家庭的儿童的母亲未受过教育的可能性更大（33.4%，而独生子女的母亲该比例为 15.7%，家有 2—3 个孩子的母亲该比例为 15.3%），父亲失业的可能性更大（24.4%，而独生子女父亲该比例为 7.8%，家有 2—3 个孩子的父亲该比例为 10%），父亲从事无需技术的手工劳动的可能性也更大（4.8%，而独生子女父亲该比例为 1.2%，家有 2—3 个孩子的父亲该比例为 1.2%）。

父亲工作的社会阶层

很多已有研究的结果都表明，父母的社会阶层或职业地位与学生在学校的学业成绩有关（见 Mortimore and Blackstone，1982；Essen and Wedge，1982）。根据对研究样本中的学前儿童的分析，可以看出父亲的社会地位和幼儿的低认知发展水平有关。在认知“高危”儿童组中，父亲职业地位更高的儿童所占的比例较小，而父亲从事半技术性工作或纯体力劳动的儿童比例较高。当然，还有一点值得注意，相当比例的“高危”儿童有父亲缺席（father absent）[①] 的现象。

父亲的职业地位

认知“高危”儿童的父亲很少有全职的工作（例如认知“极高危”儿童中只有 37.4% 的父亲有全职工作，而整体 EPPE 样本中这个比例为 52.1%），父亲没有工作的情况虽然是少数，但比例也高于其他儿童。

母亲的婚姻状况

在认知“高危”儿童组，单亲家庭的比例有点偏高。需要注意的是，单亲状态这一因素与母亲学历低有关，也和社会经济地位有关。我们的其他研究结果已经表明，在社会经济地位和母亲教育水平等因素的影响被考虑进去后，生活在单亲家庭本身对儿童认知发展水平不会产生明显的额外影响（Sammons et al.，2002a）。

家庭学习环境

前面几章已经讨论了家庭学习环境质量的重要性。我们在分析后发现，即使控制了父母社会经济地位和母亲教育水平的影响，家庭学习环境的多个变量（父母参与能促进孩子学习的活动，如读书给孩子听、去图书馆、教孩子唱歌和说儿歌等）和儿童初入园时的认知发展水平都有显著的净效应

---

① “父亲缺席”指的是在儿童早期某段时间或所有时间生活在没有父亲的环境之中，主要原因是父母离婚或根本就没有在一起生活过。但是，父亲去世、父子或父女关系非常紧张等不属于父亲缺席的范畴。——译者注

(Sammons et al. , 1999)。在学前期，比起家庭社会经济地位、母亲的最高学历，家庭学习环境与儿童的认知发展水平关系更大（Melhuish et al. , 2001)。

被鉴定为认知“高危”幼儿的家庭学习环境得分比整体样本的平均得分明显要低。以初入园时的认知发展水平为标准，家庭学习环境得分最低组（得分为0—13）的幼儿比得分较高的幼儿被鉴定为“高危”儿童的几率要大得多。

哪些因素导致儿童面临社会行为特殊教育需要的“高危”处境

有关EPPE项目儿童的社会行为发展信息是采用《社会适应行为评估表》在儿童初入园时收集到的（见第三章)。这个量表是专门用来测量学前儿童的社会行为技能的，由30项内容组成，需要由熟悉幼儿的幼教工作者完成评估工作（详见Melhuish et al. , 2001)。前面对这30个项目的分析已经明确了五个方面的内容（与社会行为有关的因素)：①合作和遵从；②同伴交往；③独立性和专心程度；④反社会行为；⑤焦虑或忧郁。

经过分析，其中的三个方面很可能与未来出现社会行为困难的“高危”状况有关（最后减少到两个)，同伴交往、反社会行为、焦虑或忧郁这三个因素被用来给“高危”儿童划分等级。由于同伴交往能力是儿童社会性发展的一项重要内容，特别是对年龄非常小的幼儿来说更是如此，所以我们专门对同伴交往能力进行分析。同伴交往格外重要，是因为它能帮助儿童从某一特定发展阶段出现的自我中心思维方式，向另外一种包含多种社会适应因素（如分享、同情等）的思维方式转变。研究发现，反社会行为和焦虑或忧郁之间关系特别密切，因此在统计时我们将两者的得分结合起来形成一个新的平均分。

由于社会行为方面的表现与年龄一般都关系不大，所以，我们认为没有必要根据儿童的年龄变化，改变社会行为“高危”的界定标准。

以得分低于全体样本平均得分一个标准差为界，20%的儿童（564名）被界定为反社会行为、焦虑或忧郁“高危”儿童，18%的儿童（502名）并界定为同伴交往“高危”儿童（见表9－3)。在这两类儿童之间有部分重叠，在反社会行为、焦虑或忧郁“高危”儿童里，有五分之一（20.4%)

可能有同伴交往“高危”倾向。这些仅仅是所有样本中的一小部分（102名儿童，只占3.4%）。

总的来说，三分之二的儿童（1 877人，占66.1%）没有任何一种可能会出现社会行为困难的倾向。

表9－3　各社会行为“高危”组重叠现象

	非“高危”组 无反社会行为、焦虑或忧郁		“高危”组 反社会行为、焦虑或忧郁	
	n	%	n	%
无同伴交往“高危”倾向	1 877	66.1	398	14.0
有同伴交往“高危”倾向	462	16.3	102	3.4

研究结果表明，儿童自身、父母和家庭学习环境的各种特征与3岁及以上儿童的社会行为发展相关（见第四章）。因此，在幼小衔接与特殊教育需要研究中我们分析了这些与儿童社会行为表现有关的因素。需要强调的是，这两者之间的相关程度要远低于这些背景特征与儿童认知发展之间的相关程度。

儿童的个人特征

性别

在刚入园时（3岁及以上），男孩比女孩表现出更多的同伴交往行为困难，但在反社会行为和焦虑或忧郁这两个方面两性之间差异并不明显。

族裔

有证据显示，学前教育工作者对儿童社会行为发展状况的评价与儿童的族裔、语言有关。值得注意的是，那些学前教育者的感觉是主观的，他们当中很少是少数族裔出身的（见Taggart et al.，2000）。另外，文化因素也可能起到了干扰作用，例如巴基斯坦和孟加拉国的儿童被归为同伴交往低分组的几率略高一点。但在初入园时，英语作为第二语言可能妨碍一些年龄很小的儿童与同伴进行交往（这类儿童从幼儿园教育获益很大，这可能与他们在幼儿园习得了英语有关)。在反社会行为、焦虑或忧郁方面得分很高的儿童中，混血儿童或加勒比黑人比较多。同样必须强调的是，所有少数族裔儿童的比例都比较低，这可能与社会经济因素和其他因素综合在一起发挥作用有关。

母语

母语不是英语的儿童不太容易被鉴定为有反社会、焦虑或忧郁“高危”倾向，但这些儿童被鉴定为同伴交往“高危”的更多。这种现象可能与交流有关，因为这些儿童才刚刚开始学习英语。

兄弟姐妹的数量

独生子女更容易表现出反社会、焦虑或忧郁等行为，但不太容易出现同伴交往问题。但是，一个儿童的兄弟姐妹数量关系到他初入园的年龄，独生子女比大家庭里的儿童入园更早（$p = .12$，$p < .001$）。例如独生子女初入园的平均年龄是32.6个月，而有四个弟兄姐妹的儿童到38.3个月时才开始入园。

早产

早产儿被鉴定为同伴交往“高危”的比例明显偏高。研究还发现，同伴交往“高危”儿童的出生体重明显低于非“高危”儿童。相比较而言，没有证据表明，早产或低出生体重与反社会行为、焦虑或忧郁“高危”相关。

家庭因素

母亲的最高学历

有证据表明，母亲没受过教育的儿童在同伴交往“高危”儿童中占的比例过高，而母亲受过教育的儿童的比例较低。在反社会、焦虑或忧郁“高危”儿童中没有发现类似的差异。

母亲的就业状况

母亲有全职工作的儿童初入园的时间比母亲没有工作的儿童早很多（平均年龄分别为29.9个月和37.3个月），这也许可以帮助我们解释为什么母亲没工作的儿童更容易出现同伴交往问题。

父亲职业的社会地位

父亲的职业与儿童初入园的认知发展水平关系密切，与此研究结果相反的是，父亲的职业与儿童出现社会行为发展问题的相关性要小得多。“父亲缺席”的儿童在反社会行为和焦虑或忧郁“高危”儿童中所占的比例稍微高了一点。也有证据显示，父亲社会经济地位高的儿童出现同伴交往“高危”的比例略小于父亲经济地位低的儿童。

父亲的就业状况

父亲有全职工作的儿童在同伴交往能力差的组和有反社会、焦虑或忧郁“高危”倾向的组中所占的比例较小，父亲没有工作的儿童出现同伴交往“高危”的几率明显增加。

母亲的婚姻状况

有研究证明，未婚或单亲妈妈的孩子，在反社会、焦虑或忧郁方面的得分更高，与此同时，父母结过婚或住在一起（这一组的人数最多）的儿童稍微好一点。与此相对，这种差别在同伴交往“高危”儿童组不存在。

家庭学习环境

对整个EPPE样本的分析结果显示，家庭学习环境水平与同伴交往能力呈正相关，与反社会、焦虑或忧郁行为呈负相关（见Melhuish et al.，2001）。对那些被鉴定为“高危”的儿童的分析同样表明，家庭学习环境与同伴交往能力之间存在统计意义上的显著相关关系。

在家庭学习环境得分最高但和最低组之间，被鉴定为“高危”的儿童所占比例的差异显著。例如在同伴交往“高危”的儿童中，有15%的家庭学习环境得分最低（0—13），而全体样本中只有9%的儿童家庭学习环境得分最低（非“高危”的儿童中这个比例只有3.7%）。家庭学习环境对同伴交往的影响明显比反社会、焦虑或忧郁的影响大。在家长访谈中，有父母反映他们的孩子从不跟别的孩子在其他地方玩，这样的儿童更容易出现同伴交往问题。每周和其他小朋友玩1—2次的儿童，出现同伴交往问题的几率更小。和其他小朋友在家庭之外的地方有一定程度的接触对同伴交往的作用更加令人满意，比接触次数更多或更少的效果都要好。

多重不利和初入园时的认知“高危”处境

已经有一些研究分析了不同类型的教育不利（Sammon et al.，1983；Alberman and Goldstein，1970）。萨蒙兹等人（Sammon et al.，1983）发现，在内伦敦教育局（Inner London Education Authority，ILEA）统计的低年级小学生（5—7岁）中，只有23%没有受到过任何教育不利因素的显著影响，大约25%的学生受过三种或更多的教育不利因素的影响。① 在这一研究中，在儿童11岁时，多重不利与言语推理能力低分组的学生之间关系紧密。这表明，不利因素的影响虽然未必是叠加的但一定是日积月累的。对儿童3岁及以上时的学习成果的分析结果表明，“高危”与非“高危”的儿童之间在上面提到的一些儿童自身、父母和家庭环境的特征方面存在差异。研究还进一步分析了多重不利产生的影响。研究确定了包含以下10个指标的评价量表（见表9－4），这10个指标包括三个儿童自身特征变量、六个父母特征变量和一个家庭学习环境特征变量。之所以选择这些变量进行评价，是因为它们都分别与儿童最初的低发展水平有关（这部分内容上面已经讨论过）。由于一些指标之间（如母语与族裔之间）关系密切，所以这里只包括了最重要的指标。

表9－4 多重不利因素

儿童变量	不利因素
母语	英语非母语
大家庭	三个或三个以上兄弟姐妹
早产/低出生体重	早产或出生体重低于2 500克

① 1981年收集的数据中包含了以下指标：获得免费校餐的资格、大家庭、单亲家庭、父母职业、被本班老师认定为有行为问题、转学、英语流利程度和家庭种族背景。

续表

儿童变量	不利因素
父母变量	
母亲最高学历	未受过教育
父亲职业的社会地位	半技能、无技能、从未工作过、父亲缺失
父亲就业状况	无工作
低龄母亲	EPPE 样本儿童出生时母亲年龄为 13—17 岁
单亲	单身父母
母亲就业状况	无工作
家庭环境变量	
家庭学习环境量表得分	得分在最少的 25% 范围内

总体上看，不到四分之一（23.5%）的 EPPE 样本儿童没有受到我们发现的这些不利因素的影响，有 27% 的儿童受到了三种或更多不利因素的影响，只有非常小的一部分（5.5%）受到过五种或更多不利因素的影响。

在幼小衔接和特殊教育需要研究中，多重不利与学前儿童两类认知“高危”处境都密切相关。在被鉴定为“高危”的各组里，受到三种及以上不利因素影响的几率高得多。例如运用严格的认知“高危”分类标准，在没有受到任何不利的儿童组里，只有大约二十分之一（5.2%）的儿童被鉴定为“高危”。对比之下，在受到五种以上不利因素影响的儿童组里，将近一半（47.5%）被鉴定为“高危”儿童。这种密切的关系为我们提供了线索，可以帮助我们认识哪些因素可能会导致将来产生特殊教育需求。

表 9－5　多重不利与认知“高危”儿童的百分比

不利因素的数量	所有儿童		认知“高危”儿童（%）	“极高危”儿童（%）
	n	%		
0	637	23.5	11.3	7.0
1—2	1 345	49.6	43.9	38.1
3—4	575	21.3	34.1	40.0
>5	151	5.5	10.7	15.0

通过幼儿园教育减少不利因素的影响

EPPE 项目刚开始研究幼儿园教育对儿童发展成果的影响时，研究团队的兴趣在于将接受幼儿园教育作为一种“预防”措施，从而降低儿童由于背景特征而产生特殊教育需要的可能性。一旦确定一些儿童处在比别的儿童更加弱势的地位，那么幼儿园教育能给他们提供帮助吗？如果答案是肯定的话，那么什么样的幼儿园教育最有可能将这些儿童“带出”特殊教育需要“高危”困境呢？

为了确认幼儿园教育能否被视为一个积极的影响因素，我们进行了两个方面的分析。

第一，比较 EPPE 样本儿童 3 岁入园时和 5 岁入小学时的“高危”状况。结果发现，样本儿童在 3 岁时有三分之一表现出较低的认知发展水平，但到了入小学时，这个数字降低到五分之一。

第二，比较 EPPE 样本儿童和未上过幼儿园的居家儿童在入小学时（在预备班）的“高危”状况。结果发现，在认知学习方面表现出某种形式的特殊教育需要的居家组儿童（51%）远超过 EPPE 样本儿童（大约 21%），居家儿童中有 44% 存在阅读“高危”倾向，37% 存在数学“高危”倾向。此外，这个年龄的居家儿童被教师界定为有“情感”和“同伴”问题的儿率明显要高。这个分析结果考虑到了居家组儿童受不利因素影响的水平较高这一点。

这两个分析结果都表明，幼儿园对幼儿的认知和社会行为发展能够产生积极的作用，可以视为一个有效的干预措施，有利于幼儿得到更好的发展，也能够为较弱势的幼儿进入小学学习提供一个更好的开端（第六章、第七章研究了幼儿园的整体作用，指出了幼儿园对所有幼儿都有积极作用，这里的分析是对这两章研究的补充）。这里我们重点分析（幼儿园）在减少出现幼儿期“高危”儿童比例方面的特殊价值。

什么样的幼儿园最能使孩子们远离“高危”处境

有人详细分析了到一年级结束时为止走出或走入“高危”困境的不同模式（见 Sammons et al.，2004），结果显示，上综合中心和托儿学校（现在一般称为儿童中心）更有可能使儿童走出“高危”困境。综合中心的幼儿也更有可能在上小学前走出阅读“高危”困境。托儿学校的幼儿也更有可能从早期数概念“高危”困境中走出来。与之相比，上托儿班的幼儿中有相当大的比例步入了一般认知发展水平、早期阅读和早期数概念方面的“高危”困境。上公立日托中心的幼儿更有可能走进早期数概念“高危”困境。

总的来说，上任何形式的幼儿园的幼儿走出反社会、焦虑或忧郁“高危”困境的人数比走入的要多。相对来说，有更多的上综合中心、游戏小组和托儿班的幼儿能够走出同伴交往“高危”困境。此外，在考察了父母对儿童特殊教育需要的看法之后，与孩子未上过幼儿园的父母相比，当儿童出现困难（与其他儿童相比）时，孩子上了幼儿园的父母更容易觉察到（见 Taggart et al.，2004）。

此外，上过任何一种幼儿园的儿童在小学第一学段期间被教师报告可能存在有特殊教育需要的比例（25%），远比居家组的儿童（40%）少（Sammon et al.，2004；Taggart et al.，2006）。

这些研究结果显示，对于那些在认知和社会行为发展方面存在“高危”或者处于更加弱势地位的 3 岁及以上的儿童来说，接受过某种形式的幼儿园教育可能会有特别的收获。上综合中心和托儿学校对儿童走出某些“高危”困境作用最大，特别是在认知发展成果方面最为明显。综合中心、托儿学校和游戏小组对儿童同伴交往社会行为发展促进作用最大（有关幼儿园教育作用的进一步的讨论，见 Sammons et al.，2002a，2003）。

研究不同儿童的发展轨迹：探讨“脆弱性”和“抗逆力”（resilience）

研究教育不利的另一个方法是，探讨哪些儿童的学习成果在不同的时间段（5 岁和 10 岁）低于或高于根据他们的背景特征推断出的预期成果。获得高于预期成果的儿童，如果生活在一个不利的环境之中，那么他们就成功地“战胜了困境”。有些儿童即使遇到了种种不利因素但仍然取得了比预期更好的成绩，这样的儿童可以看做抗逆力特别强。当然还有一些儿童本来生活在很好的环境之中，他们也可能获得比预期好很多的成绩。这种方法使我们有可能去调查两个概念——我们称之为“抗逆力”和“脆弱性”——与儿童读写、数学成绩之间的关系。这两个概念对那些致力于推动教育公平的人士来说很有价值。

增进早期的平等

2006 年 3 月，新成立的平等审查组（the Equalities Review）要求研究团队提交一份有关儿童 7 岁时的学业成绩的报告。这个审查小组是英国政府内阁办公室授权成立的，其主要任务是提交有关生命历程各阶段的社会平等程度的报告。随后，EPPE 团队与之签订合同，为其最终的报告《公平与自由》（*Fairness and Freedom*，the Equalities Review，2007）提供儿童早期的证据。同时我们又独立承担了一项研究，为实践建议的提出提供证据基础，以促进那些在学校成绩不好、处于社会边缘的儿童学习成功，增加他们未来谋生的机会。

EPPE 研究报告《增进儿童早期的平等》（*Promoting Equality in the Early Years*，EPPE Team，2007），总结了与儿童早期教育有关的社会不平等方面的重要内容，并特别集中地分析了幼儿园教育的影响，分析了儿童自身、家庭和家庭学习环境等方面特征对儿童早期发展的重要性。

这个子项目研究的一部分内容是区分儿童之间认知和社会行为发展的差异，目的在于提供证据，解释为什么有些孩子和家庭能够“渡过难关”获得成功，人们对这种“抗逆力”的理解将如何促进有关幼儿及其家庭的政策和服务的改善。包含在这个报告（见 Melhuish et al.，2007）里的这部分内容尤其与本章讨论的弱势和抗逆力强的儿童有关。

“抗逆力”定义的形成

“抗逆力”这一概念必须给出清楚的定义。可以接受的界定常常需要基于一个绝对的结果或过程的标准。但问题是，有些来自处境非常不利的儿童有可能比相似背景的同伴进步更大，当然这种进步依然无法达到更高水平。在为平等审查组工作过程中，EPPE 团队从儿童的读写和数学成绩是高于还是低于根据他们的背景特征（如儿童自身及其家庭等，参见前面几章内容）获得的期望值这个角度来认识“抗逆力”。

为了确定对儿童的期望值，我们将读写和数学成绩看做儿童自身特征（出生体重、以往的发展问题、年龄、性别、有资格获得免费校餐）、父母与家庭特征（学历、社会经济地位、收入、兄妹数量、母语）、幼儿园教育经历等因素的影响结果。使用的统计方法是建立一个多层模型——我们称为人口学统计模型，计算出每个儿童的成绩。在这个多层人口学统计模型里，控制变量有年龄、出生体重、发展问题、母语非英语、兄妹数量、母亲学历、父亲学历、家庭社会经济地位、家庭收入、获得免费校餐的资格和上幼儿园的时间。

对于不同方面的发展结果，这些模型计算出来的结果会有一些差异，但是总的结果通常能够大体反映出，出生体重重、父母受过教育、家庭高收入、家人都有职业的儿童，在5岁和10岁时能够获得较高的读写和数学成绩；相反，母语非英语、有资格获得免费校餐、有过早期发展问题的儿童的成绩会较低。这些发现与前面提到的鉴定“高危”儿童的研究结果一致。

模型对每方面的发展结果，获得一个与该儿童特征相一致的预测或期望分数。当然儿童的实际分数与模型预测的分数有偏差。我们研究了实际观察到的儿童分数与预期分数（用统计模型计算出来的）之间的差异。

当儿童实际分数高于预期分数时，我们就可以认为该儿童表现出了较强的抗逆力；当儿童的成绩与预期分数相同时，我们就说他具有一般的抗逆力（与预期一致）；当儿童的成绩低于预期分数时，我们就说他的抗逆力比较差，或者说他很脆弱。这样，预期分数和实际分数之间的差距就构成了儿童在早期阅读和数学上高于或低于预期的水平，因此，可以看做该儿童的抗逆力水平。换句话说，抗逆力水平是与基于人口学统计和背景特征的预期分数之间的离差值。

这样，我们就能够去关注某些特殊的背景特征（事先并没有包括在抗逆力测量的框架内），并分别分析这些背景特征对儿童成绩的影响作用，看看它们是否对儿童的抗逆力有重要的影响作用。尽管之前已经介绍了幼小衔接与特殊教育需要研究得出的结果，但是仍然有一些关键性的背景特征值得从这个角度进行进一步的研究。

哪些因素能影响抗逆力？

我们在模型中对儿童自身、父母和家庭学习环境的一系列特征（前文已经讨论过）进行了比较。在模型中分析的内容还包括一系列社会行为发展成果，如合作和遵从、同伴交往、反社会行为、焦虑或忧郁和自我调节等。它们经常用来测量儿童的个人才能（非认知的）或“软”能力。经过分析，只有四个因素显示出统计上的显著的相关关系，因此很可能对儿童的抗逆力影响更大。这几个因素包括性别、家庭学习环境、自我调节和族裔。图9-1和图9-2显示了这些因素对不同族裔儿童在读写和数学成绩的额外的影响效果（在不同时间点）。

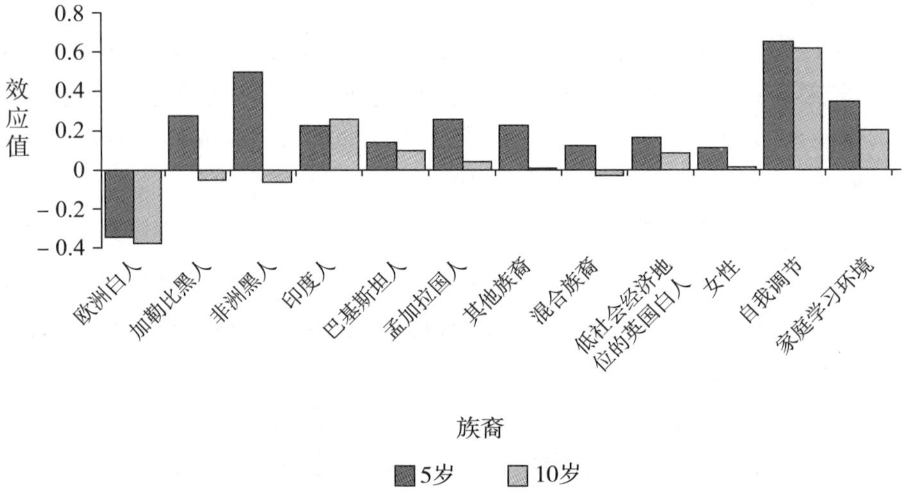

图9-1 预测儿童5岁和10岁时读写学习的抗逆力

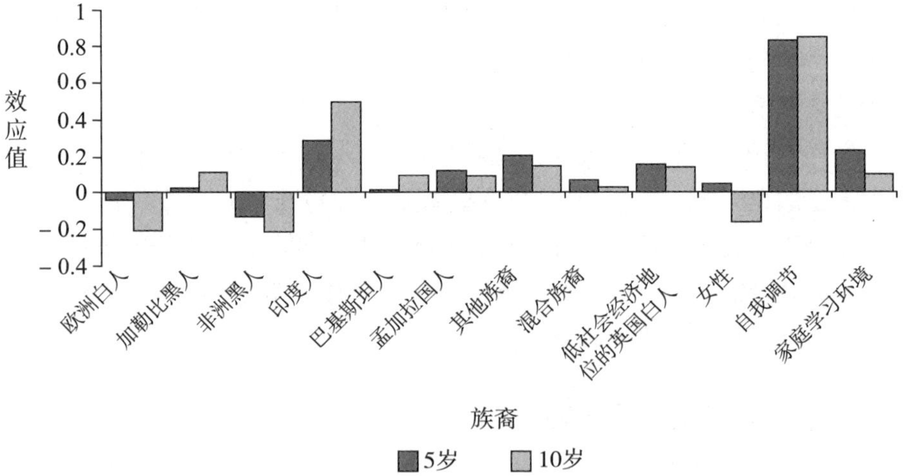

图9-2 预测儿童5岁和10岁时数学学习的抗逆力

自我调节

对儿童抗逆力影响最大的是儿童入学初测得的自我调节（独立性和专心程度）水平，测试的得分是由最熟悉儿童的教师按照下面的各项目与儿童的符合度（1—5 个等级）评出的：

做事前先思考；

不容易分心；

完成任务后，能够开始新的活动；

能独立选择和归还物品；

不会坐立不安；

勇于面对困难；

喜欢独立做事；

不会烦躁；

坚持完成任务。

对预测儿童入学时自我调节水平的因素的详细分析参见萨蒙兹等人的报告（Sammons et al.，2003）。可以概括为一句话，如果一个儿童是女孩，其父母受过高等教育且收入高，家庭学习环境具有挑战性，上幼儿园时间长，幼儿园质量高，那么她的自我调节水平就高；相反，如果一个儿童出生体重低，有资格获得免费校餐，有发展和行为问题，那么，儿童的自我调节水平就低。

性别

5 岁和 10 岁时女孩的英语学习抗逆力更强，但 5 岁时这种作用最明显。5 岁时女孩在数学上几乎看不出什么优势。到 10 岁时，男孩在数学方面表现出了优势。

家庭学习环境

在 5 岁和 10 岁时，家庭学习环境都能独立对抗逆力产生显著的影响。早期家庭学习环境得分越高，抗逆力就越强。其作用在儿童 5 岁时最显著，而且对读写成绩的作用比对数学成绩的作用大。

族裔和其他关联因素

明确了族裔、性别、自我调节和早期家庭学习环境对抗逆力的作用之后，我们开始研究因性别、自我调节和早期家庭学习环境导致的结果是否会存在族裔之间的差异。检验这种可能性是通过建立影响抗逆力的多层模型进行的，在这个模型中包含了以下项目的相互作用：

分族裔观察自我调节的作用；

分族裔观察早期家庭学习环境的作用；

分族裔观察性别的作用。

分析结果表明，自我调节水平对抗逆力的作用不会因族裔的不同而出现差异。在所有的族裔中，自我调节水平与儿童 5 岁和 10 岁时的读写和数学学习的抗逆力关系密切（好于预期）。然而，儿童 5 岁和 10 岁时的早期家庭学习环境水平和性别对抗逆力的作用受族裔的影响。

族裔和家庭学习环境

有若干个 5 岁儿童的案例说明家庭学习环境对抗逆力有负面影响（见图 9－3），例如欧洲白种人的读写学习抗逆力较差，加勒比黑人和巴基斯坦儿童的数学学习抗逆力较差，但是，这些负面影响都很小。而对于其他人来说，家庭学习环境对抗逆力的影响却是正面的，而且影响很大。例如对孟加拉国儿童来说，这种影响就很大。家庭学习环境对多数的少数族裔儿童的影响和对英国白人的影响一样大，或者对前者比对后者影响更大。

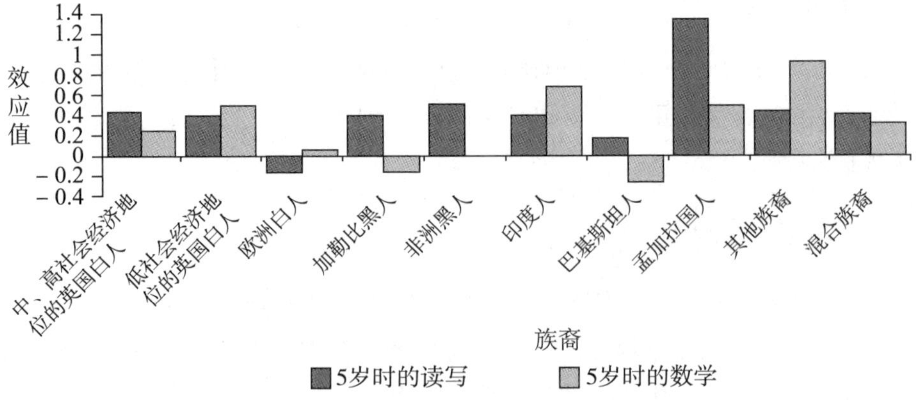

图 9－3　家庭学习环境对不同族裔儿童 5 岁时读写和数学学习抗逆力的影响

10 岁时，欧洲组有些反常，家庭学习环境对他们读写和数学学习抗逆力产生中等强度的消极作用，在巴基斯坦组这个影响也是负面的，但影响不大，而其他少数族裔组只显示出对读写学习抗逆力的负面作用（见图 9－4）。在其他所有的组，这种影响是正面的，而且有些组的正面影响要大于英国白人组（孟加拉国和印度组的全部和非洲黑人组的数学）。

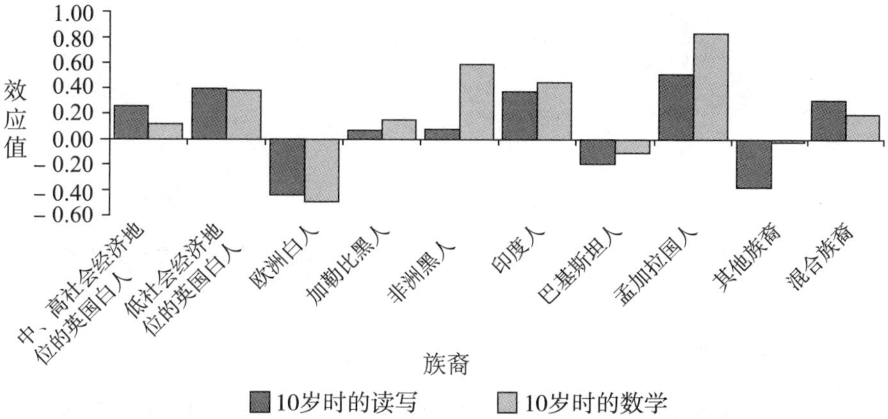

图 9－4 家庭学习环境对不同族裔儿童 10 岁时读写和数学学习抗逆力的影响

研究表明，早期家庭学习环境对抗逆力的影响，少数族裔（尽管有时他们的家庭学习环境水平比较低）往往比英国白人组更大。这表明，在理解不同族裔儿童之间学业成绩的差异时，家庭学习环境是一个非常有价值的指标（尽管不是全部族裔，但绝大部分族裔之间的差异可以通过这种方式去理解）。

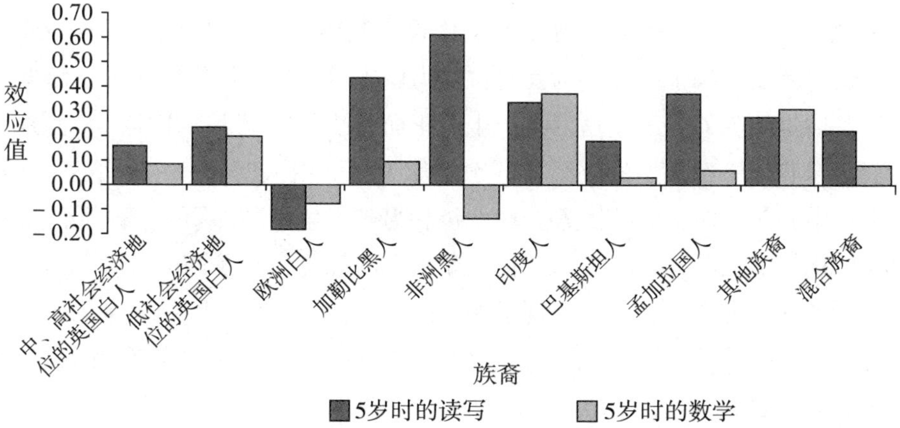

图 9－5 性别（女生，相对于男生）对 5 岁时读写和数学学习抗逆力的影响

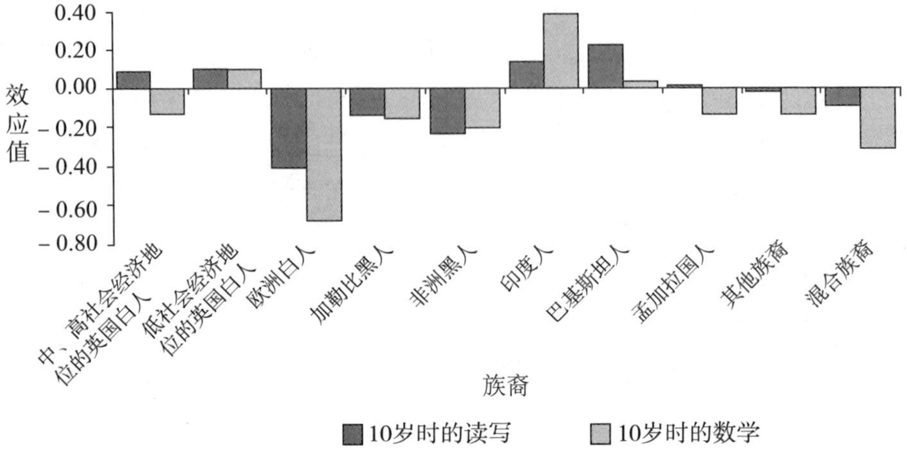

图 9-6 性别（女生，相对于男生）对 10 岁时读写和数学学习抗逆力的影响

族裔与性别

分族裔分析性别的影响结果表明，性别的影响效果也因族裔不同而存在差异。

5 岁时女孩比男孩在读写学习方面有优势，各族裔都显示出同样的一种模式（只不过优势大小有所不同）。但是欧洲白人组例外，该组的女孩成绩比男孩差（相对于英国白人组中等到偏高的社会经济地位）。在加勒比黑人组和非洲组，女孩 5 岁时读写成绩会远远“超过预期”。

除了欧洲白人组和非洲黑人组（在数学成绩上）之外，对其他所有族裔来说，5 岁时女孩对抗逆力产生了从较小到中等程度的正面影响。到 10 岁时情况就反过来了：性别为女对抗逆力就不再产生正面影响了——印度组和巴基斯坦组除外，不过这两组产生的正面影响程度很小。事实上，性别为女就意味着达不到预期的成绩，特别是作为欧洲白人女孩。这些结果表明，到上小学五年级时，有些因素会对女孩和男孩产生不同的影响，从而使女孩早年的优势消失了，在将人口特征、家庭学习环境、自我调节水平等其他所有因素考虑进来之后，甚至出现了相反的现象。这些变化的结果是，男孩在与能力有关的读写学习的抗逆力上逐渐赶上女孩，而且多数族裔组的数学学习抗逆力更强。

小结

这一章讨论了特殊教育需要“极高危”儿童的一些特征，结果发现，幼儿园教育能降低这种危险。我们还研究分析了在不同的时间点不同的背景特征是如何对各类儿童的学习成果产生不同影响的。这些研究结果使我们有机会去探讨“高危”、抗逆力（即比预期的成绩好、能够成功走出困境）和脆弱性等概念的内涵，也让我们了解到儿童自身、父母和家庭学习环境等方面的特征是如何导致部分儿童在学前阶段乃至以后认知和社会行为发展水平较低，帮助我们理解使某些儿童发展受到伤害的教育不利的构成内容。

以往对教育不利或脆弱性的界定中没有一个是完整的，但从我们的研究资料中可以看出，多重不利是其中的一个重要概念。我们的研究结果表明，幼儿园教育，特别是高质量的幼儿园教育能减少被界定为可能获得很低认知发展成果的“高危”儿童的比例，可以减少他们以后在第一学段成为有特殊教育需要者的可能性。研究也表明，幼儿园教育对儿童后来的特殊教育需要处境具有持续的影响，与居家组儿童（十分之四）相比，接受过幼儿园教育的儿童在小学的第一学段被教师报告有特殊教育需要的可能性（四分之一）更小（Sammons et al.，2004；Taggart et al.，2006）。

政策制定过程中最需要考虑的问题是，缩小不同儿童之间在学业成绩上的差距，既包括缩小不利因素最多和最少儿童之间的差距，也包括缩小从学前教育到高等教育的所有教育阶段的年轻人之间的差距。我们进行的一系列研究，可以让研究员和政策制定者有可能从不同的视角审视教育不利问题。当然，一些重要的信息在我们的不同研究结果之中是一致的。

有些特定的儿童、父母和家庭学习环境特征与理想的学习成果相关，或者能够预测更加理想或更不理想的学习成果，这些影响既可以是这些特征独立产生的，也可以是多个特征共同产生的。这些特征能给学习者的发展轨迹带来重大的变化。政策可以通过有针对性地短期改善（如通过干预改善家庭学习环境）和长期改变（比如提高母亲的教育水平）儿童、父母及其家庭背景特征，缩小儿童之间在学业成绩上的差距。让受到多重不利因素影响的儿童有机会接受早期的干预服务，是特别重要的。上幼儿园可以增加早期“高危”识别的机会。接受幼儿园教育不仅使儿童的某些早期需要更有可能得到鉴别，而且幼小衔接与特殊教育需要研究还有一个主要发现，即当儿童表现出落后的迹象时，上幼儿园的孩子的母亲更有可能承认这一事实（Taggart et al. ，2004）。为家庭提供的帮助，特别是在教育机构中为家庭提供健康和育儿等方面的帮助，能够极大改变孩子的发展轨迹。

幼儿园质量高，能给弱势儿童将来生活带来长期的影响，也能使他们在今后的生活中避免为寻求帮助而付出更大的代价。但是，由于学习成果会随着时间而改变，而且通过对“高危”和抗逆力及其与背景和学习经历之间关系的研究，我们有能力对那些最弱势儿童提供支持，所以对这样的儿童我们不应当降低期望。

随着儿童年龄的增长，影响学业成绩的不利因素会产生不同的影响，这些需要铭记在心，特别是要考虑这些因素对不同组别（族裔、性别等）的儿童产生的影响。然而，有一点非常清楚，即良好的早期学习经历是儿童将来健康成长的基础，我们可以通过改善社会环境的影响使他们的潜能更好地得到开发。

参考文献

Alberman, E. D. and Goldstein, H. (1970) The 'at risk' register: a statistical evaluation, *British Journal of Preventative and Social Medicine*, 24, 123 – 125.

Breslau, N. (1995) Psychiatric sequclae of low birth weight, *Epidemiological Review*, 17, 96 – 106.

DES (1978) *Special Educational Needs: Report of the Committee of Enquiry into the Education of Handicapped Children and Young People* (Chair, M. Warnock), London: HMSO.

DfE (1994) *Code of Practice on the Identification and Assessment of Special Educational Needs*, London, Department for Education.

DfES (2001) *Special Educational Needs: Code of Practice*, London: DfES.

Elliot, C., Smith, P. and McCulloch, K. (1996) *British Ability, Scales, Second Edition (BAS II)*. Windsor: NFER-Nelson Publishing Company Limited.

EPPE (Effective Pre-school and Primary Education 3—11) Team (2007) *Promoting Equality in the Early Years: Report to The Equalities Review*, London: DCSF, http://www.equalitiesreview.org.uk.

The Equalities Review (2007) *Fairness and Freedom: The Final Report of the Equalities Review.* London: HMSO. http://www.theequalitiesreview.org.uk/upload/assets/www.theequalitiesreview.org.uk/equalityreview.pdf

Essen, J. and Wedge, P. (1982) *Continuities in Childhood Disadvantage*, London: Heinemann.

Hay, D., Pawlby, S., Sharp, D., Schmucker, G., Mills, A., Allen, H. and Kumar, R. (1999) Parents' judgements about young children's problems: why mothers and fathers might disagree yet still predict later outcomes, *Journal of Child Psychology and Psychiatry*, 40(8), 1249 – 1258.

Heiser, A., Curcin, O., Luhr, C., Metze, B. and Obladen, M. (2000) Parental and professional agreement in developmental assessment of very-low-birthweight and term infants, *Developmental Medicine and Child Neurology*, 42, 21 – 24.

Hogan, A. E., Scott, K. G. and Bauer, C. R. (1992) The adaptive social behaviour inventory (ASBI): a new assessment of social competence in high risk three year olds, *Journal of Psychoeducational Assessments*, 10(3), 230 – 239.

Martyn, C. N., Gale, C. R., Sayer, A. A. and Fall, C. (1996) Growth in utero and cognitive function in adult life: follow up study of people born between 1920 and 1943, *British Medical Journal*, 312, 1393 – 1396.

Melhuish, E. C., Sylva, K., Sammons, P., Siraj-Blatchford, I. and Taggart, B. (2001) *The Effective Provision of Pre-school Education (EPPE) Project: Technical Paper 7—Social/Behavioural and Cognitive Development at 3 – 4 Years in Relation to Family Background*. London: DfEE/ Institute of Education, University of London.

Melhuish, E., Sylva, K., Sammons, P., Siraj-Blatchford, I., Taggart, B. and Phan, M. (2007) *The HLE, Attainment and Resilience in The Equalities Review (2007) The Final Report of the Equalities Review*, London: HMSO. http://archive.cabinetoffice.gov.uk/equalitiesreview/upload/assets/www.theequalitiesreview.org.uk/equality_review.pdf, pp. 63 – 8.

Mortimore, J. and Blackstone, T. (1982) *Disadvantage and Education*, London: Heinemann.

Mortimore, P., Sammons, P., Stoll, L., Lewis, D. and Ecob, R. (1988) *School Matters: The Junior Years*, London: Open Books (republished by Paul Chapman, 1994).

Richards, M., Hardy, R., Kuh, D. and Wadsworth, J. (2001) Birth weight and cognitive function in British 1946 birth cohort: longitudinal population based study, *British Medical Journal*, 322, 199 – 203.

Roffey, S. (1999) *Special Needs in the Early, Years: Collaboration, Communication and Co-ordination*, David Fulton: London.

Sammons, P. (1995) Gender, ethnic and socio-economic differences in attainment and progress: a longitudinal analysis of student achievement over nine years, *British Educational Research Journal*, 21(4), 465 – 85.

Sammons, P. and Smees, R. (1998) Measuring pupil progress at Key Stage 1, *School Leadership and Management*, 18(3), 389 – 407.

Sammons, P., Kysel, F. and Mortimore, P. (1983) Educational priority indices: a new perspective, *British Educational Research Journal*, 9(1), 27 – 40.

Sammons, P., Sylva, K., Melhuish, E. C., Siraj-Blatchford, I., Taggart, B. and Elliot, K. (2002a) *The Effective Provision of Pre-school Education (EPPE) Project: Technical Paper 8a—Measuring the Impact of Pre-school on Children's Cognitive Progress over the Pre-school Period*, London: DfES/Institute of Education, University of London.

Sammons, P., Smees, R., Taggart, B., Sylva, K., Melhuish, E. C., Siraj-Blatchford, I. and Elliot, K. (2002b) *The Early Years Transitions and Special Educational Needs (EYTSEN) Project: Technical Paper 1—Special Educational Needs Across the Pre-school Period*, London: DfES/ Institute of Education, University of London.

Sammons, P., Sylva, K., Melhuish, E. C., Siraj-Blatchford I., Taggart, B. and Elliot, K. (2003) *The Effective Provision of Pre-school Education (EPPE) Project: Technical Paper 8b—Measuring the Impact of Pre-school on Children's Social/Behavioural Development over the Pre-school Period*, London: DfES/Institute of Education, University of London.

Sammons, P., Smees, R., Taggart, B., Sylva, K., Melhuish, E. C., Siraj-Blatchford, I. and Elliot, K. (2004) *The Early Years Transitions and Special Educational Needs (EYTSEN) Project: Technical Paper 2—Special Educational Needs in the Early Primary Years: Primary School Entry Up to the End of Year 1*, London: DfES/Institute of Education, University of London.

Sammons, P., Sylva, K., Melhuish, E. C., Siraj-Blatchford, I., Taggart, B., Smees, R., Dobson, A., Jeavons, M., Lewis, K., Morahan, M. and Sadler, S. (1999) *The Effective Provision of Pre-school Education (EPPE) Project: Technical Paper 2—Characteristics of the Effective Provision of Pre-school (EPPE) Project Sample at Entry to the Study*, London: DfEE/ Institute of Education, University of London.

Scott, K. and Carran, D. (1989) Identification and referral of handicapped infants, in *Handbook of Special Education Research and Practice: Low Incidence Conditions (Vol. 3)* (eds M. C. Wang, M. C. Reynolds and H. J. Walberg), Oxford, England: Pergamon Press, pp. 227 – 241.

Sorenson, H. T, Sabroe, S., Olsen, J., Rothman, K. J., Gilman, M. W. and Fisher, P. (1997) Birth weight and cognitive function in adult life: historical cohort study, *British Medical Journal*, 315, 401 – 403.

Strand, S. (1999) Ethnic group, sex and economic disadvantage: associations with pupils' educational progress from baseline to the end of Key Stage 1, *British Educational Research Journal*, 25(2), 179 – 202.

Taggart, B., Sylva, K., Siraj-Blatchford, I., Melhuish, E. C., Sammons, P. and Walker-Hall, J.

(2000), *The Effective Provision of Pre-school Education (EPPE) Project: Technical Paper 5—Characteristics of the Centres in the EPPE Sample: Interviews*, London: DfEE/Institute of Education, University of London.

Taggart, B., Sammons, P., Smees, R., Sylva, K., Melhuish, E. and Siraj-Blatchford, I. (2006) Early identification of special educational needs and the definition of 'at risk': The Early Years Transition and Special Educational Needs (EYTSEN) Project, *British Journal of Special Education*, 33(1), 40-45.

Taggart, B., Sammons, P., Smees, R., Sylva, K., Melhuish, E. C., Siraj-Blatchford, I. and Elliot, K. (2004) *The Early Years Transitions and Special Educational Needs (EYTSEN) Project: Technical Paper 3—Special Educational Needs in the Early Years: The Parents' Perspective*, London: DfES/Institute of Education, University of London.

Tymms, P. B. (1999) *Baselines Assessment and Monitoring in Primary Schools: Achievements, Attitudes and Value-Added Indicators*, London: David Fulton.

第十章

相关研究：北爱尔兰有效学前教育项目

爱德华·梅尔休伊什

北爱尔兰有效学前教育项目（Effective Pre-school Provision in Northern Ireland，EPPNI）研究采用了EPPE项目最初的设计思路，将EPPE项目的一些研究方法运用于英国的另外一个地区：北爱尔兰。这一章将对比在两个不同环境中幼儿园教育的影响作用，也将分析这些研究成果对学前教育实践的启示。

背景分析

在与EPPE项目团队讨论之后，北爱尔兰教育部门（Department of Education in Northern Ireland，DENI）有意支持在北爱尔兰进行类似的研究。这样，在1998年即EPPE项目启动的一年后，他们便资助开展了EPPNI项目。当时，北爱尔兰有六种类型的幼儿园接受3—4岁的幼儿。其中，游戏小组、私立日托中心、托儿学校、托儿班等四种幼儿园与英格兰的同类机构相似。但是，北爱尔兰的偏远地区人口少，不足以建立常规的幼儿园，3—4岁幼儿只能进入类似小学预备班的机构。在有些地方，3—4岁的幼儿很少，他们就被编入预备班，但是当那里的3—4岁幼儿数量较多（一般是8个或更多）时，他们就可能被单独编为“预备小组”，与5岁儿童分开。EPPNI项目将北爱尔兰所有类型的幼儿园都纳入研究的范围。但是，为了简化取样，我们就把托儿学校和托儿班归为一类。这样，EPPNI项目的研究样本就只有五种类型的幼儿园，即托儿学校或托儿班、游戏小组、私立日托中心、预备班和预备小组。

与英格兰的EPPE项目研究一样，为了探讨幼儿园经历对儿童发展可能产生的影响，EPPNI 项目也考虑到在入园前儿童及其家庭之间存在的差异。有关儿童自身、父母、家庭特征等方面的信息，是通过研究开始时的父母访谈收集来的，这些信息包括父母就业状况、社会经济地位、教育程度、婚姻状况、年龄、家庭人员构成、族裔与语言、儿童的健康状况、儿童（认知）发展与（社会）行为、儿童在家的活动以及儿童入园与早期照看经历。

EPPNI 研究的内容和样本

与 EPPE 项目在英格兰的研究一样，在北爱尔兰的 EPPNI 研究也拟分析三个方面的资料之间的关系：①有关儿童成绩和发展水平（在不同的时间点）方面的信息；②有关父母、家庭方面的信息；③有关入园经历方面的信息（幼儿园的类型和特点）。EPPNI 研究的样本包括来自 80 所幼儿园的 685 名儿童，另外还有 152 名没有入园经历的儿童（居家组）。这些幼儿园是从北爱尔兰五个教育与图书馆委员会（Education and Library Board）辖区内随机抽取的。样本儿童及其家庭也是在这些被选中参与 EPPNI 项目的幼儿园中随机选取的。为了研究不上幼儿园的影响，我们还另外选取了没有任何入园经历的 152 名儿童作为样本，这些儿童是从 EPPNI 样本儿童所在的一年级班上招募的。所有的父母都签了知情同意书，表示同意自己的孩子参与本项目研究。表 10 – 1 显示了 EPPNI 样本的构成情况。

表 10 – 1　EPPNI 研究中样本幼儿园的类型

类　　型	机构数量	招募儿童数量
托儿学校或托儿班	16	189（22.5%）
游戏小组	15	157（18.8%）
私立日托中心	19	118（14.1%）
预备班	9	103（12.3%）
预备小组	21	118（14.1%）
居家组		152（18.2%）

各类幼儿园如何进行比较?

不同类型的幼儿园在幼儿父母的社会经济地位和教育状况等方面普遍存

在差异。本研究样本中不同组别的社会经济优势可以通过母亲的教育程度来展示，各组的其他社会经济指标都表现出相似的规律。在 EPPNI 研究样本中，各幼儿园类型中母亲教育程度的分布见表 10 –2。

表 10 –2 EPPNI 研究的样本幼儿园中母亲的受教育程度（单位：%）

受教育程度	托儿学校或托儿班	游戏小组	私立日托中心	预备班	预备小组	居家组
大学及以上	15.5	21.0	49.5	13.9	14.1	10.6
职业技术学院	11.2	13.4	11.1	19.8	12.3	13.9
高中	10.2	9.0	13.7	5.9	9.6	7.3
初中	38.0	35.0	22.2	32.7	37.7	25.8
初中以下	25.1	21.6	3.5	27.7	26.3	42.4

与 EPPE 项目在英格兰研究的结果（见第四章）相似，在私立日托中心组中，母亲有学位或高学历的比例非常大，说明这组儿童处在相对优势的地位；居家组的儿童很明显处在相对弱势地位，这组儿童的母亲中中学未毕业的人数更多。其他四组之间的差异不大。不同类型幼儿园之间幼儿自身特征的差异，与其他教育和社会经济变量的差异相似。

研究初期哪些背景变量与儿童发展相关？

儿童自身的、社会的和家庭的特征能够影响他们的发展水平和学业进步。因此，像本研究这样，事先了解上不同幼儿园的儿童的背景特征存在多大程度上的差异就成为研究的关键。这样，EPPNI 项目就能将幼儿园与其他影响因素区分开来，单独研究幼儿园对儿童后来的学习成果可能产生的任何影响。在儿童进入 EPPNI 研究时，我们测查了他们的认知和社会行为发展水平。这些数据和通过家长访谈获得的其他数据一起，用于研究 3—4 岁儿童的社会行为和认知发展水平与父母、家庭、儿童自身、照看史等一系列因素之间的关系。分析结果显示，（幼儿园教育）对认知发展水平的解释力很强（如它解释了儿童分数之间的大量偏差），但无法解释儿童之间社会行为发展水平的很多差异。儿童的社会行为发展水平评价是由 100 多名幼教工作者实施的，使用的也是并不精确的等级评定方法，这一事实也许可以部分解释这个现象；而认知和语言测试却是一对一进行的，是由一组经过严格训练的研究者完成的，执行的是标准测试程序。看起来很可能是用于考察两个领域发展的测量过程存在复杂性和可靠性等方面的差异，导致对认知的分析更有说服力。当然，也有可能是，儿童的社会行为发展水平比认知发展成果更少受到背景因素的影响。研究初期的调查结果可以归纳为以下几个方面。

儿童

- 性别对合作与遵从以及认知发展产生显著的影响，女孩在这两个方面的得分都高于男孩。
- 以往有过行为问题的儿童更有可能在认知测量时得低分。行为问题也与合作与遵从、同伴交往、反社会行为等方面显著相关。这表明，早期在家出现的行为问题会被继续带到幼儿园。

父母因素和社会经济因素

- 母亲的受教育程度与儿童的同伴交往、焦虑与忧郁行为显著相关。母亲学历越高，儿童在这两个方面的得分越高。
- 父母有较高的社会经济地位、母亲学历较高，都与儿童在认知测试中获得更好成绩显著相关。

家人

- 有三个及以上兄弟姐妹的儿童在认知测试中的得分较低。在大家庭里，父母对任何一个孩子的关心都会减少。从父母那里得到个人关爱的减少可能会对认知发展产生影响。

家庭

- 在家和同伴游戏越多，儿童就越愿意合作与遵从，自信心也越强。

- 儿童就寝时间是否相对固定、看电视和录像是否有限制等因素，可以被看做是儿童家庭生活结构程度的一种标志。这些变量与自信心的增加有关，就寝时间相对固定也与焦虑和忧郁行为有一定的关系。
- 高质量的家庭学习环境与较高的认知测试分数相关。家庭学习环境对认知发展的这种影响特别值得一提，除了年龄之外，这是对认知发展影响最大的变量，其影响比社会阶层、父母受教育程度的影响更大。以往的研究发现，后两个因素属于儿童认知发展的最强预测指标。
- 家庭学习环境非常重要。对于儿童的认知发展而言，父母的所作所为（即在家中和孩子一起做事）比父母是谁（即人口特征）更重要。

早期照看经历

- 在本研究之前已经接受了集体照看（如上过托儿中心），与反社会行为、焦虑与忧郁行为存在一定的相关性。
- 在本研究之前上幼儿园的时间越长，儿童在认知测试中的得分就越高。这些儿童主要来自私立日托中心。

EPPNI 研究中样本幼儿园的质量

和 EPPE 研究一样，我们也通过两种方式收集有关幼儿园的信息。我们对所有的幼儿园园长进行了访谈，并通过系统的观察，辅之以访谈，收集有关幼儿园给幼儿提供的经验和活动等方面的信息（采用《学前教育环境等级量表修订版》《学前教育环境等级量表增补版》和《保教人员互动量表》等进行观察记录）。

研究样本中有 80 个幼儿园在《学前教育环境等级量表修订版》上的平均得分接近“好”，但《学前教育环境等级量表增补版》的等级评定结果表明，这些幼儿园中数学和科学的学习机会很有限，甚至不足。然而，从《学前教育环境等级量表修订版》测评总得分看，北爱尔兰很多幼儿园的质量和其他工业国家相近。

这些结果反映了基于系统观察获得的幼儿园质量，它与“专家”眼中的好的幼儿教育实践有关。虽然北爱尔兰的幼儿园在《学前教育环境等级量表修订版》测评上总体表现相当好，但是各幼儿园之间出现了较大的差异，其中有些幼儿园表现相当差。当将所有类型幼儿园的得分进行平均之后，《学前教育环境等级量表修订版》绝大部分项目的测评成绩达到中等或好。然而，对各种类型幼儿园内容进行仔细分析后，我们还是发现了一些差异。很多幼儿园是令人激动的，它们的活动具有一定的挑战性，能够很好地支持幼儿的学习，师幼双方对对方发起的互动敏感地作出了反应。遗憾的是，在其他一些幼儿园只能见到草率的计划和糟糕的课程实施。量表的其中一个子项目“活动”得分最低。这说明，北爱尔兰幼儿园不同形式的课程活动，如小肌肉活动、美术、音乐、运动、玩沙或水游戏和自由活动等，都有改进的空间。

EPPNI 项目样本幼儿园在《学前教育环境等级量表修订版》和《学前教育环境等级量表增补版》两个量表上的得分见图 10－1。很清楚，EPPNI 样本幼儿园的《学前教育环境等级量表修订版》得分较高，而《学前教育环境等级量表增补版》得分却很差，这可能与《学前教育环境等级量表增补版》是建立在英格兰《理想的学习成果》基础之上有关，北爱尔兰不使用这个标准。然而，在英格兰，《学前教育环境等级量表增补版》的得分也普遍比《学前教育环境等级量表修订版》得分要低。

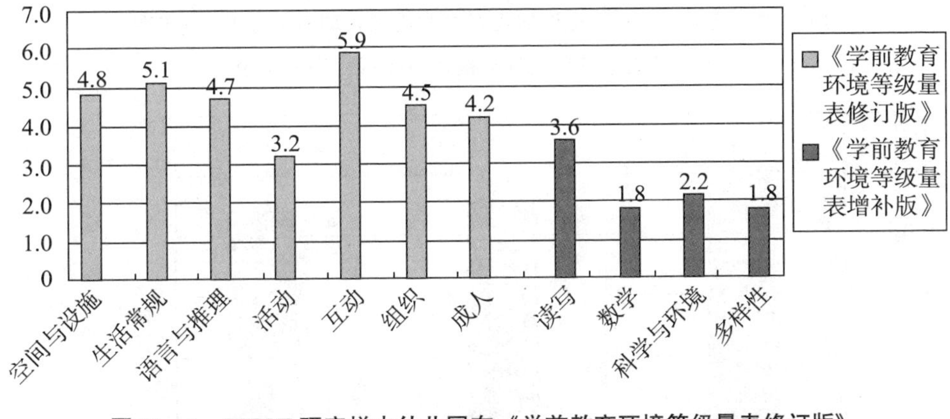

图 10－1　EPPNI 研究样本幼儿园在《学前教育环境等级量表修订版》和《学前教育环境等级量表增补版》各子项目上的得分

北爱尔兰不同类型幼儿园之间《学前教育环境等级量表修订版》得分的差异比英格兰小。总体上看，托儿学校或托儿班的《学前教育环境等级量表修订版》得分高于其他类型的幼儿园，其他类型幼儿园之间的差异很小。教育部门办幼儿园《学前教育环境等级量表增补版》得分特别高，反映了他们重视教育（而不是保育）的倾向，但北爱尔兰所有类型幼儿园的《学前教育环境等级量表增补版》得分都很低。

北爱尔兰幼儿园的《学前教育环境等级量表修订版》得分普遍比英格兰相同类型的幼儿园的得分略高一些。这是由游戏小组和私立日托中心造成的，尤其是游戏小组，游戏小组的《学前教育环境等级量表修订版》分数比英格兰的高很多。与《学前教育环境等级量表修订版》得分相反，比较《学前教育环境等级量表增补版》得分发现，北爱尔兰幼儿园在数学、科学与环境以及多样化等项目上的得分没有英格兰的幼儿园那么高。北爱尔兰不同类型幼儿园环境等级量表得分的比较见图 10－2。

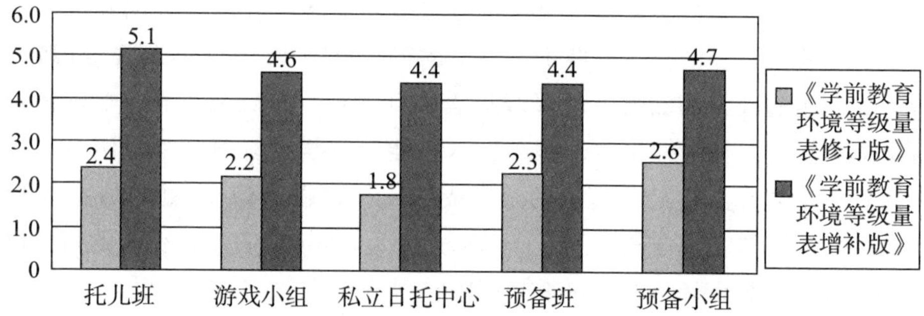

图 10－2 北爱尔兰不同类型幼儿园《学前教育环境等级量表修订版》和《学前教育环境等级量表增补版》得分比较

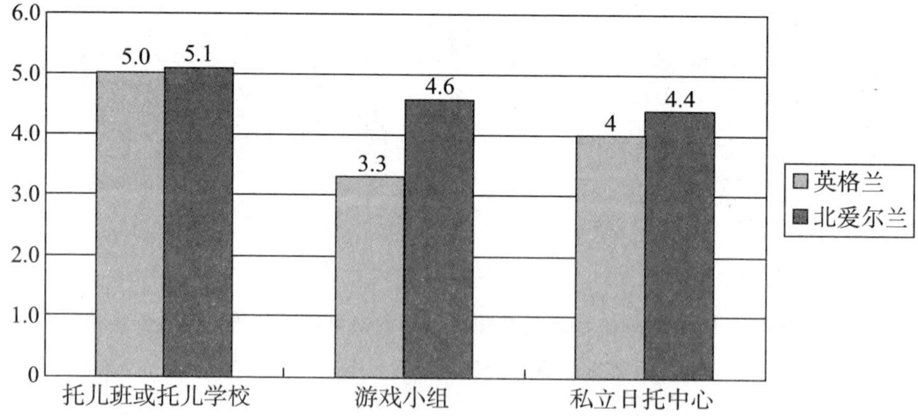

图 10－3 英格兰和北爱尔兰不同类型幼儿园《学前教育环境等级量表修订版》得分比较

我们可以对北爱尔兰和英格兰的 EPPNI 项目和 EPPE 项目样本中都有的幼儿园类型的《学前教育环境等级量表修订版》得分做一个比较。两个地区各类幼儿园得分的差异见图 10－3。在分别比较不同类型幼儿园之间的《学前教育环境等级量表修订版》得分之后，总分出现差异的原因就可以清楚地看到。从整体上看，北爱尔兰的分数更高是因为他们的游戏小组和私立日托中心的分数更高，但两个地区的托儿班或托儿学校的得分几乎完全一样。很清楚，北爱尔兰的游戏小组在《学前教育环境等级量表修订版》量表每个子项目上的得分都高于英格兰。与英格兰相比，北爱尔兰的私立日托中心在"生活常规""互动"和"成人"等子项目上的得分都更高，但"活动"的得分要低一些。北爱尔兰的托儿班和托儿学校的"生活常规"分数较高，但在"活动"和"成人"上得分较低。

对北爱尔兰和英格兰的教师培训差异进行比较后发现，北爱尔兰样本中游戏小组的教师培训水平显著高于英格兰 EPPE 样本中的游戏小组。看起来，观测到的北爱尔兰《学前教育环境等级量表修订版》得分高于英格兰，很可能与北爱尔兰的游戏小组在教师培训水平上的得分更高有关，而北爱尔兰幼儿园《学前教育环境等级量表修订版》得分更低，可能是因为英格兰和北爱尔兰在课程目标和课程设置上存在差异，或者（北爱尔兰）幼儿园少。《学前教育环境等级量表修订版》量表的编制主要依据的是英格兰的新学前教育课程，这个课程比北爱尔兰的更加倾向于学术性。这样，北爱尔兰幼儿园《学前教育环境等级量表修订版》得分低，可能反映了课程倾向性上的不同。

EPPNI 研究中样本儿童的发展

1998—2006 年，EPPNI 项目共招募了 837 个家庭和儿童的样本，绘制了若干 3—8 岁儿童的发展轨迹，描述了能使儿童在小学时有一个良好开端的幼儿园特征。共有 80 所幼儿园参与了这个大规模的纵向研究。研究团队使用多种方法收集和分析了大量的资料。以下归纳的是这个研究的结果。

儿童刚入学时的主要研究结果

是否上幼儿园的影响

与没有上过幼儿园相比，有过幼儿园经历能促进儿童的发展。

在控制可能影响儿童发展的背景因素的差异下，居家儿童（那些没有或有很少幼儿园经历的儿童）在入小学时和一年级结束时，在认知和社会行为发展成果方面比上过幼儿园的儿童差。他们也更有可能被鉴定为需要某种形式的特殊教育。

幼儿园类型的影响

EPPNI 项目分别比较了上过不同类型幼儿园和从没有或有很少幼儿园经历的儿童（居家组）之间的差异。在对比过程中，我们还将儿童自身、父母、社会经济地位、家庭、家人和早期看护经历等一系列变量纳入到分析的范围，以保证比较的公平性，也就是说在“一个公平竞争的情况下”进行比较。刚上小学时，上过托儿学校或托儿班的儿童认知发展优势最大，上预备班的儿童与居家儿童相比并没有表现出认知发展优势。就社会性方面的发展来说，来自游戏小组的儿童表现的优势最大，而来自其他类型幼儿园的儿童也表现出一定的优势。表 10－3 列举的是不同类型幼儿园的儿童（与居家组相比）在认知和社会性发展方面的总体优势。

表 10－3　刚上小学时与幼儿园类型有关的儿童总体发展优势

（相对于没有入园经历的儿童）

发展优势	托儿班和托儿学校	游戏小组	私立日托中心	预备班	预备小组
认知发展	3	1	2	2	0
社会性发展	1	3	1	1	2

全日制与非全日制幼儿园的影响

在研究的每个阶段，我们对上全日制幼儿园和非全日制幼儿园可能存在的差异进行了检验。结果发现：刚上小学时，来自全日制和非全日制幼儿园的儿童之间在认知发展方面没有明显差异；虽然他们在社会行为发展成果上没什么差异，但在社会性发展的进步程度上稍有不同，这是因为一个组赶上另外一组的缘故。

在园时间的影响

英格兰的 EPPE 研究发现，儿童在园时间（长）一直与更好的学习成果相关。2 岁以后，在园时间每增加 1 个月都会使儿童智力发展水平更高，也会更好地促进儿童的独立性、专心程度和社交能力的发展。然而，EPPNI 研究并没有发现类似的影响作用，这很可能是因为北爱尔兰在园时间这个变量处在比英格兰更低的水平上。

幼儿园质量的影响

在儿童刚上小学时，幼儿园的质量与儿童的智力或认知发展、社会行为发展直接相关。观察结果发现，所有类型幼儿园的质量都很高。有证据显示，总体上，托儿学校和托儿班的质量更高。幼儿园质量很可能受保教人员素质和培训程度的影响。北爱尔兰和英格兰游戏小组的质量对比非常明显，这说明对保教人员的良好培训能提升幼儿园质量。而且，托儿学校或托儿班的观测质量高、儿童发展水平高，也可能与这些幼儿园保教人员的高素质有关。有意思的是，用于测评幼儿园教育活动学术性特征《学前教育环境等级量表增补版》，在北爱尔兰和英格兰都能同时预测儿童的认知和社会行为发展成果。尽管事实上北爱尔兰的幼儿园的《学前教育环境等级量表增补版》得分总体上偏低，但是和英格兰不一样的是，北爱尔兰的幼儿园课程重点没有放在《学前教育环境等级量表增补版》测评的教育活动上。

同伴群体的影响

EPPNI 项目调查了同伴群体对儿童发展的影响作用，研究的方法是分析同伴群体的构成特征，即母亲的受教育程度（代表社会地位）、（同伴的）认知能力和社会性发展特征等——对儿童的影响。结果发现，这些方面是相关的。同伴群体的母亲平均受教育程度高，可能使其认知和社会性发展获益。儿童刚上小学时，同伴群体对儿童认知和社会性发展的影响已经出现。

弱势儿童

比起同伴主要来自处境不利家庭，同伴来自多种社会背景的家庭，对处境不利儿童的发展更加有利。学习困难或行为困难“高危”儿童也能够从幼儿园教育中获益。

在第一学段结束（8岁）时的主要发现

持续的作用：居家组和入园组比较

幼儿园教育的积极影响到第一学段结束前一直都保持着，而且很明显——尽管有些影响并没有他们刚入小学时那么大。对幼儿园教育效果有所降低最有可能的解释是，小学教育对儿童发展的影响加大。在第一学段结束（8 岁）前，阅读和数学成绩的差距仍然很明显，在 7 岁时（最后一次社会性发展测评的年龄）某些方面的社会性发展差距也依然很明显（如上过幼儿园的儿童会表现出更少的焦虑情绪）。

幼儿园类型的影响

在第一学段结束时，幼儿园教育的影响依然存在，其中对上过托儿学校或托儿班的儿童的影响最大，对上过游戏小组的儿童稍微小一点，对上过预备班的儿童影响更小，但对上过私立日托中心和预备小组的儿童的影响几乎消失。

EPPNI 项目对上过不同类型幼儿园的儿童和没有或很少有幼儿园经历的儿童（居家组）进行了比较。在比较时将儿童自身、父母、社会经济地位、家人、家庭和早期看护经历等一系列变量纳入了分析的范围，以保证比较的公平性。上小学以后直到第一学段结束，上过托儿学校或托儿班的儿童的认知和社会行为发展成果一直都更为出色，随后是上过游戏小组的儿童，从幼儿园教育获益最少的是上过私立日托中心、预备班和预备小组的儿童。这种影响效果会因不同发展领域、处在小学的不同时期而不尽相同，但我们有可能通过汇总小学前四年里所有的正面效益，扣除对认知和社会性发展的负面作用，计算出一个认知和社会行为发展成果总体受益指数。表 10 - 4 显示了这个统计结果。

表 10－4 小学前四年与幼儿园类型有关的整体发展优势
（相对于没有入园经历的儿童）

发展收益	托儿班或托儿学校	游戏小组	私立日托中心	预备班	预备小组
认知发展	15	10	5	4	0
社会性发展	9	9	2	1	2

与居家组相比，上托儿学校或托儿班对儿童认知发展成果的益处最大，紧随其后的是游戏小组，然后是私立日托中心和预备班——上过预备小组的儿童总体认知发展没有受益。

上过托儿学校或托儿班的儿童与上过游戏小组的儿童社会行为发展成果相当，但上过其他类型幼儿园的儿童社会行为发展成果略微好于居家组的儿童。

全日制和非全日制幼儿园比较

在研究的每个阶段，我们都考察了上全日制和非全日制幼儿园的儿童之间出现差异的可能性。多数的比较结果表明，这两类儿童之间不存在差异。这与 EPPE 项目在英格兰的研究结果相同。社会性发展的某些方面的进步程度存在一些不同，但这种影响好像只表示一组儿童可以赶上另外一组，发展成果本身没有明显差异。

在园时间的影响

结果发现，在小学第一、第二年的末期，在园时间长对社会性发展有少许的积极作用。

幼儿园质量的影响

小学前四年中，幼儿园的质量（高）与儿童较高的智力或认知、社会行为发展水平相关。这种影响作用到小学后随着时间的推移而减小，但在第一学段的最后（8 岁时），仍有一些余留的作用。

北爱尔兰所有幼儿园的质量都不错，但托儿学校和托儿班的整体质量更高。幼儿园质量与保教人员的素质和培训有关。北爱尔兰和英格兰游戏小组质量的比较结果，以及北爱尔兰上过游戏小组的儿童成绩相对更好的事实，能够有力地说明加强保教人员培训能提高幼儿园质量——北爱尔兰游戏小组有相对较好的效果可能说明其为保教人员提供了更高质量的培训。托儿学校和托儿班的质量高，上过这些幼儿园的儿童成绩好，很可能也与这些幼儿园的保教人员素质高有关。

同伴群体的影响

EPPNI 项目调查了同伴群体对儿童发展的影响作用，研究的方法是分析同伴群体的构成特征——母亲的受教育程度（代表社会地位）、（同伴的）认知能力和社会性发展特征等——对儿童的影响。结果发现，这些方面是相关的。同伴群体的母亲平均受教育程度高，可能使其认知和社会性发展获益。有几个研究结果都表明，同伴群体的优势越明显，儿童的发展受益就越大。类似的结果也出现在 EPPE 项目的研究之中。

弱势儿童

许多儿童到了第一学段末，仍然处在特殊教育需要“高危”困境之中，有更多的居家儿童落入“高危”之列，即使考虑了他们的背景因素的影响之后依然如此。有许多不利因素与学习或行为困难“高危”儿童有关。这些不利因素包括早产、低出生体重、有三个及以上的兄弟姐妹、父母学历和社会经济地位低、家庭学习环境差等。这样的儿童也有可能在婴儿期就已经表现出发展问题或行为困难。学习或行为困难“高危”儿童能够从幼儿园教育中获益，幼儿园质量越高，他们获益就越大。这表明，处境不利儿童在接收不同社会背景幼儿的幼儿园比在全部接收来自弱势群体的幼儿的幼儿园获得的进步更大。这对幼儿园选址有一定的影响。

早期家庭学习环境的重要性

早期家庭学习环境质量（父母能主动参与到孩子的活动之中）会影响所有孩子的智力和社会性发展。虽然父母的社会地位和受教育水平关系到儿童的学业成绩，但是家庭学习环境的质量更加重要。家庭学习环境的质量与社会地位或母亲的受教育水平只存在中等程度的相关。父母做了什么比他们是谁更加重要。可以说如果缺少家长（对儿童）的支持和教育，那么幼儿园教育在促进幼儿社会行为发展方面就失去了一个重要的帮手。

小结

显而易见，EPPE 和 EPPNI 两个项目研究结果的互相印证程度非常惊人（见第五章至第七章）。在几乎每一类研究发现中，EPPE 和 EPPNI 两个研究的发现都非常相似。在不同的政策背景下对不同的人群进行研究获得如此相似的研究成果大大增加了研究发现的可靠性。

EPPNI 项目证明，高质量的幼儿园教育对儿童智力和社会行为发展的积极作用，一直可以延续到小学第一学段末（在北爱尔兰为 8 岁）。EPPNI 研究结果也表明，在处境不利儿童上小学前，幼儿园教育通过给他们提供一个更好的开端，能够在减少社会排斥、促进社会融合等方面发挥很大的作用。研究结果还表明，幼儿园教育对儿童的发展进步具有积极的影响，且这种影响已经超过了家庭因素的影响作用。

研究结果显示，幼儿园类型非常重要，好的学业成绩与某些类型的幼儿园有关，高质量的幼儿园与儿童学业成绩更好有关。另外，研究还发现，家庭学习环境也独立产生了重要影响。比起社会经济地位等其他因素，这些方面（幼儿园类型和质量、家庭学习环境）可能更容易通过出台新政策和实践工作者主动参与而得到改变。

这个项目的结果清楚地显示，北爱尔兰的幼儿园教育使儿童受益不少，而且儿童在托儿学校、托儿班和游戏小组比在其他类型的幼儿园受益更多，因此，这些类型而不是其他类型的幼儿园应当扩大其覆盖人口范围。公立的预备班和预备小组与儿童的低受益水平相关。如果政府能够将资源分配给托儿学校、托儿班和游戏小组，让他们接收目前在预备班和预备小组接受学前教育的儿童，那么政府的财政投入会使更多的幼儿受益。北爱尔兰随后出台的政策已经吸纳了这些研究成果，要求预备班和预备小组不再接收低于一般预备班年龄的儿童。同样值得注意的是，北爱尔兰的私立日托中心对儿童发展的益处也没有托儿学校、托儿班和游戏小组那么大。

除了关注幼儿园对儿童认知和社会性发展的促进作用外，EPPNI 项目（与 EPPE 项目有一致的研究发现）还关注特殊教育需要“高危”现象的减少与幼儿园质量好坏之间的关系。这激发了人们对高质量幼儿园教育促进所有儿童发展的经济方面的思考，因为特殊教育无论从个人还是从公共资金来说都是非常昂贵的。这里提出一些有关弱势儿童的具体建议：

- 增加幼儿园对那些通常不愿送幼儿入园的父母的吸引力（一般在人口集中的地区），从而为弱势儿童群体提供一个良好的入学准备，降低他们需要特殊教育的风险；
- 幼儿园及其保教人员应该意识到，男孩可能在认知发展和部分社会性发展方面“风险”更大，因此，通过教师接受有关方面的专业培训使他们开始增加对男孩特殊需要的关注，可以产生长期的积极效果；
- 鼓励父母主动了解自己的孩子，积极参与他们的游戏活动，提高儿童的语言能力、空间想象能力和创造性，这也特别有可能促进儿童随后的认知和社会性发展，使他们在学校获得更好的学业成绩；
- 儿童“高危”状况与他们受多重不利因素的影响密切相关，因此，我们需要探讨有效的方法，帮助那些服务对象中有较高比例多重不利家庭的幼儿园和学校获取额外的资源。

两项相关研究（即 EPPE 和 EPPNI）对制定基于科研的学前保教政策作出了独特的贡献。这两个研究采用了完善而创新的研究方法，研究结果对国家和地方层面的政策制定产生了实质性的影响。EPPNI 项目最初的目的是促进人们对幼儿园保育和教育的思考和讨论，聚焦于能够给儿童及其家庭“带来改变”的那些方面。EPPNI 项目已经成功实现了这些目标。

参考文献

Melhuish, E., Quinn, L., Hanna, K., Sylva, K., Siraj-Blatchford, I., Sammons, P. and Taggart, B. (2006) *The Effective Pre-school Provision in Northern Ireland Project*, *Summary Report*, Belfast: Stranmillis University Press. Available at http://www.deni.gov.uk/researchreport41.pdf.

第十一章

突破：研究如何为政策制定提供依据

布伦达·塔加特

在这一章，我们将通过参考一些重要的政策文件，分析 EPPE 项目是如何为英格兰学前教育政策的制定提供依据的。

导言

这一章从介绍 20 世纪 90 年代初的政策背景开始，描述 EPPE 研究发现如何为近 10 年学前保教政策的变革提供依据。已有大量文章论述了该研究对教育实践的影响（Hargreaves，1996；Siraj-Blatchford et al.，2008），但是很少有人关注该研究改变政策的方法和途径。桑德斯（Saunders，2007）发现了这种矛盾，并探讨了拥有“教育政策制定权”（p. 106）的人士的不同角色和责任，这使我们意识到研究人员在与政策制定者合作的过程中会遇到一些困难。惠蒂（Whitty，2007）和戴维斯等人（Davies et al.，2001）倡导，研究应用于改变政策。这一章就以 EPPE 项目为例，阐述研究如何改变政策。

循证政策[1]的制定

本书的第一章介绍了 20 世纪 80 年代末和 90 年代初影响 EPPE 项目开展的英国学前保育和教育的历史背景和政策背景，讨论了一些大规模的研究项目（如高瞻课程研究等）。这些项目研究发现，高质量的学前机构教育在

---

① 循证政策（evidence-based policy）指的是依据设计周密的科学研究提供的客观证据而制定的公共政策。——译者注

促进所有儿童更好发展方面可以产生持续的效果。虽然有了这个证据，但是20世纪90年代末之前，英国有关学前教育的政策几乎没有变化。具备以下条件将有助于研究对政策制定发挥作用：

- 时机。时机对政策制定来说非常重要，因为研究必须是“被普遍接受的”，要与（政府的）更大范围的政治新举措方向一致。这就涉及运气或缘分等因素，必须是在“正确的时间、沿着正确的方向”开展研究。
- 正确的方法和可靠的研究发现。政策制定者和政治家必须信任研究所使用的方法，信任对这些研究证据的解读。
- 清楚的信息。研究发现易于被相关人员理解和运用。
- 对正在变化的政策需求非常敏感。研究者必须能够及时了解政策制定者不断变化的需求以及工作的时间限制。

EPPE项目非常幸运，上述所有条件都符合。有人会说，没有EPPE项目，有关学前保育和教育的政策改革也会开始，因为改革正好符合社会融合这个政治议题。但对于1997年上台的工党政府来说，改革的依据非常重要。EPPE项目研究正好提供了这样的证据，而且，就像本章要探讨的那样，这些证据使他们认识到，有关学前教育政策和实践领域的改革“能够起到应有的作用”，向学前教育领域投入更多的资源有可能带来更好的收益，他们对此信心十足，所以会继续推进改革。

在EPPE项目研究实施期间，由于教育研究的口碑不好，承诺支持循证政策的制定并非没有争议。EPPE团队受托开展项目研究之时，教育研究正在受到越来越多的批评（Hargreaves，1996；Tooley and Darby，1998；Hillage et al.，1998）。批评认为教育研究不严谨，无法运用，无法传播，成本效益也不足。此外，人们还经常批评教育研究无法满足政策制定者的需要，也无法在一定的时间内为重要的决策提供真实可信的研究成果。EPPE项目研究之所以获得更大的成功，是因为它囊括了三个重要的政策议题：社会经济、标准和研究（稍后讨论）。考虑到它随后可能对政策变革产生的作用，这一点就非常重要了。1997年工党政府一上台就明确表示，他们计划推行的社会改革需要遵循客观的研究证据（Humes and Bryce，2001）。政策制定的任务就是要通过采取大量的新措施和立法，为英格兰的学前儿童（0—5 岁）提供便捷的服务，试图把“学前教育”部门从“拼接的被子”变成提供完整服务的“无缝被套”。这些完整的服务就是要整合教育和保育，使儿童能够顺利从非义务教育阶段向义务教育阶段过渡。

家庭对儿童看护的需求：社会经济议题

在左翼新工党 1997 年选举胜利之前，有关学前教育的政策明确将“保”和“教”分开了。不像有些欧洲国家（尤其是北欧国家），世纪之交英国的幼儿园教育远远没有达到普及程度。作为非义务教育，学前机构教育的发展遵循的是市场经济的规律和供需原则。除了政府办的幼儿园之外，还有不断增加的志愿机构和私营机构。父母送他们的孩子上幼儿园的意愿程度存在相当大的地区和社会经济差异，而且不同的幼儿园之间在很多方面也存在很大差别（Sylva and Pugh，2005）。

政府承诺将“集中力量完成减少失业和贫困的基本任务”（Labour Party Manifesto，1997）。实现这一承诺的两个关键是降低失业家庭的数量和完善公共服务。自第二次世界大战以来，英国的人力资源（像其他许多工业国家一样）已经越来越“女性化”，这是因为有更多的妇女选择抛弃纯粹的家庭角色，希望获得与自己学历相对应的职业，同时也因为家庭往往需要妇女的收入，以维持在相对贫穷以上的生活水平。为了支持女性就业，（市场上）就需要足够的、“有组织的”机构向学前儿童提供服务。这就带来了一系列社会政策的变化，包括给工薪家庭提供税收奖励和扩建幼儿园等（DfES，2002），以鼓励父母返回或坚守劳动岗位。因此，这个重要的社会改革的关键是扩大和改善针对工薪家庭的服务。这个大胆的承诺可归纳如下：

> “19 世纪因所有人都能接受初级教育而闻名，20 世纪因所有人都能接受中等教育而闻名，因此，21 世纪初应该以所有 5 岁以下儿童都能接受早期教育为标志。”
>
> ——戈登·布朗（Gordon Brown）议员，财政大臣
>
> （Her Majesty’s Treasury，2004a）

提高教学成就：标准议题

20 世纪末的英国，人们越来越关注所有学科、所有学段的教育“标准”问题。国家课程（Great Britain，1988）的制定和 7 岁、11 岁国家统一考试（DES and Welsh Office，1988）的实施引发了争议，人们开始关注英格兰的学生到底比其他国家的学生好多少。读写、数学和科学标准的国际比较[①]的推行，给许多国家政府敲响了警钟（特别是德国），使他们开始关注“标准”的问题。不同国家处在国际排名表上的不同位置，进一步引起人们关于有效教学的极大争议，尤其是各个年龄段的阅读和数学教学（让学生接受课程内容）有效性问题。

对义务教育阶段（5 岁以后）课程标准的不断关注必然引起人们对儿童入小学时必备的技能、态度和性格的关注和质疑。人们相当关注如何为儿童，特别是为处境不利的儿童提供帮助，使他们在入小学时能够很好地迎接国家课程的挑战。这就打开了政策的“探照灯”，使其将学前教育当做一个提高小学教育标准的途径。

学前教育的效果：研究议题

国际上一些重要的学前教育研究结果表明，学前机构教育具有积极的作用（见第一章）。两个影响很大的随机对照实验研究，即佩里学前教育研究（Schweinhart et al.，1993）和初学者项目（Abecedarian Study，Ramey and Ramey，1998），都显示了学前保育和教育的积极作用，尤其是对那些处境不利儿童的价值更大。佩里学前教育研究特别重要，是因为该研究是纵向研究，能提供证据证明（在美国的背景下）学前教育可以带来长期的积极影响。该研究表明，学前教育（3—5 岁）能提高高年级学生的学习成绩，减少少年犯罪和成年犯罪，也能提高儿童未来的职业地位和经济收入。被引用频率最高的经济学观点是，在学前教育上投资 1 美元，就为未来的社会、健

① 有关国际学生能力评价方案（Programme for International Student Assessment，PISA）、国际数学与科学成就趋势研究（Trends in International Mathematics and Science Study，TIMSS）和国际阅读素养发展研究（Progress in International Reading Literacy Study，PIRLS）等方面的信息，请参见穆利斯等人（Mullis et al.，2003）的研究。

康和司法系统省 7.16 美元。这个观点很有说服力，促进了美国学前教育服务范围的扩大（Barnett，1996）。但在英国，很少有研究证据能够证明，学前教育体系也可以产生这样的效果。

20 世纪 90 年代初，学前教育的研究方向出现了某些变化。《朗博尔德报告》强调学前教育有可能使儿童在入小学时有一个更好的开端。接着，《正确开端报告》呼吁加大财政投入，普及学前教育（服务）。这个报告很有影响力，西尔瓦（Sylva，1994，见附录 3）在其中整理了已有的研究证据，提出了令人信服的理由，证明幼儿园教育在儿童情感发展和学业成绩提高等方面有积极的作用。

EPPE 项目的研究发现

由于上述三个议题同时出现，再加上有新政府的承诺，所以 EPPE 项目才有机会（向政府）提供证据，阐述（学前教育）对社会的整体益处，特别是对儿童的价值，从而可以使他们获得高质量的学前教育经历。EPPE 项目研究能够清晰地阐述幼儿园教育对儿童的发展具有重大的积极影响。该研究表明，儿童所上幼儿园的质量较高、较有效，儿童在园时间较长，对儿童的学业进步和学习成果就具有持续的积极影响（Sammons et al.，2004a，2008a，2008b）。研究还特别强调，某些背景特征对特定认知和社会行为发展成果具有相对更大的影响（用效应值表示）。其中的一个主要发现是，早期家庭学习环境的质量具有重要作用，可以保证儿童长期的成功（Melhuish and Hall，2007；Sylva et al.，2004），由此推动了支持家庭教育政策的制定。

EPPE 项目研究对政策的影响

EPPE 项目研究发现，为幼儿提供普及的学前教育可能给幼儿带来好处，在贫困地区提供有针对性的服务具有其潜在的价值。这些研究发现有助于英国循证政策的制定。本章接下来的内容将说明 EPPE 研究已经在解决政策问题上发挥了多么重要的作用，还借助重要的政策文件阐述该研究是如何影响政策和法规的制定的。

2006 年，英国教育与技术部的分析战略（DfES，2006a）宣称：

有效学前教育（EPPE）第二学段的研究

> 这个项目揭示了学前教育对儿童第二学段学习产生的影响作用。EPPE 项目的研究成果已经对学前教育政策的制定产生了重要的作用，特别是清楚地阐明了幼儿园教育质量对最后的成功具有十分关键的影响。同一批儿童的连续观察使我们发现幼儿园教育经历的持续性影响作用以及增强或减弱这种影响的具体因素。(DfES，2006，p. 20)

要想了解 EPPE 研究“对政策推进的重要作用”，最好去阅读已经发表的谈及该项目研究成果及其影响的文件。

英国首相托尼·布莱尔（Tony Blair）在《迎接学前教育的挑战：国家学前教育战略》(*Meeting the Childcare Challenge*, *The National Childcare Strategy*, DfEE，1998）中提到儿童时说，“高质量的学前教育……对他们个人幸福和安全成长非常关键，可以使他们在交往时充满自信并从中获益”，“学前教育已经太长时间被忽视了”（DfEE，1998，p. 3)。这一绿皮书为一个重要的政策动议作了前期准备。该政策动议见《为父母提供选择，儿童的最佳起点：学前教育十年战略》(Her Majesty's Treasury，2004b)。这个具有里程碑意义的文件提出了一个长远目标，力图通过对现有的服务进行重新整合，从根本上改变 5 岁以下儿童的经历。这一文件清楚说明，“有关英国学前教育对儿童发展价值的分析，主要源自有效学前教育研究”（Her Majesty's Treasury，2004b，p. 65)。

这个里程碑式的战略文件提供了一个有关学前教育价值的政策依据，并多次引用了 EPPE 项目研究成果作为政策制定的理论依据。本章接下来将引用这一战略文件中列举的研究证据，来说明 EPPE 项目回应的一系列政策问题。EPPE 项目还通过分析家庭学习环境的质量，阐述了家庭在促进儿童发展方面的重要性。这已经对支持家庭和社区的相关政策的推进产生了影响，其中就包括确保开端计划（Melhuish and Hall，2007)。

政策问题 1：谁是学前教育的受益者？

政府面临的一个关键的政策性问题涉及普及学前教育服务的价值。传统的观念认为，由国家投入的学前教育，从战略上看最适合用于帮助处境不利家庭，以使家境贫困的儿童“赶上”那些处境优越的同龄人（这是开办日托中心的理论基础)。20 世纪 90 年代初，保守党开展的教育券试点计划就对此进行了探索。EPPE 项目的研究证据显示，“任何学前教育经历都可以对儿童的社会性、情感和认知发展产生显著的积极影响”（Her Majesty's Treasury，2004b，p. 8）。

研究发现，幼儿园教育对所有儿童都有益处（相对于没有任何幼儿园教育经历而言，在儿童 18 岁时，有过入园经历与母亲高学历对儿童学业成就有近似的效应值）。这些结果直接导致政策的变化。这不是说政策不再关注对处境不利儿童的益处（见下），它的确提供证据，表明普及学前教育具有重要意义。在“十年战略”文件中这个政策上的巨大变化体现在以下两个方面：

> • 到 2008 年，立法确定各地方政府新的责任，以保证逐步提供充足的供给，满足家庭的需要；
>
> • 虽然最终目标是为所有 3—4 岁幼儿提供每年 38 周、每周 20 小时的高质量的免费学前教育，本预算报告（Pre-Budget Report）宣布，第一步是到 2010 年为所有的儿童提供每年 38 周、每周 15 小时的学前教育。（Her Majesty's Treasury，2004b，p. 1）

学前教育第一次在英格兰成为普及服务的内容。

政策问题 2：儿童多大开始上幼儿园？

社会上有关儿童和家庭的讨论长期存在争议。20 世纪有关母亲在家看孩子——核心家庭的观念——已经消失，但关于儿童从几岁开始能受益于集体保育和教育一直存在争议。这份“十年战略”文件是这样陈述的：

> 来自于 EPPE 项目研究的证据表明，较早开始接受幼儿园教育对儿童认知和社会性发展具有很大的积极影响。例如从 2 岁开始，上高质量幼儿园的儿童每增加一个月的在园时间，其入小学时的认知成绩都会提高，这种积极的影响会至少持续到 7 岁。那些 2 岁或 2 岁以前就开始进入高质量幼儿园的儿童的发展水平领先没有上过幼儿园的儿童 10 个月。EPPE 的研究证据还表明，较早上幼儿园还能提升儿童入小学时的社会技能。（Her Majesty's Treasury，2004b，p. 8）

尽管 EPPE 研究报告了大量有关机构教育的积极效果的发现（仅有一例发现涉及机构教育对儿童的负面影响），但是“提前开端”的概念（early start）一直受到争议。正如这份“十年战略”文件所言：“然而，研究表明，长时间上低质量的幼儿园对 3 岁以下儿童的一些社会行为发展产生了少量的消极影响。”（p. 8）这个发现与其他一些研究的结果（NICHD Early Child Care Research Network，2004）相同。这些研究发现说明，儿童特别小就被送到机构接受（集体）教育，尤其当在园时间还特别长时，对有些儿童来说未必受益会最大。这个研究还讨论了有关 2 岁以下儿童最好如何看护等方面的不同观点。已经有很多政策动议提出促使更多的父母待在家里照看婴儿：

> 从 2007 年 4 月起法定产假工资、产假津贴及法定养育津贴会延长到 39 周……为了使父亲能够在孩子出生后第一年这个关键时期扮演重要角色，政府打算建议……让母亲有权将她们的产假和产假工资分一部分给父亲……在如何安排父母对新生儿的照顾方面给父母更多的选择机会。（Her Majesty's Treasury，2004b，p. 30）

政策问题 3：儿童该在幼儿园待多长时间？

关于在园时间的问题，“十年战略”文件再次引用了 EPPE 的研究成果：

> EPPE 研究证据表明，全周上常规的非全日制幼儿园可以使儿童获益。尽管 EPPE 研究认为，和没有上过幼儿园的儿童相比，只要上过幼儿园，无论上哪种类型的幼儿园以及在园时间有多长，都对儿童发展有积极的促进作用，但是全日制幼儿园并不比非全日制幼儿园效果更好。（Her Majesty's Treasury，2004b，p. 8）

有关在园时间的研究证据已经在许多政策文本中得到了广泛的应用，其中影响最大的是《为 3—4 岁幼儿免费开放保教场所实用手册》（*A Code of Practice on the Provision of Free Nursery Education Places for Three-and Four-Year-*

Olders，DfES，2006b）和《下议院学前教育咨询报告》（*House of Commons' inquiry into Early Years*，House of Commons，Education Sub-Committee，June 2000）两个文件。

政策问题4：幼儿园教育能否帮助特殊教育需要“高危”儿童减少不良环境带来的消极影响？

对特殊教育需要的早期鉴别非常关键，特别对来自不利环境的儿童更是如此（见第九章）。不利环境是研究的一个重要焦点，子项目幼小衔接与特殊教育需要（Sammons et al.，2002b，2004b；Taggart et al.，2002b）深入地探讨了这个问题。该研究建立了一个多重不利的评价指标体系，并认为儿童具备指标体系中的条件越多，他们成为特殊教育需要“高危”儿童的可能性越大。“十年战略”文件引用了EPPE研究的证据：

> EPPE研究结果表明，儿童3岁入园时，有三分之一的儿童处于特殊教育需要困境，但到上小学时，这一比例降低到了五分之一。这一结果充分说明，幼儿园教育能够有效降低儿童对特殊教育的需要。（Her Majesty's Treasury，2004，p.8）

虽然不能完全消除不利处境的影响，但是高质量的幼儿园教育确实能够让来自低收入家庭的儿童在上小学时拥有一个良好的开端。这对国家政策的推进产生了重要影响，也推动了另外一项开创性项目的开展，该项目力图研究免费学前教育对来自不良环境的2岁儿童的影响作用。

政策问题5：哪些类型的幼儿园能使儿童获得最好的发展成果？

EPPE项目研究的一个关键问题是，不同类型的幼儿园对儿童产生了什么影响。多层统计模型使我们能够研究每一所幼儿园的影响效应，这样就可以找出高效的幼儿园，分析其特点。EPPE项目与质量、类型和特征有关的研究结果对政策产生了重大的影响。“十年战略”文件对EPPE研究有关质量的证据阐述如下：

> EPPE研究结果表明，和没有上过幼儿园的儿童相比，无论所在幼

儿园的质量如何，也无论在园时间有多长，只要上了幼儿园就能对儿童产生显著的积极影响。幼儿园教育的质量直接关系到儿童智力和社会行为的发展。研究证据还显示，在控制了儿童自身、家庭和家庭学习环境等方面特征的影响之后，高质量的幼儿园与儿童优异的学习成果之间显著相关，上过高质量幼儿园的儿童，其阅读成绩更好，行为问题更少。

该文件还提到：

证据显示，幼儿园的影响效应很大。EPPE 研究分析结果表明，上过和没有上过幼儿园的儿童之间的发展程度相差 4—6 个月。对质量最高的综合中心来说，这种发展差距可以达到 9 个月。这么大的差距是在仅仅两年的时间内产生的！当高质量的幼儿园和在园时间长两方面因素结合起来时，影响作用特别明显。（Her Majesty's Treasury，2004b，p. 66）

EPPE 项目有关幼儿园质量的重要性的研究发现具有很强的说服力，已经为存在政治分歧的各政党所接受（Liberal Democrats，2003）。

“十年战略”文件还引用了 EPPE 项目有关幼儿园好在哪里、哪些因素有助于提高质量等方面的研究成果。

EPPE 项目总结说，所有类型的幼儿园中都可能有质量高的幼儿园，但总体上看，综合中心、托儿学校和托儿班质量更高。更高质量的幼儿园与（儿童）更好的学习成果直接相关，关键的解释性因素包括：保教人员学历高、领导力强、在职时间长，经过专业训练的教师共同合作并帮助缺乏专业知识的保教人员，保教人员能够很好地理解儿童是如何发展和学习的，能够主动开展家园联系工作。（Her Majesty's Treasury，2004b，p. 66）

EPPE 项目的个案研究（Siraj-Blatchford et al.，2003）详细地分析了保教人员在有效教育实践方面的信息，重点讨论了能为儿童提供高质量学习经验的相关内容。EPPE 的这些研究成果影响力特别大，已经被大量吸收到

《国家小学教育实施方案》（DfES，2006c，p. 13）中。

由于综合中心的整体质量最高（儿童发展成果也最好），这样的机构（现在被称为“儿童中心”）成为了人们重新审视学前教育服务的关键。儿童中心（已经成为“确保开端”的一部分）除了提供儿童保育、协调“保”“教”之间关系之外，还通过广泛的咨询服务支持父母（如就业、提高育儿技能等）。这个领域相关政策的扩展已经产生了深远的影响：新增了525 000所幼儿园，使110万儿童从中受益（Her Majesty's Treasury，2004b，p. 22），又开办了1 279所邻里托儿所（Neighborhood Nurseries）（Her Majesty's Treasury，2004b，p. 26），还有2 599个儿童中心将于2008年前投入使用（p. 1），政府还承诺“到2010年，每个社区都要建一个儿童中心”（Her Majesty's Treasury，2004b，p. 3. 3），这样的教育扩张前所未有。EPPE项目的研究建议随后就被纳入到《每个孩子都重要》法案之中（HM Government，2004）。

政策问题6：需要什么样的保教人员？

为了保证质量，“十年战略”文件明确指出，政府“有义务通过实行新的教师资格（标准）和职业结构，从根本上改变幼儿园保教人员的构成”（Her Majesty's Treasury，2004b，p. 43）。这项工作将通过1.25亿英镑的转移基金来实现。长期的愿景是“保证所有全日制幼儿园的园长是学前教育专业毕业的……还要建立一个统一的教师资格准入体系，并为现任保教人员提供更多的提高专业技能的机会”（Her Majesty's Treasury，2004b，p. 45）。对于很多地方政府来说，这一要求意味着对幼儿园保教人员进行重组，保证能够聘到合格教师，并合理地安排到各个幼儿园。这些内容部分参考了EPPE项目研究的观点，即合格教师与更高质量的学习环境和教育实践密切相关（Sylva et al.，1999）。

EPPE项目如何为政策提供依据？

我们在这一章已经证明，EPPE项目之所以能为一些政策的制定提供依据，是因为EPPE项目为一系列对政策制定来说相当重要的研究问题提供了强有力的答案。然而，我们相信这不是EPPE成功影响政策的唯一原因。还有一些别的因素也作出了贡献。在项目开展期间，研究团队制定了一个非常清晰、明确的“传播”战略，保证其研究结果能够为广大利益相关方所接受。这个战略包括为议会特别委员会（Select Committees）提供研究证据，与地方政府合作共同探讨如何整合当地的学前教育服务，到全国各地各种学术研讨会上做主旨演讲以及给实践工作者做各种工作坊。研究团队能够灵活处理政府各部门对研究提出的质询，还专门向国家财政部和内阁办公室提交政策分析报告。

除了对政策推进产生影响之外，在一些质量较高的幼儿园开展的质的个案研究，还详细提供了有关日常幼教实践方面的信息（见第八章和Siraj-Blatchford et al.，2002，2003）。业已证明，该项目的这些研究成果特别有价值，已经对幼教实践工作者产生了深远的影响（Siraj-Blatchford et al.，2008）。个案研究的证据，特别是对“保持共同思考”方法的运用，已经在课程开发和教学实践中产生了巨大的影响。这些内容详见第八章（见 Department for Education and Skills，2000，2005，2006）。

EPPE 之所以能影响政策，还有一个重要因素是其与资助方——英国儿童、学校与家庭部（以前的教育与技术部）一起工作的方式。EPPE 项目研究，特别是在早期阶段，形成了一种基于“知识交换”的工作方式，通过这种方式研究人员和资助方相互合作，共同战胜困难。这样就营造了一个运用研究结果影响和帮助政策推进的良好氛围（详见 Sylva et al.，2007）。

EPPE 研究的局限性

EPPE 研究解答了一系列问题，但却不能（也从未想过）对学前保育和教育的所有方面提供详细的证据。克拉克（Clarke，2006）批评 EPPE 项目采用了她称之为机械的方法研究学前教育，并将幼儿园教育看作

> 本质上具有未来导向的教育（入学准备），很少关心其自身经验的质量，也很少关心其对儿童当下的价值。它将重点放在促使儿童获得某些学习成果的有效性上，并将之作为培养有教养、高素质、有责任心、行为端正的成年人的第一步。（p. 710）

然而，这样的批评没有看到 EPPE 项目强调幼儿经验的质量，强调通过系统观察和个案研究揭示什么样的幼儿园能够丰富幼儿的生活，为幼儿提供

他们在其他场合通常很难参与的具有挑战性的活动，促进他们的认知和社会性发展。这对于那些在家很少得到激励或被忽视的幼儿特别重要。我们也认为，提高儿童的语言和社会行为技能（如同伴交往能力、独立性和专注能力等）是很重要的，不仅可以改善儿童当下的生活（质量），而且可以使他们在未来生活中获益。克拉克没有认识到，有大量的研究文献证明了高质量早期学习经历的重要价值。这些研究文献提供了有说服力的证据，证明学前教育有独特的、明显不同于其他教育阶段的重要性（Anning and Edwards, 2006）。EPPE 项目的任务不是评价幼儿园教育的重要性，而是研究幼儿园教育的影响作用。研究团队从幼儿园教育的先驱那里得到灵感，从该领域已有的研究中获取营养（见第十二章）。EPPE 最独特的贡献或许是考察了证明幼儿园教育价值的大量证据，并将这些证据整合到一起，证明幼儿园教育的影响远远超出学前这个时间段。

不出意料，EPPE 研究的结果表明，可能产生影响的预测因素（如上幼儿园等）与儿童发展之间存在关联。但是，由于上哪种类型的幼儿园至少部分是家长自主选择的，所以我们无法绝对排除其他未测量因素的影响，这些因素可能和他们“上幼儿园”这个因素同时发生变化，也对儿童的学习成果发生作用。为了应对这种限制，EPPE 项目测评了儿童自身、父母、家庭、邻居等所有可能对儿童学习成果产生影响的相关变量，也在研究中控制了这些变量的影响。因此，虽然我们不能作出绝对的归因判断，但到目前为止这似乎是最有可能的解释。

EPPE 项目认识到儿童不是到了学校之后才开始学习，于是在接受资助研究幼儿园学习经历（的影响）时，并没有忽视儿童的家人和家庭的作用。这个项目不是用来研究家庭学习的。克拉克（Clarke, 2006）认为，EPPE 项目只是测查了家庭学习环境，降低了

> 家庭对儿童在各种量表中的得分的作用。对于父母或其他家人对儿童的所作所为，只是看他们在形成与远期目标（特别是教育成绩）有统计意义上相关的若干品质中的贡献。（p. 709）

EPPE 项目强调了具有挑战性的早期学习经历的重要性，但对家庭学习环境的构成没能进行全面而“深入的分析”。虽然如此，我们强调这一点

(即家庭学习环境的重要性)，并增加了一些篇幅讨论在家中的早期学习，是希望这些讨论能引发对该领域的更进一步研究。

同样，EPPE 项目并没有计划（或接受资助）去关注教学实践和幼儿园教师在儿童学习中的角色。然而，EPPE 却抓住机会去访谈幼儿园教师、观察他们的实践，这就突出了在与儿童成绩优秀有关的“高”质量幼儿园中培训和教师资质的重要性。英格兰的人力资源改革认识到经过专业培训的教师的重要性，但政府却选择了推进早教师资格证书（CWDC，2006)。这种职业资格不是合格教师资格证书，而是与之水平相当的一种新的专业资格证书。持这一资格证的教师的待遇比合格教师要差。EPPE 无法回答有关学前教育人力资源的这种主要变化将带来哪些长期的影响（见第二章)。未来需要通过设计周密的研究来评估它的价值。这是研究证据只能给政策（制定）“提供资料”但通常不能产生“影响”的一个例证。

另一个这样的例证可能是有关幼儿园的“剂量”的研究结果。EPPE 研究证据表明，在园时间非常重要（见第六章)，上非全日制幼儿园——特别是上半日制幼儿园（每天上午或每天下午）——的儿童和上全日制幼儿园的儿童在分数上相似。这种“点滴注入法”（‘drip feed’）为儿童和保教人员提供了连续性：儿童既可以保持原有的亲情关系，又可以即时获取新经验；保教人员则可以更好地“支持”儿童的学习，也能够（有时间）制订短期、中期、长期的计划。然而，普及的免费幼儿园很少考虑这一点，给家长在送孩子入园方面提供了更大的“灵活性”。免费幼儿园一整天的任何时段都可以接收儿童，更适应父母的工作模式，但减少了儿童教育的连续性(Early Education，2008)。

EPPE 项目可以给政策制定者提供研究证据，但无法控制这些研究在政策推进和落实中如何起作用。很多研究成果已经得到了广泛的运用，而且（效果）也不错，然而其他一些研究成果并没有引起足够的关注。研究人员的工作职责包括：提供研究证据，宣传研究工作（研究成果)，促成（人们对相关议题的）讨论，认真地与其他研究人员合作，与所有关心如何改善幼儿生活的人一起讨论研究的启示。

讨论

以上的案例显示，在英国工党执政的前两个时期里，EPPE 项目通过提供确凿的、有说服力的研究证据对学前教育政策制定起到了促进作用。可以说 EPPE 项目研究是为政策制定“推开了一扇门”，EPPE 的研究发现与英格兰对学前保教政策不断增长的认知是相符的。尽管改革这个非义务教育领域的时机已经成熟，但是反对的观点认为，如果没有这个研究证据的支持，改革（可能由财政部支持）的力度和速度会变得更加不确定。EPPE 项目为政府各个部门提供了信息，也为随后的财政部支出审查（Treasury Spending Reviews）提供了资料。

最近 10 年，本章开篇确定的三个议题已经发生了大的改变，而 EPPE 项目研究对这三个方面都有贡献。随着对处境不利的社区增加额外的财政投入，“社会经济”议题得到改变（Sefton，2004）。目前的挑战主要集中在将来如何改善以下两类儿童的生活上：一类是仍处于贫困之中的儿童，另一类是来自少数族裔家庭的儿童，因为他们在弱势群体中占的比例太大了。EPPE 项目已经开始致力于此，为内阁办公室开展“生命全程的平等性”（equality across the life course）调查提供证据（EPPE 3—11 Team，2007）。“标准”议题也已经扩大了范围，形成了一个起始于 0—6 岁儿童课程并相互衔接的课程体系，并将新的注意力放到 5 岁以下儿童的“教育”上了。EPPE 项目已经明确了哪些重要的常规工作可以帮助保教人员改善课程内容和教学方法。人力资源的发展是“标准”议题实施的关键，早教师资格标准（CWDC，2006）的实施是否能够实现改进质量的目标，我们将拭目以待。“研究”议题也有所改变。我们有可能获得更深入的背景信息和更复杂的分析技术，这样我们不仅可以研究各种因素的作用（以及作用的大小），也可以研究这些因素之间的互相作用。研究的挑战在于，如何能够将一些纵向研究（如 LYPSE，ALSPAC 等）不断揭示的结果进行整合，整理出易于理解的、可供制定政策参考的发展趋势。

由于 EPPE 研究是大规模的纵向研究，具有广泛的代表性，是基于增值分析揭示影响儿童发展的各因素的可测量的贡献，同时还特别分析了能够带来更好教育结果的影响因素，所以该研究对政策制定产生了影响。事实证明这对政策非常重要，即明确向学前教育服务领域投入可观的公共资金可能有怎样的代价和收益。

参考文献

Anning, A. and Edwards, A. (2006) *Promoting Children's Learning from Birth to Five*, 2nd edn, Buckingham: Open University Press.

Ball, C. (1994) *Start Right: The Importance of Early Learning*, London: RSA.

Barnett, W. S. (1996) *Lives in the Balance: Age 27 Benefit-cost Analyses of High Scope/Perry Preschool Program*, Monographs of the High Scope Educational Research Foundation, 11, Ypsilanti, MI: High/Scope Press.

Children's Workforce Development Council (2006) Early Years Professional Prospectus. Part of the Sector Skills Council, Skills for Care and Development, Leeds.

Clarke, K. (2006) *Childhood, Parenting and Early Intervention: A Critical Examination of the Sure Start National Programme*, Critical Social Policy 2006, 26, 699, London: Sage Publications.

Davies, H. T. O., Nutley, S. and Smith. P. C. (eds) (2001) *What Works? Evidence Based Policy and Practice in Public Services*, Bristol: Policy Press.

Department for Education and Employment (DfEE) (1998) *Green Paper: Meeting the Childcare Challenge*, Norwich: HMSO.

Department for Education and Skills (DfES) (2000) *Curriculum Guidance for the Foundation Stage*, London, QCA/DfES.

Department for Education and Skills (DfES) (2002) *Delivering for Children and Families: Inter-Departmental Childcare Review*, London: DfES/DWP/HM Treasury/Women and Equality Unit, HMSO.

Department for Education and Skills (DfES) (2005a) *DfES Sure Start Children's Centres Practice Guidance*, London: DfES.

Department for Education and Skills (DfES) (2005b) *Primary National Strategy Key Elements of Effective Practice (KEEP)*, London: DfES/SureStart.

Department for Education and Skills (DfES) (2006a) *Analytical Strategy*, Nottingham: DfES Publications. http://www.dfes.gov.uk/research/data/general/AS2006.pdf (accessed 06/02/07).

Department for Education and Skills (DfES) (2006b) *A Code of Practice on the Provision of Free Nursery Education Places for Three-and Four-Year-Olds*, Nottingham: DfES Publications. http://www.surestart.gov.uk/_doc/P0002205.pdf (accessed 06/02/07).

Department for Education and Skills (DfES) (2006) *Primary National Strategy. Guidance on Curriculum and Standards. Improving Outcomes for Children in the Foundation Stage in Maintained*

Schools. Process-based Targets in the Foundation Stage, London: DfES Publications.

Department for Education and(DfES) (2006d) *Improving Outcomes for Children in the Foundation Stage in Maintained Schools: Process-based Targets in the Foundation Stage*, Primary National Strategy/SureStart, London: DfES.

Department of Education and Science(DES) (1988) *The National Curriculum*, London: HMSO.

Department of Education and Science(DES) (1990) *Starting with Quality: Report of the Committee of Inquiry into the Quality of Educational Experience Offered to Three and Four Year Olds (Rumbold Report)*, London: HMSO.

Department of Education and Science and Welsh Office(1988) *Task Group on Assessment and Testing*, London: DES.

Early Education(2008) *Flexible Offer and Extension to the Free Early Education Entitlement Offer.* Position Paper 2, London: Early Education.

Effective Pre-school and Primary Education 3—11 (EPPE 3—11) Team. (2007), *Promoting Equality in the Early Years: Report to The Equalities Review*, London. http://www. equalitiesreview. org. uk.

Great Britain(1988) *Education Reform Act 1988*, London: HMSO.

Great Britain(2006) *Childcare Act 2006, Explanatory Notes*, Chapter 21, London: HMSO.

Hargreaves, D. (1996) *Teaching as a Research-Based Profession*, London: Teacher Training Agency.

Hillage, J. , Pearson, R. , Anderson, A. and Tamkin, P. (1998) *Excellence in Research in Schools*, London: Department for Education and Employment.

HM Government(2004) *Every Child Matters: Next Steps*, Nottingham: DfES Publications.

HM Treasury. (2004a) *2004 Spending Review: Stability, Security and Opportunity for All: Investing for Britain's Long-Term Future*, London: HM Treasury.

HM Treasury. (2004b) *Choice for Parents, The Best Start for Children: A Ten-Year Strategy for Childcare*, Norwich: HMSO. http://www. hm-treasury. gov. uk/media/8F5/35/pbr04childcare_480. pdf(accessed 06/02/07).

House of Commons Session Education and Employment Committee(Education Sub-Committee) Early Years(2000) *Minutes of Evidence. Wednesday 21st June 2000. Evidence given by Professors Sylva, Siraj-Blatchford and Sammons*, London: The Stationery Office.

Humes, W. and Bryce, T. (2001) *Scholarship, Research and the Evidential Basis of Policy Development in Education, British Journal of Educational Studies*, 4(3), 329 - 352.

Labour Party Manifesto (1997) http://www. labourparty. org. uk/manifestos/1997/1997-labour-manifesto. shtml.

Liberal Democrats(2003) *Early Years*. Consultation Paper No. 65, London: www. libdems. org. uk.

Melhuish, E. and Hall, D. (2007) The policy background to Sure Start, in J. Belsky, J. Barnes and E. Melhuish(eds) *Evaluating Sure Start: Does Area-based Early Intervention Work?* Bristol: Policy Press.

Melhuish, E. C., Sylva, K., Sammons, P., Siraj-Blatchford, I., Taggart, B. and Phan, M. (2007) *Effects of the Home Learning Environment and Pre-school Center Experience upon Literacy and Numeracy Development in Early Primary School*, *Journal of Social Studies Issues*, 64, 157 – 188.

Mullis, I. V. S., Martin, M. O., Gonzalez, E. J. and Kennedy, A. M. (2003) *PIRLS 2001 International Report: IEA's Study of Reading Literacy Achievement in Primary Schools*, Chestnut Hill, MA: Boston College.

NICHD Early Child Care Research Network(2004) Type of child care and children's development at 54 months, *Early Childhood Research Quarterly*, 19(2), 203 – 230.

QCA/DfES/SureStart(2003) *Foundation Stage Profile*, Sudbury QCA Publications.

Ramey, C. T. and Ramey, S. L. (1998) Early intervention and early experience, *American Psychologist*, 53(2), 109 – 120.

Sammons, P., Sylva, K., Melhuish, E. C., Siraj-Blatchford, I., Taggart, B. and Elliot, K. (2002) *The Effective Provision of Pre-school Education(EPPE) Project: Technical Paper 8a—Measuring the lmpact of Pre-school on Children's Cognitive Progress over the Pre-school Period*, London: DfES/Institute of Education, University of London.

Sammons, P., Sylva, K., Melhuish, E. C., Siraj-Blatchford, I., Taggart, B. and Elliot, K. (2003) *The Effective Provision of Pre-school Education(EPPE) Project: Technical Paper 8b—Measuring the Impact of Pre-school on Children's Social/Behavioural Development over the Pre-school Period*, London: DfES/Institute of Education, University of London.

Sammons, P., Smees, R., Taggart, B., Sylva, K., Melhuish, E. C., Siraj-Blatchford, I. and Elliot, K. (2002) *The Early Years Transition and Special Educational Needs(EYTSEN) Project: Technical Paper 1—Special Needs Across the Pre-school Period*, London: DfES/Institute of Education, University of London.

Sammons, P., Sylva, K., Melhuish, E. C., Siraj-Blatchford, I., Taggart, B., Elliot, K. and Marsh, A. (2004a) *The Effective Provision of Pre-school Education(EPPE) Project: Technical Paper 11—Report on the Continuing Effects of Pre-school Education at Age 7*, London: DfES/ Institute of Education, University of London.

Sammons, P., Smees, R., Taggart, B., Sylva, K., Melhuish, E. C., Siraj-Blatchford, I. and Elliot, K. (2004b) *The Early Years Transitions and Special Educational Needs(EYTSEN) Project*:

Technical Paper 2—Special Educational Needs in the Early Primary Years: Primary School Entry up to the End of Year 1, London: DfES/Institute of Education, University of London.

Sammons, P., Sylva, K., Melhuish, E., Siraj-Blatchford, I., Taggart, B. and Hunt, S. (2008a) *The Effective Pre-school and Primary Education 3—11 (EPPE 3—11) Project: Influences on Children's Attainment and Progress in Key Stage 2: Cognitive Outcomes in Year 6*, London: DCSF/Institute of Education, University of London.

Sammons, P., Sylva, K., Melhuish, E., Siraj-Blatchford, I., Taggart, B. and Jelicic, H. (2008b) *The Effective Pre-school and Primary Education 3—11 (EPPE 3—11) Project: Influences on Children's Development and Progress in Key Stage 2: Social/Behavioural Outcomes in Year 6*. London: DCSF/Institute of Education, University of London.

Saunders, L. (ed.) (2007) *Educational Research and Policy-making. Exploring the Border Country between Research and Policy*: New York and London: Routledge.

Schweinhart, L. J., Barnes, H. V. and Weikart, D. P. (1993) *Significant Benefits: The High Scope Perry Pre-school Study Through Age 27*. Monograph of the High Scope Educational Research Foundation, No. 19, Ypsilanti, MI: High Scope Press.

Sefton, T. (2004), *A Fair Share of Welfare: Public Spending on Children in England*, CASE Report 25, Centre for Analysis of Social Exclusion, London: London School of Economics and Save the Children.

Siraj-Blatchford, I., Sylva, K., Muttock, S., Gilden, R. and Bell, D. (2002) *Researching Effective Pedagogy in the Early Years (REPEY)*—DfES Research Report 356, London: DfES, HMSO.

Siraj-Blatchford, I., Taggart, B., Sylva, K., Sammons, P. and Melhuish, E. C. (2008) Towards the transformation of practice in early childhood education: the effective provision of pre-school education (EPPE) project, *Cambridge Journal of Education*, 38(1), 23 – 36.

Siraj-Blatchford, I., Sylva, K., Taggart, B., Sammons, P., Melhuish, E. C. and Elliot, K. (2003) *The Effective Provision of Pre-school Education (EPPE) Project: Technical Paper 10—Intensive Cast Studies of Practice across the Foundation Stage*, London: DfES/Institute of Education, University of London.

Sylva, K. (1994) The impact of early learning on children's later development, in C. Ball (ed.) *Start Right: The Importance of Early Learning*, London: RSA.

Sylva, K. and Pugh, G. (2005) Transforming the early years in England, *Oxford Review of Education*, 31, 11 – 27.

Sylva, K., Siraj-Blatchford, I. and Taggart, B. (2003) *Assessing Quality in the Early Years: Early Childhood Environment Rating Scale Extension (ECERS-E): Four Curricular Subscales*, Stoke on Trent, UK and Stirling, USA: Trentham Books.

Sylva, K., Melhuish, E., Sammons, P., Siraj-Blatchford, I. and Taggart, B. (2004) *The Effective Provision of Pre-school Education (EPPE) Project: Technical Paper 12—The Final Report*, London: DfES/Institute of Education, University of London.

Sylva, K., Taggart, B., Melhuish, E., Sammons, P. and Siraj-Blatchford, I. (2007) Changing models of research to inform educational policy, *Research Papers in Education*, 22(2).

Sylva, K., Melhuish, E., Sammons, P., Siraj-Blatchford, I. and Taggart, B. (2008) *Effective Pre-school and Primary Education 3—11 Project (EPPE 3—11) Final Report from the Primary Phase: Pre-school, School and Family Influences on Children's Development during Key Stage 2*, Research Report No. DCSF-RR061, Nottingham: DCSF Publications.

Sylva, K., Siraj-Blatchford, I., Melhuish, E. C., Sammons, P., Taggart, B., Evans, E., Dobson, A., Jeavons, M., Lewis, K., Morahan, M. and Sadler, S. (1999) *The Effective Provision of Pre-school Education (EPPE) Project: Technical Paper 6—Characteristics of the Centres in the EPPE Sample: Observation Profiles*, London: DfEE/Institute of Education, University of London.

Taggart, B., Sylva, K., Siraj-Blatchford, I., Melhuish, E. C., Sammons, P. and Walker-Hall, J. (2000) *The Effective Provision of Pre-school Education (EPPE) Project: Technical Paper 5—Characteristics of the Centres in the EPPE Sample: Interviews*, London: DfEE/Institute of Education, University of London.

Taggart, B., Sammons, P., Smees, R., Sylva, K., Melhuish, E., Siraj-Blatchford, I., Elliot, K. and Lunt, I. (2006) Early identification of special needs and the definition of 'at risk': the early years transition and special education needs (EYTSEN) project, *British Journal of Special Education*, 33(1), 40 – 45.

Tooley, J. and Darby, D. (1998) *Educational Research: A Critique*, London: Office for Standards in Education.

Whitty, G. (2007) *Making Sense of Educational Policy*, London: Paul Chapman Publishing.

第十二章

重新思考学前教育政策和实践的证据

凯西·西尔瓦

为了使研究结论更有说服力，我们同时运用了量和质两种研究方法。本章将集中讨论综合运用这两种方法的重要性和影响，分析为什么大规模的研究对于回答一些问题更加有效，讨论跨学科的研究团队怎样合作才能在理论和研究方法上“更上一层楼”。

EPPE 项目接受委托开展研究的时候，学前儿童并不是政府优先考虑和优先服务的对象。研究者在 1997 年开始从幼儿园招募儿童及其家庭时，幼儿园的情况与如今 21 世纪的头 10 年相比大不相同。当时，有些幼儿待在家里没有上幼儿园，还有许多是在志愿机构和私立机构上幼儿园，有些家庭“随意地”将幼儿临时交给家人和朋友看护。1997 年工党竞选获胜后，开始致力于改善学前儿童的生活，但当时其最主要目的是为了缩小贫富人群之间人生机遇上的差距。随后，一些研究发现，父母在维护（Feinstein et al.，1998）或者打破（Scott et al.，即将出版）社会等级制度过程中起着重要的作用。在这些新的研究成果的影响下，政府开始重新重视有关家庭和儿童的政策，于是，政策方向发生了巨大改变。

从 1997 年竞选获胜开始，工党政府就推崇依据学术研究成果来制定全新的儿童政策。在 1997—2007 年的 10 年间，英国教育与技术部（也就是后来的儿童、学校与家庭部）在支持儿童及其家庭方面承担了更多的责任，为儿童（后来逐渐增加了家庭）提供的服务得到了加强，也开始整合起来了。很快英国就有了一系列的（学前儿童）项目和政策，具体包括：在处境不利地区实施的确保开端项目（1999）、学前儿童保育评估项目（the Childcare Review，Department for Education and Skills，Department for Work and Pensions，HM Treasury，2002）、幼儿保育战略（the Childcare Strategy，

2002)、4 岁儿童接受学前教育津贴（the Nursery Education Grant for 4 year olds，2002）和 3 岁儿童接受学前教育津贴（the Extension to the Nursery Education Grant for 3 year olds，2004）等，详细介绍请见艾森施塔特的相关研究（Eisenstadt，2009）。

最初（1996）的学前教育课程（即《理想的学习成果》，由英国教育与就业部颁布）后来拓展成为《基础阶段课程指南》（*Curricular Guidance for the Foundation Stage*，2000）和《0—3 岁很重要》（*Birth to Three Matters*，2003)，最终在 2008 年形成了学前儿童保教结合的《早期奠基方案》，并于当年成为法律文件（Department of Education and Skills，DfES)。随着视导制度的重大变化和对教师专业发展的重新重视，特别是建立早教师资格制度（DfES，2006；Children's Workforce Development Council，2008)，课程与评价体系也进行了改革。

EPPE 项目必须与时俱进，调整其研究方法与研究重心，以适应变化的政策环境。为了应对政策的迅速变化，EPPE 项目开始与政府、专业机构和实践工作者合作，共同设计研究方法，以使其更加适合新出台的政策。根据政策制定者和实践工作者的建议，EPPE 项目在启动一年后又对最初的研究设计进行了调整。由于综合中心（“儿童中心”的前身）在国家政策和各种类型幼儿园中的地位越来越高，所以我们将综合中心也包括进来。为了适应变化的政策，EPPE 项目启动后，还扩大了研究重点关注内容的范围，将更多有关父母养育方面的信息，特别是家庭学习环境特征囊括进来。EPPE 项目并不是仅与资助方单线或单通道合作，而是致力于多方合作（Sylva et al.，2007)，包括和当时的教育与技术部、财政部以及内阁办公厅等部门合作（Taggart et al.，2008)。

EPPE 项目原计划于 2003 年终止，当时有几组参与研究的儿童已经 7 岁，完成了第一学段的学习（在英国 7 岁就进入了第二学段的学习，5 岁左右结束奠基阶段)。后来，政府又继续提供资助，研究就延伸到儿童 11 岁完成第二学段的学习之时，这样就可以为“学前教育的后续效果是什么”这一问题给出一个中期的答案，还可以研究学前教育与小学教育之间的相互作用。

在 EPPE 项目儿童完成第二学段学业后，研究获得了一些重要发现。

● 接受幼儿园教育在短期（第一学段结束）和中期（第二学段结束）内都有益于儿童的认知和社会行为的发展。

● 保教人员的素质越高，特别是当幼儿园的教师都是专业合格教师时，儿童的发展进步就越大。

● 控制了儿童及其家庭的背景（包括家庭学习环境）特征的影响之后，幼儿园的（结构和过程）质量成为影响儿童发展成果的一项重要指标。

● 在同等重视认知与社会行为发展的幼儿园中，儿童取得的进步更大。教师激励儿童思维、拓展儿童思维范围的方法之一就是“保持共同思考”（Siraj-Blatchford et al.，2003）。

● 各个社会阶层出身的儿童都能从幼儿园教育中获益，处境不利儿童尤其可以得到重要的收获。当他们上过幼儿园以后，在第一学段结束、第二学段开始时，他们的阅读和数学都能达到二级水平，足以应对小学教育结束前更高要求的课程学习了（值得注意的是，差距并没有明显缩小，但是只有上过幼儿园的儿童才能达到可以继续第二学段学习的学业水平，而没有上过幼儿园的儿童无法达到这样的水平）。

● 早期家庭学习环境的质量对儿童的发展产生了重要的影响。实际上，早期家庭学习环境比父母的职业或收入等人口特征更加重要。有效的家庭学习环境和高质量的幼儿园能够形成合力，引导儿童走上通向成功的成长之路。

● 在第二学段结束时，幼儿园教育的积极作用对处境不利儿童（比如以母亲学历来分析）的影响比对那些条件优越的儿童更大。EPPE 研究发现，到 11 岁时（第二学段末），幼儿园教育的作用并不均衡，其对处境不利儿童的作用更大。这也进一步说明，早期的教育经历具有持久的影响力。

因此，EPPE 研究结果不仅表明幼儿园为所有儿童进入小学教育提供了更好的开端，而且还表明这些积极的影响一直可以持续到中期。另外，到第二学段末，这一影响对处境不利儿童的作用更大。幼儿园质量（用《学前教育环境等级量表》的分数衡量）的要素有高素质的保教人员、儿童与成人之间“保持共同思考”的互动、家园在儿童学习上的合作、成人鼓励儿童谈论同伴之间的冲突。

以其他研究为背景思考 EPPE 项目的研究发现

EPPE 是一个大型研究，样本儿童及其家庭是从主要类型的幼儿园中平均抽取的，具有全国的广泛代表性。尽管如此，它仍然只是在某个历史时期对英国的一个地方进行的调查。它的结论与建议倘若与其他调查（包括其他国家的调查）研究结果吻合的话，那么就更有说服力。梅尔休伊什（Melhuish）在本书第十章讨论的内容显示，EPPE 项目在英格兰的研究结果与在北爱尔兰的 EPPNI 研究结果有惊人的相同之处，在英格兰的研究结果在英国另一区域得到了“复制”。这一结果就更增加了研究的可信度。在其他国家也有一些项目研究得出相似的结论，其中许多研究使用的研究方法不同，研究样本也不同。因此，这里将会列出最近几项最重要的研究项目，并将它们的调查结果与 EPPE 项目的发现进行比较。其他项目的研究结果怎样呢？

- 研究者在北爱尔兰重复了 EPPE 研究（梅尔休伊什已在本书中做了介绍），以探讨英国两个不同的地区调查结果的异同点。在北爱尔兰与英格兰进行的调查结果在以下几个方面是相似的：幼儿园教育对于所有儿童都产生了影响，教育质量和早期的家庭学习环境非常重要，不同类型幼儿园之间在质量和影响作用等方面存在差异。在英国的两个地区所做的研究在结果上存在高度的相似性，使人们相信研究得出的结论及其分析更加可靠，更具推广性。
- 美国、瑞典、挪威、德国、加拿大、北爱尔兰和新西兰等地的研究都发现，幼儿园教育能够带来短期和中期的积极影响效果，因此这个结论是令人信服的。类似的研究不胜枚举，幸好梅尔休伊什（Melhuish，2004）进行了很好的总结。另外还有一个是美国国家儿童健康与发展研究所的大规模调查研究。该研究对美国 11 个地区 1 100 名儿童进行了调查，结果发现，学前保育和教育的积极效应虽然不大但持续时间较长（NICHD ECCRN，2002a；Belsky et al.，2007）。该研究同样也对一组儿童进行了追踪，并使用了增值测评的方法。但是，由于在每个幼儿园取样很少，所以无法检验不同类型幼儿园的影响效果。

● 美国（Peisner-Feinberg and Burchinal，1997）和北爱尔兰（Melhuish et al.，见本书）的研究结果都显示，保教人员受过高质量培训、拥有专业素质能够产生积极的影响作用。但一些其他的研究——特别是美国的一些研究——发现，保教人员的高素质或高学历对儿童的学习成果几乎没有影响（Early et al.，2006）。这可能是由于许多研究是在教师学历差距比较小的日托幼儿园进行的，很可能差异太小，无法反映出其对儿童发展的影响。

● 许多研究都发现幼儿园质量对儿童发展的进步具有显著影响，这些研究通常使用的是《学前教育环境等级量表》（Melhuish，2004）和其他的质量评价量表（NICHD ECCRN，2002b；Melhuish，2008）。

● 美国国家儿童健康与发展研究所研究发现，家庭特征对儿童发展成果的影响比幼儿园大，但是上过幼儿园（相对于没有上过幼儿园）对发展进步的影响比社会处境不利的影响大。另外，对于上过幼儿园的儿童来说，上某一个幼儿园的影响相当于所有社会背景因素影响的一半（NICHD，2002a）。

● EPPE 研究发现，在园时间越久，儿童 5 岁时的认知发展成果越好，独立性越强，同伴交往能力也越强，但同时反社会行为也会略有增加。这些发现与美国和北爱尔兰的研究发现相似（NICHD ECCRN，2002a；Melhuish，et al.，2002；Melhuish，et al.，2006）。值得注意的是，美国国家儿童健康与发展研究所研究发现，幼儿园教育对儿童社会性发展的某些方面产生的不利影响可以持续到 10 岁，但 EPPE 研究发现，更早出现的对社会性发展的不利影响 11 岁时不再明显，而上幼儿园的积极影响会一直持续到小学结束，对认知的积极影响也是如此。

● 有关处境不利因素的影响在其他地方也有类似的研究结果（见 Melhuish，2004a；Kysel et al.，1983；Magnuson and Wakdfogel，2005），这些研究结果已经成为世界各国政策动议的基础（Young，1996）。对处境不利儿童及其家庭的实验研究通常都能发现，儿童可以从高质量学前保育和教育中获益（Schweinhart et al.，1993）。

● EPPE 研究发现，不同类型的幼儿园之间存在差异，主流（公立）幼儿园的质量更高，儿童发展成果更好。北美的一项大规模研究发现了这一“类型”效应（Sosinsky et al.，2009）。该研究结果显示，州立（即公办）幼儿园的质量最高，然后是非营利的幼儿园，而营利性的幼儿园质量最差。

EPPE 项目研究是为数不多的（是英国的唯一一个）论证幼儿园教育可以成为早期干预特殊教育需要有效手段的研究之一（Sammons et al.，2002；Melhuish et al.，2006），非常希望其他地方也能开展相同的研究。

EPPE 项目研究的某些发现的确是独一无二的，超越了以往这一领域的研究范围。它是首个大规模、运用多层模型进行数据分析的研究，有力证明了不同类型幼儿园能够对儿童的发展产生持久的影响。以往的研究结果显示，（只有）某些类型的幼儿园与教育方案能对幼儿产生积极影响或（只有）某些类型的儿童能够从幼儿园教育中获益。EPPE 研究确认，所有类型的幼儿园都能够产生影响，这一点以前的研究没有发现，因为这样的研究要求样本中每种类型的幼儿园都应当有相当多的儿童参与调查。

对研究方法的反思

教育有效性的设计

EPPE 项目并没有采用小规模的对比实验设计，而是采用教育有效性研究方法（见第三章）对英国具有代表性的幼儿园里的几千个儿童进行调查。研究样本规模大、幼儿园类型多，有利于对不同类型幼儿园和不同背景的儿童及其家庭进行归类分析。但是，实验研究的好处是可以对选择效应进行控制，也就是说，可以随机将具有相同背景的儿童及其家庭分配到实验组和对照组。EPPE 项目必须通过对父母教育背景、儿童的出生体重或者家庭使用语言等进行协方差分析来控制可能出现的选择效应。在评价幼儿园教育的作用之前，大量有关儿童及其家庭、早期家庭学习环境的数据都必须纳入考虑的范围之中。

EPPE 研究设计的另一个优势是，从不同类型的幼儿园而不是根据儿童的出生及健康档案记录招募研究样本，这就使每个幼儿园的许多而不是少数儿童能够参与研究。美国国家儿童健康与发展研究所的研究和成本、质量及保教成果研究（the Cost，Quality and Childcare Outcomes，CQCO Study Team，1995）等一些著名的研究只从每所幼儿园选择大约 1—4 个儿童参与研究，这样很难（如果不是不可能的话）发现任何一种类型的幼儿园对儿童产生的影响。而 EPPE 项目从每所幼儿园招募了大约 20 名儿童参与研究，这样每所幼儿园都有一定数量的儿童，就能保证我们对幼儿园影响儿童的效果的分析结果更加可靠。

政府的资助使 EPPE 项目能够集中追踪样本儿童及其家庭，相对于其他类似研究而言，EPPE 研究的人员损耗更低，调查回应率更高。另外，研究者能够对儿童进行一对一的单独测试，虽然成本有些昂贵，但却是收集有关幼儿发展的可靠且可信的信息所必需的。同样，为了解家庭的人口特征和家庭学习环境特征，最初对家长的访谈也是通过一对一的形式进行，而不是借助邮递调查问卷或小组讨论等方式。因此，EPPE 项目能够收集到有关儿童及其父母的丰富而详细的信息，用于需要大样本和可靠测量的复杂统计分析。此外，这些数据能够使我们探究相互作用的效果，如探讨家庭学习环境如何与幼儿园质量相互作用，共同影响学习成果。

EPPE 项目对多种方法的综合运用

西拉杰－布拉奇福德等人（Siraj-Blatchford et al.，2006）和萨蒙兹等人（Sammons，et al.，2005）都讨论过综合使用多种方法进行与政策有关的研究的优势。他们都认为，EPPE 项目的质的研究不仅仅是量的研究的“补充说明”，同时也有一些新发现和新见解。例如学前教育有效教学研究（Researching Effective Pedagogy in Early Years，Siraj-Blatchford et al.，2002）通过非正式观察和半结构化访谈发现，“保持共同思考”是儿童能力和技能发展的核心。我们通过个案研究也发现，成人可以通过示范、指导、开放式的提问等多种方式支持儿童学习——这些结论都来源于对资料的质的分析。这就大大加深了我们对能够给儿童发展带来积极影响的好幼儿园的理解。在确立了成人的“引导”和“提供支架”的重要作用之后，研究者又完善了量化的《目标儿童观察量表》（*Target Child observations*）的编码系统。因此，量的分析能够为质的研究提供信息或者修正质的研究的结果。两种研究方法结合使用能够提供对教育实践的详细描述，有助于实践工作者更好地理解我们的研究发现。对其中部分内容的介绍和直接引用已经用于促进教师的持续性专业发展。

为什么 EPPE 研究样本中高质量幼儿园和处境不利儿童较多

EPPE 项目一开始就希望调查不同类型幼儿园对儿童发展可能产生的影响，并且主要集中在详细分析幼儿园对处境不利儿童的影响。幼儿园在性质、保教人员（素质）、结构和过程质量等方面存在差异。例如为了保证对高质量幼儿园和高素质教师的影响进行检验的效果更加可靠，EPPE 必须选取足够数量的高质量幼儿园或职业素养良好的教师作为样本。也正是这个原因，EPPE 项目没有选择一个具有全国代表性的幼儿园样本，因为私立与志愿性质的幼儿园数量最多，所以，它们在最终的样本中会占有很大的比例。为了在公立、私立和志愿性质的幼儿园中抽取数量大致相同的样本，EPPE 项目邀请了许多质量高、教师专业素质高的幼儿园参与研究。因此，虽然 EPPE 项目是随机选取幼儿园的，但是事先已经按照性质和类型对幼儿园进行了分层。通过过量选取高质量的幼儿园，EPPE 项目就能够研究高质量对儿童发展的影响，这是按比例选取有代表性的样本无法做到的。对幼儿园质量的影响作用进行的严格检验要求样本幼儿园的质量得分在一个较大的区间内，而许多其他的研究并没有做到这一点。

从一开始，EPPE 项目就更多选取处境不利的儿童作为样本。这样做的原因有两个：一是他们对于研究目的实现尤其重要，二是这些儿童经常会退出研究。这样，到 EPPE 样本儿童小学结束时，在自然减员之后，EPPE 项目的样本仍具有全国的广泛代表性。

通过与政策制定者合作为政策制定提供依据

我们认为，EEPE 项目再次证明了其他很多关于早期教育的研究结论，特别是有关贫困和高质量幼儿园对儿童影响的研究结论。然而，在一些方面，EPPE 项目在研究设计和研究成果等方面有了一些新的突破：

- 幼儿园教育质量与家庭学习环境的相互作用；
- 幼儿园影响和小学影响之间的相互作用；
- 重复使用质的和量的研究方法的可能性（见第三章和第八章）；
- 对复合影响作用的验证，如某个幼儿园的其他儿童或家庭的特征对该园的任意一个儿童的发展都会产生影响作用。

到2004年第一阶段研究结束时，1997年存在的“不均衡的”（patchy）早期教育服务已经转变成为普遍且具有针对性的大型综合服务体系。EPPE项目必须要改变研究设计以适应不断演变的政策。

EPPE项目并不被看做是一个“纯科学”的研究项目。从一开始，研究者就打算为有关儿童保育和教育的重要政策问题提供有说服力的答案。但是，EPPE项目对政策问题的回答特别重视儿童生活的社会背景，研究结果也与涉及幼儿园、小学和家庭的政策相关。这个大型的综合研究为有关学前教育的政策提出了以下六个方面的建议。

普及学前教育将使所有儿童获益

未上过幼儿园的儿童（居家儿童）在上小学时没有一个良好的开端，他们认知、语言和自我调节等能力的“入学准备”尤其欠缺。总体来看，幼儿园教育对儿童11岁时的英语、数学和同伴交往等方面的得分仍然产生显著的积极影响。

提高幼儿园教育质量将有利于所有儿童提高发展水平

幼儿园的影响很重要，会一直持续到7岁。公立幼儿园的质量更高——这个结果在具有全国代表性的新千年出生组群研究（Millennium Cohort Study，MCS. Mathers et al.，2007）中得到了验证。到第一学段结束时，上过公立幼儿园（原为托儿学校，现为综合中心）的EPPE样本儿童比上志愿性质或者私立的幼儿园的儿童进步更大。为了保证机会平等，不同类型幼儿园需要有一个“公平竞争的场所”。幼儿园类型效应产生的原因是什么？是经过专业训练的教师吗？

需要有针对性的资源。处境不利儿童比处境优越的同伴从高质量幼儿园教育中的受益更多。对于来自多重不利背景的儿童来说，缺少高质量的幼儿园教育是特别重大的损失。

保教人员需要提高专业技能。保教人员的专业素质是高质量幼儿园的基础。如果幼儿园拥有高专业素质的教师，那么上这样的幼儿园的儿童就能够取得更大的进步。如果幼儿园的所有教师都有教师资格证，那么这样的幼儿园往往质量更高，特别表现在教学方面的得分高。上这样幼儿园的儿童认知发展更好，“入学准备”也做得更好。

保教结合应当成为对儿童及其家庭服务的核心

我们的研究结果显示，和托儿学校一样，保教结合的幼儿园质量都很高，对儿童的学习和发展产生了重要的影响。重要的是，除了上过托儿学校的儿童总体表现都较好之外，在其他各类幼儿园中，保教结合的幼儿园的儿童都比其他儿童进步更大。

支持家庭学习环境的创设

这将促进处境不利儿童的发展。父母的受教育程度和职业等特征会影响儿童的发展水平与进步程度，其中影响稍小的是父母的职业，而比这些人口因素更重要的是父母参与儿童的日常活动。早期的家庭学习环境从上幼儿园到小学结束一直对儿童发展产生重大的影响，因此，与增强父母在育儿过程中的“教育性”特征有关的服务有利于儿童获得更好的发展成果。

幼儿园应当施行“平衡的”教育（认知目标和社会情感目标之间的平衡，有指导的游戏和自发游戏之间的平衡）

对优质幼儿园（即那些能够使儿童在其中获得超出预期成果的幼儿园）的个案研究表明，如果幼儿园能够同等重视幼儿的认知发展与社会性发展，并使其相辅相成，那么儿童进步就更大。

围绕儿童活动展开的对话非常重要。相对于儿童只获得“中等”到“好”的发展成果的幼儿园来说，在“优质”幼儿园中，教师和幼儿参与“保持共同思考”的活动更多。上幼儿园能有效促进儿童语言技能的发展，在儿童刚上小学时尤其有效。“保持共同思考”活动还有利于培养儿童的好奇心和解决问题的能力。

自由选择的活动与成人对儿童游戏的扩展活动要做到相互平衡。“优质”幼儿园的教师经常通过开放性提问或示范等点拨式的“指导”扩展儿童自主活动的内容。

通过普及服务进行早期干预

高质量的幼儿园可以对弱势儿童进行干预。那些发展迟缓“高危”儿童，如果上了高质量的幼儿园，将来被鉴定为有特殊教育需要的可能性变小。因此，幼儿园有助于儿童抗逆力的发展（Hall et al.，2009）。

小结

EPPE 项目研究证明，无论是在幼儿园还是家里，早期学习是非常重要的。该项目从不同的方面研究了幼儿园产生的影响，如儿童是否上过幼儿园，幼儿园质量、保教人员的专业素质和办园性质等具备哪些具体特征。EPPE 项目研究结果表明，儿童在园时间的长短以及儿童自身及其家庭的特征也很重要。这一大样本研究揭示了不同的入园方式（如不同在园时间、入不同类型的幼儿园等）和受益情况，特别是揭示了与多重不利儿童相关的复杂现象。多重不利儿童是其中受益最大的群体。

EPPE 的创新之处还在于它展示了幼儿园与小学在影响儿童方面是怎样相互作用的，高质量的幼儿园能够减少低质量的小学对儿童的不良影响。对于一些弱势儿童来说，幼儿园的质量有利于提高他们在逆境中生存的能力；而对于特殊教育需要“高危”儿童来说，上过高质量的幼儿园可以减少他们在小学被鉴定为特殊教育需要儿童的可能性。总体来说，上过高质量幼儿园的儿童长期学习效果更好，这是因为这些儿童已经“学会了如何学习”。有趣的是，就英语成绩而言，到 11 岁时，上过低质量幼儿园的儿童在中等质量或者高质量的小学里的成绩并不比在低质量的小学里的成绩更好。也许是因为那些上过低质量幼儿园的儿童没有“学会怎样学习”，所以他们不能“抓住”中、高质量的小学提供的学习机会。

尽管 EPPE 项目研究有诸多优点，但它也有一些局限。像这样的大规模研究并不能揭示导致每所幼儿园具有独特性的“当时当地”的条件。12 个个案研究在一定程度上解释了这种独特性，但其他的 129 个呢？它们中间的每一个都是独特的人与环境的混合体。EPPE 研究总体上揭示了所有的样本中对儿童发展产生影响的一些因素。整体描绘这个“图景”是我们最初的目的，而对这些有效学前教育的具体个案研究则是重要的例外。然而，仍然有很多内容 EPPE 项目没有去研究。个案研究是研究个人或幼儿园独特性的理想方法。

EPPE 项目研究的另一个局限在于，它更多关注了可以量化的过程和结果（如技能、态度和经历），但没有研究儿童的诸如好奇心和创造力等因素。这不是因为这些因素不重要，而是因为它们不易测评。我们不是因为对好奇心和创造力等因素不感兴趣而回避它们，而是因为对于该怎样去测评它们不能达成一致。然而，EPPE 研究已经确认了一些长期存在且可以测量的行为和结果模式，我们知道这些模式对儿童现在及将来的生活有着很重要的影响。

最后，EPPE 研究设计强调大规模、"客观"等特点，意味着很少能听到参与研究的每一个个体的"声音"（质的个案研究是一个特例）。我们访谈和观察了数千名儿童、家长以及保教人员，但是他们所说的大多数内容最后都变成了数字！其他的一些研究则能很好地捕捉和分析参与者的"声音"。像 EPPE 项目这类的研究需要小规模或质的研究作补充，因为这些研究可以透过表象将儿童及其看护人的声音激活。这样的质的研究可以详细记录和分析教育的实际过程。EPPE 项目的研究者积极与实践工作者、其他专业人士进行交流，听取他们的建议，以改进我们的方法。我们也聆听儿童的想法，但是，在上千页的 EPPE 研究报告中，这些重要的声音很容易被各种图表所淹没！因此，我们想在这本书的结尾向数以千计的儿童、家长、专业人士和政策制定者表示感谢，感谢他们给我们提出宝贵的建议，指出我们的不足，向我们讲述过去发生过的故事。书中的每一个数字、每一张图表都源于人与人的交流和观察。我们感谢参与其中的每一个人。

实践证明，EPPE 项目在其方法设计和研究目标方面富有创新性。对不同研究方法的综合使用，使量的研究的结果得到了（谨慎的）推广，而质的研究的结果能够清楚地描述好的教育实践的细节。个案研究聚焦于有效教育教学方面，使教育实践不再那么虚幻。然而，这本书只是 EPPE 项目研究的开始。数千个 EPPE 样本儿童现在已经成了青少年，我们会继续研究影响他们成长的各种因素。

参考文献

Belsky, J., Vandell, D., Burchinal, D., Clarke-Stewart, M., McCartney, K. A., Owen, K. and the NICHD ECCRN. (2007) Are there long-term effects of early child care? *Child Development*,

78,2.

Children's Workforce Development Council (2008) *Introduction and Information Guide. Early Years Professionals Creating Brighter Futures*, Leeds: Children's Workforce Development Council.

Cost, Quality and Child Outcomes Study Team (CQO) (1995) *Cost, Quality and Child Outcomes in Child Care Centers Public Report*, Denver, CO: Economics Department, University of Colorado-Denver. ED 386 297.

Department for Children, Schools and Families (DCSF) (2009) *Next Steps for Early Learning and Childcare. Reference no. : DCSF-00173-2009*. Retrieved 10 May 2009 at http:// publications. dcsf. gov. uk/default. aspx?PageFunction = productdetails&PageModc = publications & ProductId = DCSF - 00173 - 2009

Department for Education and Employment (1996) *Nursery Education Desirable Outcomes for Children's Learning on Entering Compulsory Schooling*, London: Schools Curriculum and Assessment Authority/DfEE (currently under review).

Department for Education and Employment (2000) *Curriculum Guidance for the Foundation Stage*, London: QCA.

Department for Education and Skills, Department for Work and Pensions, HM Treasury (2002) *Inter-departmental Childcare Review—November 2002. Delivering for Children and Families*, London: The Strategy Unit, Cabinet Office.

Department for Education and Skills (DfES) (2003) *Every Child Matters*, Norwich: HMSO.

Department for Education and Skills (2006) *Children's Workforce Strategy: the Government's Response to the Consultation*, Nottingham: DfES.

Department for Education and Skills (2008) *Early Years Foundation Stage Profile Handbook*, London: Qualifications and Curriculum Authority.

Early, D. M., Bryant, D. M., Pianta, R. C., Clifford, R. M., Burchinal, M. R., Ritchie, S., Howes, C. and Barbarin, O. (2006) Are teachers' education, major, and credentials related to classroom quality and children's academic gains in pre-kindergarten? *Early Childhood Research Quarterly*, 21 (2), 174 - 195.

Eisenstadt, N. (2009) 10 years: what we have learned about children, parents and disadvantage. Paper presented at Parents Matter conference, 2009, organised by Longview.

Feinstein, L., Robertson, D. and Symons, J. (1998) *Pre-school Education and Attainment in the NCDS and BCSI*, London: Centre for Economic Performance.

Hall, J., Sylva, K., Mehuish, E., Sammons, P., Siraj-Blatchford, I. and Taggart, B. (2009) The role of pre-school quality in promoting resilience in the cognitive development of young children, *The Oxford Review of Education*, 35(3), 331 – 52.

Kysel, F., Varlaam, A., Stoll, L., and Sammons, P. (1983) *The Child at School: A New Behaviour Schedule. Research and Statistics Report No. RS 907/83*, London: Inner London Education Authority, Research and Statistics Branch.

Magnuson, K. A. and Waldfogel, J. (2005) Early education care and education: effects of ethnic and racial gaps in school readiness, *Future of Children*, 15(1), 169 – 196.

Mashburn, A. J. (2008) Quality of social and physical environments in pre-schools and children's development of academic, language, and literacy skills, *Applied Developmental Science*, 12(3), 103 – 127.

Mathers, S., Sylva, K. and Joshi, H. (2007) *Quality of Childcare Settings in the Millennium Cohort Study. Research Report 025*, London: DCSF.

Melhuish, E. C. (2004) *A Literature Review of the Impact of Early Years Provision upon Young Children, with Emphasis Given to Children from Disadvantaged Backgrounds*. Report to the Comptroller and Auditor General, London: National Audit Office.

Melhuish, E., Quinn, L., Sylva, K., Sammons, P., Siraj-Blatchford, I., Taggart, B. and Shields, C. (2002) The Effective Pre-school Provision in Northern Ireland Project, Technical Paper 5: Pre-school Experience and Cognitve Development at the Start of Primary School, Belfast: Stranmillis University Press.

Melhuish, E., Romaniuk, H., Sammons, P., Sylva, K., Siraj-Blatchford, I. and Taggart, B. (2006) *The Effective Pre-school and Primary Education 3—11 Project* (*EPPE 3—11*): The Effectiveness of Primary Schools in England in Key Stage 2 for 2002, 2003 and 2004, London: DfES/Institute of Education, University of London.

Melhuish, E., Sylva, K., Sammons, P., Siraj-Blatchford, I., Taggart. B. and Quinn, L. (2006) *Effective Pre-school Provision in Northern Ireland* (*EPPNI*) *Summary Report*, Northern Ireland: Department of Education. Available at www. deni. gov. uk.

National Institute of Child Health and Human Development Early Child Care Research Network (2002a) Early child care and children's development prior to school entry: results from the NICHD Study of Early Child Care, *American Educational Research Journal*, 39(1), 133 – 164.

National Institute of Child Health and Human Development Early Child Care Research Network (2002b) Child care structure-process-outcome: direct and indirect effects of child care quality on young children's development, *Psychological Science*, 13, 199 – 206.

Peisner-Feinberg, E. S. and Burchinal, M. R. (1997) Relations between pre-school children's childcare experiences and concurrent development: the cost, quality, and outcomes study, *Merrill-Palmer Quarterly*, 43, 451 – 477 .

Sammons, P. , Sylva. K. , Melhuish, E. C. , Siraj-Blatchford I. , Taggart, B. and Elliot, K. (2002) *The Effective Provision of Pre-school Education(EPPE) Project: Technical Paper 8a—Measuring the Impact of Pre-school on Children's Cognitive Progress over the Pre-school Period*, London: DfES/Institute of Education, University of London.

Sammons, P. , Siraj-Blatchford, I. , Sylva, K. , Melhuish, E. , Taggart, B. and Elliot, K. (2005) *Investigating the Effects of Pre-school Provision: Using Mixed Methods in the EPPE Research*, *International Journal of Social Research Methodology*, 8(3), 207 – 224.

Schweinhart, L. J. , Barnes, H. and Weikhart, D. (1993) *Significant Benefits: The High/Scope Perry Pre-school Study through Age 27*, Ypsilanti, MI: High/Scope Press.

Scott, S. , Sylva, K. , Doolan, M. , Price, J. , Jacobs, B. , Crook, C. and Landau, S. (in press) Randomized controlled trial of parent groups for child antisocial behaviour targeting multiple: risk factors: the SPOKES project, *Journal of Child Psychology and Psychiatry*(JCPP).

Siraj-Blatchford, I. , Sylva, K. , Muttock, S. , Gilden, R. and Bell. D. (2002) *Researching Effective Pedagogy in the Early Years*. Research Report 356, Nottingham, England: Department for Education and Skills.

Siraj-Blatchford, I. , Sammons, P. , Sylva, K. , Melhuish, E. and Taggart, B. (2006) Educational research and evidence-based policy: the mixed method approach of the EPPE project, *Evaluation and Research in Education*. 19(2), 63 – 82.

Siraj-Blatchford, I. , Sylva, K. , Taggart, B. , Sammons, P. , Melhuish, E. , and Elliot, K. (2003), *Technical Paper 10—The Effective Provision of Pre-school Education(EPPE) Project: Intensive Case Studies of Practice across the Foundation Stage*, London: DfEE/Institute of Education, University of London.

Sosinsky, L. S. , Lord, H. and Zigler, E. (2007) For-profit/nonprofit differences in center based child care quality: results from the National Institute of Child Health and Human Development Study of Early Child Care and Youth Development, *Journal of Applied Developmental Psychology*, 28, 390 – 410.

Sylva, K. , Taggart, B. , Melhuish, E. , Sammons, P. and Siraj-Blatchford, I. (2007) Changing models of research to inform educational policy, *Research Papers in Education*, 22(2), 155 – 168.

Sylva, K. , Melhuish, E. , Sammons, P. , Siraj-Blatchford, I. and Taggart, B. (2008) *Final Report from the Primary Phase: Pre-school, School and Family Influences on Children's Development during Key Stage 2(7—11) DCSF RR 061*, Nottingham: Department for Children, Schools and Families.

Taggart, B. , Siraj-Blatchford, I. , Sylva, K. , Melhuish, E. and Sammons. P. (2008) Influencing policy and practice through research on Early Childhood Education, *International Journal of Early Childhood Education*, 14, 2.

Young, M. E. (1996) *Early Child Development: Investing in the Future*, Washington, DC: The World Bank.

附录1　不同时间点儿童测评的方法

附表1－1　刚入幼儿园时的测评（儿童3岁—4岁3个月）

测评工具	测评内容	实施者
《英国能力量表Ⅱ》（BAS Ⅱ，Elliot et al.，1996）：	认知发展能力	
积木搭建	空间技能	EPPE研究者
言语理解	口语技能	EPPE研究者
图片相似性	图片推理技能	EPPE研究者
词汇命名	口语技能	EPPE研究者
《社会适应行为评估表》（ASBI，Hogan et al.，1992）	社会行为和情感表现	班级教师
英语不熟练的儿童只参加非言语能力（积木搭建、图片相似性）以及社会行为和情感表现的测评		

附表1－2　刚入预备班时的测评（儿童接近5岁）

测评工具	测评内容	实施者
《英国能力量表Ⅱ》（BAS Ⅱ，Elliot et al.，1996）：	认知发展能力	
言语理解	口语技能	EPPE研究者
图片相似性	图片推理技能	EPPE研究者
命名性词汇	口语技能	EPPE研究者
模型搭建	空间技能	EPPE研究者
早期数概念	推理能力	EPPE研究者
字母认读	小写字母认读能力	EPPE研究者
语音意识（Bryant and Bradley，1985）	头韵和尾韵知识	EPPE研究者
《社会适应行为评估表》修订版（ASBI-R，Hogan et al.，1992）	社会行为和情感表现，多动程度和学校适应	班级教师

续表

测评工具	测评内容	实施者
英语不熟练的儿童只参加两个非言语能力（模型建构和图片相似性）以及社会行为的测评，此外，他们还参加了《英国能力量表 II》中用于测评儿童空间能力的子项目“数字配对”（Elliot et al.，1996）的测评，由 EPPE 研究者实施测评。		

附表 1－3 预备班结束时的测评（对 1 000 多名分量表的样本儿童和所有居家儿童施测）

测评工具	测评内容	实施者
《英国能力量表 II》（BAS II，Elliot et al.，1996）：	认知发展能力	
早期数概念	推理能力	EPPE 研究者
单词认读	单个单词阅读能力	EPPE 研究者
字母认读	小写字母认读能力	EPPE 研究者
语音意识（Bryant and Bradley，1985）	头韵和尾韵	EPPE 研究者
听写测试（Clay，1985）	口头语言与书面语言（单词）对应关系	EPPE 研究者
《社会行为适应评估表》修订版（ASBI-R，Hogan et al.，1992）	社会行为和情感表现，多动程度和学校适应	班级教师
英语不熟练的儿童只参加非言语能力（早期数概念和数字配对）以及社会行为的测评。		

附表 1－4 一年级结束时的测评（儿童 6 岁及以上）

测评工具	测评内容	实施者
阅读初级：一级水平（NFER-Nelson）		班级教师
数学 6（NFER-Nelson）		班级教师
《强项与弱项问卷》（Goodman，1997）增补版	多动程度、行为问题、同伴（交往）问题、情感问题和亲社会行为表现	班级教师

附表1－5　二年级结束时（第一学段末）的测评（儿童7岁及以上）

测评工具	测评内容	实施者
《强项与弱项问卷》（Goodman，1997）增补版	多动程度、行为问题、同伴（交往）问题、情感问题和亲社会行为	班级教师
对学校的态度问卷	儿童对学校学习和社交活动的看法	由学生填写
行为或情感问题记录		学校记录
国家统考	读写和数学：国家统考 科学：教师测查	学校记录

附表1－6　五年级结束时的测评（儿童10岁及以上）

测评工具	测评内容	实施者
阅读初级：二级水平（NFER-Nelson）		班级教师
数学10（NFER-Nelson）		班级教师
《强项与弱项问卷》增补版	多动程度、行为问题、同伴（交往）问题、情感问题和亲社会行为	班级教师
对学校的态度问卷	儿童对学校学习和社交活动的看法，以及对校内、校外"我"的表现的评价	由学生填写
行为或情感问题记录		学校记录

附表1－7　六年级结束时（第二学段末）的测评（儿童11岁及以上）

测评工具	测评内容	实施者
国家统考	英语、数学和科学	来源于全国小学生数据库
《强项与弱项问卷》（Goodman，1997）增补版	多动程度、行为问题、同伴（交往）问题、情感问题和亲社会行为	班级教师

附录2　不同时间点家庭学习环境调查

幼儿园阶段的调查内容

1. 频繁程度（7 等级计分）：

（1）您经常读书给 X 听吗？

（2）您经常带他（她）到图书馆去吗？

（3）X 经常在家画画吗？

（4）X 经常和他（她）的同伴一起在别的地方（在家以外）玩吗？

2. 父母对教孩子学习一些常识性知识、字母表、字母的重视程度或者和孩子一起用这些内容玩游戏的频繁程度。

3. 父母对教孩子学数字、歌谣的重视程度或者和孩子一起用这些内容玩游戏的频繁程度，父母对教孩子学唱歌、念儿歌或童谣的重视程度或者教孩子学习的频繁程度。

收集所有上述方面的资料，尽量准确记录他们使用的材料，如最喜欢读的书以及歌曲、儿歌等涉及的内容范围，记录玩数字、字母时的情景。

第一学段时的调查内容

1. 下列活动您通常多长时间参与一次？

（1）和孩子（EPPE 样本儿童）一起玩玩具、游戏、拼图游戏；

（2）和 X 一起玩电脑游戏；

（3）和 X 一起去图书馆；

（4）听 X 读书给您听；

（5）读书给 X 听；

（6）和 X 一起利用电脑进行学习；

（7）和X一起参加运动、体育活动。

2. 下列活动X通常多长时间参与一次？

（1）玩电脑；

（2）玩表演游戏；

（3）画画或做模型；

（4）跳舞、唱歌或做律动。

3. 您的孩子（EPPE样本儿童）在周一到周五上学时间每天看多长时间的电视或录像？

4. 您多长时间帮助孩子（EPPE样本儿童）做一次家庭作业？

5. 通常您的孩子（EPPE样本儿童）几点睡觉？

第二学段时的调查内容

1. 下列活动您多长时间参加一次？

（1）和X一起玩游戏；

（2）带X去图书馆；

（3）听X读书；

（4）教X学习学校的课程，如地理、科学或英语；

（5）和X一起参加运动、跳舞或参加体育活动；

（6）带X到博物馆、公园或农场去学习；

（7）带X去购物；

（8）和X一起玩电脑游戏，即在电脑的游戏平台或游戏板上玩游戏；

（9）和X一起利用计算机进行学习，如练习单词拼写或看第一学段标准考试光碟；

（10）和X一起利用互联网进行学习；

（11）利用互联网玩游戏或者进行娱乐活动。

2. X多长时间独自进行一次以下活动？

（1）玩电脑游戏，或在游戏平台或游戏板上玩游戏；

（2）利用电脑开展与学习有关的活动；

（3）上网；

（4）画画或做模型；

（5）跳舞、唱歌或运动；

（6）阅读。

3. X 从周一到周五（非周末时间）每天看多长时间的电视或录像？

4. 您的孩子一个周末花多长时间在玩（电脑或游戏平台）游戏？

5. 您孩子房间有电视或录像机吗？

6. 上学时间，您孩子（EPPE 样本儿童）通常几点睡觉？

7. 您孩子有手机吗？

8. 您孩子（EPPE 样本儿童）在课余时间参加其他学习班或培训班吗？如果有，参加的是什么学习或培训？

附录 3　EPPE 项目技术论文/报告/研究简讯[①]

技术论文 1 – *An Introduction to the Effective Provision of Pre-school Education (EPPE) Project*. 1999.

技术论文 2 – *Characteristics of the Effective Provision of Pre-school Education (EPPE) Project Sample at Entry to the study*. 1999.

技术论文 3 – *Contextualising EPPE: Interviews with Local Authority Co-ordinators and Centre Managers*. 1999.

技术论文 4 – *Parent, Family and Child Characteristics in Relation to Type of Pre-school and Socio-econmic Differences*. 1999.

技术论文 5 – *Characteristics of the Centre in the EPPE Study: (Interviews)*. 2000.

技术论文 6 – *Characteristics of the Centres in the EPPE Sample: Observational Profiles*. 1999.

技术论文 6*A* – *Characteristics of Pre-school Environments*. 1999.

技术论文 7 – *Social/Behavioural and Cognitive Development at 3 – 4 Years in Relation to Family Background*. 2001.

技术论文 8*a* – *Measuring the Impact of Pre-school on Children's Cognitive Progress over the Pre-school-Period*. 2002.

技术论文 8*b* – *Measuring the Impact of Pre-school on Children's Social/behavioural Development over the Pre-school Period*. 2003.

---

① 技术论文或报告（technical papers/report）是描述科学研究过程、进展和结果或者科研过程中遇到问题的文件。与期刊论文或会议论文等科技论文不同，技术报告在发表前很少经过独立审稿过程。技术报告通常只是内部发表或者非正式发表。——译者注

技术论文 9 – *Report on Age 6 Assessment*. 2004.

技术论文 10 – *Intensive Study of Selected Centres*. 2003.

技术论文 11 – *Report on the Continuing Effects of Pre-school Education at Age 7*. 2004.

技术论文 12 – *The final report：Effective Pre-school Education*. 2004.

Effective Pre-school and Primary Education 3—11 Project（EPPE 3—11）：The Effectiveness of Primary Schools in England in Key Stage 2 for 2002，2003 and 2004. Full Report. London：Institute of Education，University of London. 2006. http：//eppe. ioe. ac. uk/eppe3 – 11/eppe3 – 11% 20pdfs/eppepapers/Tier% 20 1% 20full% 20report% 20 – % 20Final. pdf.

Effective Pre-school and Primary Education 3—11（EPPE 3—11）：The Effectiveness of Primary Schools in England in Key Stage 2 for 2002，2003 and 2004，Research Brief No. RBX06 – 06. Nottingham：DfES Publications. 2006. http：//eppe. ioe. ac. uk/eppe3 – 11/eppe3 – 11% 20pdfs/eppepapers/Tier% 20 1% 20Research% 20Brief. pdf.

Effective Pre-school and Primary Education 3—11 Project（EPPE 3—11）：Influences on Children's Attainment and Progress in Key Stage 2：Cognitive Outcomes in Year 5. Full Report. London：Institute of Education，University of London. 2007. http：//eppe. ioe. ac. uk/eppe3 – 11/eppe3 – 11% 20pdfs/eppepapers/Tier% 20 2% 20full% 20report% 20 – % 20Final. pdf.

Sammons，P.，Sylva，K.，Melhuish，E.，Siraj-Blatchford，I.，Taggart，B.，Grabbe，Y. and Barreau，S.（2007），*Effective Pre-school and Primary Education 3—11 Project（EPPE 3—11）Summary Report：Influences on Children's Attainment and Progress in Key Stage 2：Cognitive Outcomes in Year 5*. Research Report No. RR828. Nottingham：DfES Publications. http：//eppe. ioe. ac. uk/eppe3 – 11/eppe3 – 11% 20pdfs/eppepapers/Tier% 20 2% 20short% 20report% 20 – % 20Final. pdf.

Sammons，P.，Sylva，K.，Melhuish，E.，Siraj-Blatchford，I.，Taggart，B.，Grabbe，Y. and Barreau，S.（2007），*Effective Pre-school and Primary Education 3—11 Project（EPPE 3—11）：Influences on Children's Attainment and Progress in Key Stage 2: Cognitive Outcomes in Year 5*. Research Brief No. RB828. Nottingham: DfES Publications.

http: //eppe. ioc. ac. uk/eppe3 - 11/eppe3 - 11% 20pdfs/eppepapers/Tier% 20 2%20Research%20Brief. pdf.

Sammons, P. , Sylva, K. , Melhuish, E. , Siraj-Blatchford, I. , Taggart, B. , Barreau, S. and Grabbe, Y. (2007), *Effective Pre-school and Primary Education 3—11 Project (EPPE 3—11): Influences on Children's Development and Progress in Key Stage 2: Social/ behavioural Outcomes in Year 5*. Research Report No. DCSF - RR007. Nottingham: DfES Publications.

http: //eppe. ioe. ac. uk/eppe3 - 11/eppe3 - 11%20pdfs/Tier2%20Final%20 Report%20SOCS. pdf.

Sammons, P. , Sylva, K. , Melhuish, E. , Siraj-Blatchford, I. , Taggart, B. , Barreau, S. and Grabbe, Y. (2007), *Effective Pre-school and Primary Education 3—11 Project (EPPE 3—11): Influences on Children's Development and Progress in Key Stage 2: Social/ behavioural Outcomes in Year 5*. Research Brief No. DCSF-RB007. Nottingham: DfES Publications.

http://eppe. ioe. ac. uk/eppe3 - 11/eppe3 - 11%20pdfs/Tier2%20Research% 20Brief%20SOCS. pdf.

Effective Pre-school and Primary Education 3—11 Project (EPPE 3—11): Variations in Teacher and Pupil Behaviours in Year 5 Classrooms and Associations with School Characteristics. Full Report. London: Institute of Education, University of London. 2006.

http: //eppe. ioe. ac. uk/eppe3 - 11/eppe3 - 11% 20pdfs/eppepapers/Tier% 20 3%20full%20report%20 - %20Final. pdf.

Effective Pre-school and Primary Education 3—11 (EPPE 3—11) Summary Report: Variations in Teacher and Pupil Behaviours in Year 5 Classes. Research Report No. 817. Nottingham: DfES Publications.

http://eppe. ioe. ac. uk/eppe3 - 11/eppe3 - 11% 20pdfs/eppepapers/EPPE% 20 dfes%20Tier3%20Final%20summary%20research%20report. pdf.

Effective Pre-school and Primary Education 3—11 (EPPE 3—11): Variations in Teacher and Pupil Behaviours in Year 5 Classes: Research Brief No. RB817. Nottingham: DfES Publications. 2006.

http: //eppe. ioe. ac. uk/eppe3 – 11/eppe3 – 11% 20pdfs/eppepapers/Tier% 20 3% 20Research% 20Brief. pdf.

The Influences of School and Teaching Quality on Children's Progress in Primary School. Research Report DCSF RR07. Nottingham: DCSF Publications. 2007.

http://eppe. ioe. ac. uk/eppe3 – 11/eppe3 – 11% 20pdfs/eppepapers/DCSF – RR028. pdf.

The Influences of School and Teaching Quality on Children's Progress in Primary School. Research Report DCSF RB07. Nottingham: DCSF Publications. 2007.

http://eppe. ioe. ac. uk/eppe3 – 11/eppe3 – 11% 20pdfs/eppepapers/DCSF-RB028. pdf.

Tracking and Mobility over the Pre-school and Primary School Period: Evidence from EPPE 3—11. London: Institute of Education, University of London. 2008.

http: //eppe. ioe. ac. uk/eppe3 – 11/eppe3 – 11% 20pdfs/eppepapers/ TrackingMobilityl6Sept08. pdf.

Relationships Between Pupils' Self-Perceptions, Views of Primary School and their Development in Year 5. London: Institute of Education, University of London. 2008.

http: //eppe. ioe. ac. uk/eppe3 – 11/eppe3 – 11% 20pdfs/eppepapers/ RelationshipSelfPercpViewSchool16Sept08. pdf.

Influences on Pupils' Self-Perceptions in Primary School: Enjoyment of school, Anxiety and Isolation, and Self-image in Year 5. London: Institute of Education, University of London. 2008.

http: //eppe. ioe. ac. uk/eppe3 – 11/eppe3 – 11% 20pdfs/eppepapers/ Influences16Sept08. pdf.

Exploring Pupils' Views of Primary School in Year 5. London: Institute of Education, University of London. 2008.

http: //eppe. ioe. ac. uk/eppe3 – 11/eppe3 – 11% 20pdfs/eppepapers/ PupilsViewsYr5. pdf.

Final Report from the Primary Phase: Pre-school, School and Family Influences on children's development during Key Stage 2 (7—11). DCSFRR061. Nottingham:

The Department for Children, Schools and Families. 2008.
http://eppe.ioe.ac.uk/eppe3-11/eppe3-11%20pdfs/eppepapers/Final%20 3-11%20report%20DCSF-RR061%2027nov08.pdf.

Final Report from the Primary Phase: Pre-school, School and Family Influences on Children's Development During Key Stage 2 (7—11). DCSF RB 061. Nottingham: The Department for Children, Schools and Families. 2008.
http://eppe.ioe.ac.uk/eppe3-11/eppe3-11%20pdfs/eppepapers/Final%20 3-11%20rb%20DCSF-RB061%2027nov08.pdf. Published.

其他相关出版物

Harms, T., Clifford, R. E. and Cryer, D. (1998) *The Early Childhood Environment Rating Scale: Revised Edition* (1998). Available from Teachers College Press, Columbia University, 1234 Amsterdam Avenue, New York NY10027.

Sylva, K., Siraj-Blatchford, I. and Taggart, B. (2003) *Assessing Quality in the Early Years, Early Childhood Environment Rating Scale Extension (ECERS-E): Four Curricular Subscales* (2003) Nottingham: Trentham Books.

Early Years Transition and Special Educational Needs (EYTSEN) Technical Paper 1: Special Educational Needs across the Pre-school Period. 2002.

Early Years Transition and Special Educational Needs (EYTSEN) Technical Paper 2: Special Educational Needs in the Early Primary Years: Primary School Entry up to the End of Year One. 2004.

Early Years Transition and Special Educational Needs (EYTSEN) Technical Paper 3: Special Educational Needs: The Parents' Perspective. 2004.

附录4　不同时间点社会行为的测查内容

附表4－1　刚入幼儿园时社会行为的测查内容

合作与遵从	同伴交往
1. 帮助其他小朋友； 2. 听话、温顺； 3. 在游戏中遵守游戏规则； 4. 在游戏或其他活动中能够轮流； 5. 按照您的要求与人合作； 6. 遵守家庭规则和幼儿园规则； 7. 在有人提醒时会说“请”和“谢谢”； 8. 文静、随和； 9. 和别人分享玩具或自己的私人物品。	1. 理解他人的感受，如知道他人什么时候高兴、悲伤或生气； 2. 他人伤心时表示同情，他人不安时试图去安慰； 3. 能够很容易引起同伴的注意； 4. 对他人说一些轻松、好玩的事或者对他人态度友善； 5. 愿意和其他小朋友一起玩游戏； 6. 在社会交往活动中，倾向于在一边观看； 7. 请求或想去和其他小朋友一起玩； 8. 与其他小朋友一起玩游戏、说话。
自　　信	**反社会行为**
1. 坦诚，说话、做事直截了当； 2. 信任其他小朋友； 3. 常常为自己所做的事而自豪； 4. 对许多不同的事情感兴趣； 5. 喜欢和您谈话。	1. 捉弄其他小朋友，骂人； 2. 阻止其他小朋友遵守常规； 3. 威胁其他小朋友； 4. 爱发号施令，任性。

焦虑与忧郁
1. 当您给他或她提出游戏建议时，他或她要么皱眉、耸肩，要么撅嘴或跺脚； 2. 当您没有给他或她足够注意时他或她就不安； 3. 不作任何形式的抵制就接受了变化，或者接受变化时没有表现出明显的不高兴情绪； 4. 当没有得到足够的满足（包括足够的注意、玩具、食物或饮料等）时就开始焦虑。

附表4－2　刚入小学时社会行为的测查内容

独立性与专心程度	合作与遵从
1. **行动前考虑后果；** 2. **容易分心，注意力不集中；** 3. 完成一项任务后能够很快转入另外一个活动； 4. 能够独立选择需要的物品并在合适的时候归还这些物品； 5. **一直是动来动去、坐立不安；** 6. 面对难的或有挑战性的任务时坚持不懈； 7. 喜欢独立做事情，能够独立工作，直到最后没办法了才向老师或同伴求助； 8. **焦躁不安、过于活跃，不能较长时间保持不动；** 9. **坚持完成任务，注意力集中。**	1. 尝试进行公平游戏； 2. 听话、温顺； 3. 在游戏中遵守游戏规则； 4. 在结构化程度不强的活动中只需一次提醒就能够遵守规则； 5. 在游戏或其他活动中能够轮流； 6. 按照您的要求与人合作； 7. 遵守校规； 8. 在有人提醒时会说“请”和“谢谢”； 9. 文静、随和； 10. 能够很容易参与到同伴的小组活动之中； 11. 和别人分享玩具或自己的私人物品； 12. 不作任何形式的抵制就接受了变化，或者接受变化时没有表现出明显的不高兴情绪。

同伴交往	反社会行为/焦虑
1. 能够很容易引起同伴的注意； 2. 愿意和其他小朋友一起玩游戏； 3. 在社会交往活动中，倾向于在一边观看； 4. 请求或想去和其他小朋友一起玩； 5. 与其他小朋友一起玩游戏、说话； 6. 信任其他小朋友； 7. 愿意邀请其他小朋友一起玩游戏。	1. 当您给他或她提出游戏建议时，他或她要么皱眉、耸肩，要么撅嘴或跺脚； 2. 当您没有给他或她足够注意时，他或她就不安； 3. 捉弄其他小朋友，骂人； 4. 阻止其他小朋友遵守常规； 5. 威胁其他小朋友； 6. 当没有得到足够的满足（包括足够的注意、玩具、食物或饮料等）时就开始焦虑； 7. 爱发号施令，任性。

注：表中黑体部分来自古德曼（Goodman）的问卷。

附表 4 -3 小学一年级、二年级时社会行为的测查内容

自我调节	焦虑行为
1. **容易分心，注意力不集中；**	1. **经常抱怨说头痛、胃痛或不舒服；**
2. 在结构化程度不高的活动中能够遵守规则；	2. **总是担心，经常表现出焦虑不安的情绪；**
3. 完成一项任务后能够很快转入另外一个活动；	3. **经常不高兴、灰心丧气或者泪流满面；**
4. 能够独立选择需要的物品并在合适的时候归还这些物品；	4. **紧张，或者在新环境中爱缠着人，很容易失去自信；**
5. 能够很容易参与到同伴的小组活动之中；	5. **总是害怕，容易受到惊吓。**
6. 面对困难的或有挑战性的任务时能坚持；	
7. 喜欢独立做事情，能够独立工作；	
8. 小组活动时表现出领导能力；	
9. 能够负责完成一项任务。	
积极的社会行为	反社会行为
1. **顾及他人的感受；**	1. **焦躁不安、过于活跃，不能较长时间保持不动；**
2. **乐意与人分享（高兴的事、玩具、铅笔等）；**	2. **经常突然发脾气或脾气暴躁；**
3. **愿意帮助受伤、心烦或感到不舒服的人；**	3. **一直是动来动去、坐立不安；**
4. **善待年龄更小的儿童；**	4. **经常和其他同学打架或者威胁其他同学；**
5. **经常自愿帮助他人（老师、其他同学）；**	5. **经常撒谎或者骗人；**
6. 愿意邀请其他同学一起玩游戏；	6. **从家里、学校或其他地方偷东西；**
7. 说“请”和“谢谢”；	7. 文静、随和；
8. 能及时道歉；	8. 捉弄其他同学，骂人；
9. 当别人完成任务遇到困难时主动提供帮助；	9. 阻止其他同学遵守常规。
10. 他人不安时表示同情。	

注：表中黑体部分来自古德曼（Goodman）的问卷。

附表4-4　小学五年级、六年级时社会行为的测查内容

多　动	自我调节
1. **焦躁不安、过于活跃，不能较长时间保持不动；**	1. 喜欢独立做事情，很少寻求帮助；
2. **一直动来动去、坐立不安；**	2. 不需要别人来帮助完成任务；
3. **容易分心，注意力不集中；**	3. 自主选择活动；
4. **行动前考虑后果；**	4. 面对困难任务时能坚持；
5. **坚持完成任务，注意力集中；**	5. 完成一项任务后能够很快转入另外一个活动；
6. 对他或她正在做的事很快失去兴趣；	6. 坦诚，说话、做事直截了当；
7. 过于兴奋；	7. 信任他人；
8. 很容易泄气；	8. 小组活动时表现出领导能力；
9. 冲动，不加考虑就行动；	9. 能够负责完成一项任务。
10. 在结构化程度不高的课上能够遵守规则；	
11. 很难集中注意力；	
12. 因粗心犯错。	
亲社会行为	反社会行为
1. **顾及他人的感受；**	1. **经常和其他同学打架或者威胁其他同学；**
2. **乐意与人分享（高兴的事、玩具、铅笔等）；**	2. **经常撒谎或者骗人；**
3. **愿意帮助受伤、心烦或感到不舒服的人；**	3. **从家里、学校或其他地方偷东西；**
4. **善待年龄更小的儿童；**	4. 恶意破坏公物或者毁坏一些物品；
5. **经常自愿帮助他人（老师、其他小朋友）；**	5. 对他人表现出不合适的性行为；
6. 能及时道歉；	6. 触犯法律。
7. 在别人完成任务遇到困难时主动提供帮助；	
8. 他人不安时表示同情。	

注：表中黑体部分来自古德曼（Goodman）的问卷。

附录 5　多重不利评价量表

《多重不利评价量表》（*the Multiple Disadvantage Index*）由幼小衔接与特殊教育需要项目（Early Years Transition and Special Educational Needs，EYTSEN）研发，该项目重点研究如何鉴定特殊教育需要“高危”儿童（Sammons et al.，2004b）。这个量表共有 10 个指标，包括三个儿童变量、六个父母变量和一个与早期家庭学习环境有关的变量。之所以选择这些变量，是因为经过分析它们各自都与低的初始发展水平（low baseline attainment）有关。虽然有些指标之间关系密切，如第一语言就与族裔关系密切，但这里只包含了最重要的指标。

儿童自身变量

（1）第一语言：英语为第二语言（EAL）；

（2）大家庭：家里有三个及以上的兄弟姐妹；

（3）早产或低出生体重。

父母变量

（1）母亲的最高学历：没有学历；

（2）父亲职业的社会地位：半技术性工作、无技术性工作、未曾就业、父亲缺席；

（3）父亲失业；

（4）低龄母亲（EPPE 样本儿童出生时母亲的年龄在 13—17 岁之间）；

（5）单亲父母；

（6）母亲没有工作或失业；

（7）低水平的早期家庭学习环境。

附录6　幼儿园、家庭收入、父母职业地位影响效果的比较

EPPE 项目收集了样本儿童父母的年平均收入（税前），并按照收入分为七个组（另有一个“未知”组，即这些家长没有提供收入详情）。这样对父母收入进行分类使我们有可能直接在多层模型中比较幼儿入园时间长短对其产生的影响。这些收入信息是在 2001—2002 年间收集的，与当时的收入水平有关。

从附表 6－1 我们可以看到，父母的收入与幼儿前阅读水平的关系比与口语水平的关系更加紧密，而且，只在无收入组（包括只领取救济金的父母）和父母双方总收入较高组（即收入为 37 500—66 000 英镑和 67 500 英镑以上两组）之间差异显著。对最高收入组儿童的前阅读能力的效应值从中到大，而在园时间长对口语发展水平的积极影响更大。

附表 6－1　父母收入和在园时间的效应值比较

收入—与报告没有收入比较（包括没有工作、失业、父母缺失等）	前阅读	口语
2 500—15 000 英镑	0.066	0.057
17 500—27 500 英镑	0.177*	0.091
30 000—35 000 英镑	0.143	0.113
37 500—66 000 英镑	0.315*	0.140
67 500 英镑以上	0.502*	0.222*
收入未知组（NK）	0.014	0.103
有资格获得免费校餐（与没有资格获得免费校餐比较）	-0.127*	-0.103
在园时间（与未上过幼儿园即“居家”儿童比较）		
1 年以下	0.123	0.456*
1—2 年	0.255*	0.379*
2—3 年	0.361*	0.421*
3 年以上	0.403*	0.591*

* $p < .05$

我们的研究结果表明，在园时间不到1年对前阅读发展成果的效应值为0.123，比家庭收入为17 500—27 500英镑（相对于无收入）的效应值略小一点。有趣的是，在园时间不到1年对口语发展成果的效应值显著大于对前阅读发展成果的效应值，而高家庭收入对口语发展成果的影响较小。

我们又检验了父母职业地位的效应值，结果显示，总体上看父母职业地位比家庭收入和在园时间的效应值都要小。父母的职业地位与前阅读发展成果显著相关，父母双方都有工作则产生中等程度的积极效应（控制了其他主要预测因素的影响之后），但在园时间的净效应更大。

此外，我们还分析了不同幼儿园质量和在园时间对儿童在入小学初的发展水平的效应值产生的影响效果。幼儿园的质量按照《学前教育环境等级量表增补版》和《学前教育环境等级量表修订版》的总得分分为低（最差的20%）、中等（中间的60%）和高（最好的20%）三个等级。在每个质量等级的幼儿园，儿童又按照在园时间进行进一步的分组。值得注意的是，由于低质量组的人数相对较少，所以对在园时间的分类相对宽一些，否则无法直接比较低质量、在园时间短的影响。附表6－2列出的是每个小类的净效应。

附表6－2　质量与在园时间效应值的比较

幼儿园组（与幼儿园低质量、未上幼儿园即居家相比）	前阅读	口语
质量低、在园时间短（<24个月）	0.254	0.602*
质量低、在园时间一般（24—36个月）	0.293*	0.540*
质量低、在园时间长（36个月以上）	0.368*	0.529*
质量中等、在园时间非常短（<12个月）	0.153	0.459*
质量中等、在园时间一般（24—36个月）	0.331*	0.459*
质量中等、在园时间长（36个月以上）	0.479*	0.528*
质量高、在园时间非常短（<12个月）	0.545*	0.672*
质量高、在园时间短（12—24个月）	0.256*	0.338*
质量高、在园时间一般（24—36个月）	0.346*	0.535*
质量高、在园时间长（36个月以上）	0.622*	1.010*

*p <.05

从附表6－2中我们可以看出，相比于居家组来说，所有质量等级和所有在园时间长度都呈现出显著的正向效应。总体来说，如果不考虑质量因素的影响，在园时间越长效果越大。当质量高和在园时间长相互结合后，影响效果更大，其中对口语的效应值特别大（1.010），对前阅读的效应值也很大（0.622）。要想单独区分质量效应，我们就可以计算质量低、在园时间长和质量高、在园时间长之间的净差异。质量对口语影响效应（1.01—0.53）的净差异大约为0.48，而对前阅读影响效应的净差异相对小一点，只有大约0.25（0.62—0.37）。

EPPE项目的早期分析为质量得分建了模，在对儿童入园后获得的认知发展进步进行增值分析时，所有的质量得分可以被看成一个连续变量（居家组不在这些模型之中）。分析结果证明，质量（用《学前教育环境等级量表增补版》工具测出的分数）可以独立产生显著效应，比在园时间的效应要大。质量高和在园时间长的共同效应比家庭收入最高组的效应更大。

另外一种方法是在控制所有观测到的儿童自身、父母、家庭和其他背景特征因素的影响之后，单独分析幼儿园在促进儿童认知发展进步程度中的有效性。有效性方面的差异反过来说明幼儿园之间存在广泛的差异。幼儿园的剩余效应可以看做是所有质量差异的累积效应的一个替代指标，而不仅仅只是指用某一工具观测到的效应。

对前阅读来说，幼儿园剩余效应的范围是前阅读得分表上的10.43，这个数值是接近正态分布时最好和最差质量幼儿园之间的差。一般将低于质量平均得分一个标准差的幼儿园定为“差”幼儿园，高于平均得分一个标准差的幼儿园为“好”幼儿园，那么，“好”和“差”幼儿园之间的差距就是两个标准差，即4.2。这个数值可以看做是（区分好幼儿园和差幼儿园的）质量效应值。这是一个相对保守的估计值，因为它大大小于最好和最差幼儿园之间的质量差距，而且，用来比较的两类幼儿园其质量水平在幼儿园中是比较常见的。幼儿园质量对前阅读发展水平的效应值（4.2）相当于大约4.15个月的发展差距。

通过类似方法的计算，幼儿园质量对口语发展的效应值相当于2.48个月的发展差距，对早期数概念发展的效应值相当于3.36个月的发展差距。

计算对不同儿童群体的效应值，使我们有可能比较同伴、父母或家庭等方面特征产生的影响。父母收入和在园时间效应值之间的比较与政策特别有关。除此之外，这里报告的分析结果也拓展了有关不同幼儿园质量和在园时间的影响的研究。

附录7　词汇表

年龄标准分（Age standardized scores）。年龄标准分是在测验中考虑儿童年龄的影响而修正的评价分数。年龄标准分可以用来比较个别学生和具有全国代表性的同年龄样本组之间的表现，在本研究中指的就是EPPE样本儿童的相对发展成就。

基线调查（Baseline measures）。基线调查指的是对EPPE样本儿童刚参与研究时进行的测评，测评分数作为初始发展水平用于后来对学生认知发展进步进行的增值分析。

出生体重（Birth Weight）。我们将出生体重分为三个等级：2 500克以上为正常出生体重，1 501—2 500克为低出生体重，1 500克以下为出生体重严重不足（Scott and Carran，1989）。

英国能力量表（British Ability Scales，BAS）。这是一套由英国NFER-Nelson编制的用于评价幼儿能力的量表。其中用于刚参与EPPE项目研究和刚进入预备班年龄的儿童测评的量表有：

（1）积木搭建（Block building）——视觉感知匹配，特别是空间定向技能（只在儿童刚参与EPPE研究时使用）；

（2）词汇命名（Naming vocabulary）——表达性言语和命名知识；

（3）模型建构（Pattern construction）——非言语推理和空间视觉感知（只在儿童入预备班时使用）；

（4）图片相似性（Picture similarities）——非言语推理；

（5）早期数概念（Early number concepts）——使用前数字概念或数字概念的知识和问题解决；

（6）临摹（Copying）——视觉—感知匹配和精细肌肉协调，特别用于测查非英语儿童；

（7）言语理解（Verbal comprehension）——接受性言语，对言语指导（包括基本的语言概念）的理解。

保教人员互动量表（Caregiver Interaction Scale，CIS，Arnett，1989）。保教人员互动量表是专门用来评价师幼互动的量表，在持续观察一段时间以后再施测，包括“积极关系”“放任”“惩罚”和“游离关系”四个分量表26个项目。“积极关系”表示师幼互动的积极方面，而其他三个分量表表示师幼互动的消极方面。

幼儿园层面的变异（Centre/School level variance）。儿童的某项发展成果（即儿童刚入小学时在前阅读上的得分）的差异部分归因于所在幼儿园之间的差异而不是儿童之间的差异。

儿童背景因素（Child background factors）。儿童背景因素是指儿童的年龄、出生体重、性别以及族裔等。

情境化模型（Contextualised models）。情境化模型是用于分析儿童入小学时认知发展成果的横向多层模型，这类分析控制了儿童自身、父母和家庭学习环境等方面特征的影响作用，但没有控制儿童先前的认知发展水平的影响作用。

控制影响（Controlling for）。某一发展成果可能受到几个因素的影响，而这几个因素相互之间也可能存在一定的相关性。多层统计分析可以通过考虑其他变量的影响计算出某个变量对某一发展成果产生的影响效果。这样就能够确定控制其他变量之后获得某一变量对某一成果的净效应。

相关（Correlation）。相关是用来描述两个测量值（如年龄与发展成果）之间在统计意义上的关系的特征值，其范围在 +1 和 -1 之间。

在园时间（Duration of pre-school）。在增值模型分析中，在园时间是指儿童从参与 EPPE 研究、接受《英国能力量表》测评开始，到入小学时之间的这段时间。需要注意的是，儿童在参与 EPPE 项目研究之前上幼儿园的时间并没有计算在内。我们对包括儿童在参与研究之前上幼儿园时间在内的总的在园时间单独进行检验，结果发现，这个总的在园时间的影响效果并不显著（但这个总的在园时间与先前的发展水平之间的关系无法分清）。在情境化模型中，在园时间指的是进入目标幼儿园到入小学时之间的时间。在园时间的数值提供了有关幼儿园经历时间长度的大致指标。

学前教育环境等级量表修订版（ECERS-R）和增补版（ECERS-E）。

《学前教育环境等级量表修订版》（Harms et al.，1998）基于以儿童为中心的教育理念设计，也评价户内、户外游戏的资源。英国开发的等级量表《学前教育环境等级量表增补版》（Sylva et al.，2003，2006）是对修订版的补充，是根据《理想的学习成果》（被早期学习目标代替）和《基础阶段课程指南》制定的，专门用于 EPPE 项目研究。

教育有效性（Educational effectiveness）。在控制儿童特征的影响的基础上探讨教育机构在促进儿童多种学习成果（主要是学业成绩）方面有效性的一种研究设计（见 Teddlie and Reynolds，2000）。

效应值（Effect sizes，ES）。效应值是表示研究中不同预测因素与儿童发展成果之间相关程度的数值，通常以标准差为单位。详细讨论请参考埃利奥特和萨蒙兹的相关研究（Elliot and Sammons，2004）。

家庭因素（Family factors）。母亲的学历、父亲的就业状况和家庭社会经济地位等都属于此因素。

资料的分层属性（Hierarchical nature of the data）。所有研究资料被编入一个分析系统中事先确定的各个组或类之中（也就是说，儿童按照地区、幼儿园或小学进行分类）。

家庭学习环境特征（Home learning environment characteristics）。家庭学习环境特征是一个描述儿童在家活动（如玩数字或字母游戏、唱歌、念儿歌等）的研究变量，这个变量的值来源于家长的报告（通过访谈或父母问卷获得）。

干预研究（Intervention study）。在干预研究中，研究者通过对样本的干预获得控制变量，也就是说，为了比较不同类型幼儿园的某些特定师幼比，有意控制幼儿园的师幼比例。但 EPPE 项目不是干预研究，而是调查幼儿园中自然发生的各种变量。

幼儿园内部相关性（Intra-centre/school correlation）。幼儿园内部相关性用于测量来自同一所幼儿园的儿童发展水平之间相似的程度（与来自不同幼儿园的儿童发展水平的相似程度相比）。对幼儿园内部相关性的分析结果可以证明，儿童进步中某些未解释的变异（即仅用先前的发展水平无法解释的差异）可能是幼儿园之间的差异造成的。这也表明幼儿园有效性的确可能存在差异。

多层模型（Multilevel modelling）。多层模型是一种数据分析方法，使一个系统内不同层次的数据（将儿童按地区、幼儿园或小学进行分类）可以同时得到分析和检验，本质上是多元回归分析的一种模式。

多重不利（Multiple disadvantage）。独立检验分析发现，三个儿童自身的变量、六个父母变量和一个与家庭学习环境有关的变量与将来可能出现某些“高危”倾向有关，儿童的多重不利是用儿童出现上述不利指标的数量总和来表示的。

多元回归（Multiple regression）。多元回归是一种根据观测到的成果得分和一个或多个预测变量之间的统计关系预测成果得分的方法。

净效应（Net effect）。净效应是指在控制其他变量影响的前提下某一个变量对成果的独特贡献量。

前阅读成绩（Pre-reading attainment）。前阅读成绩是将语音意识（首韵和尾韵）和字母认读的测评得分加起来的分数。

先前成果因素（Prior attainment factors）。先期成果因素是指儿童在某个阶段或时期之初（也就是说，在入小学、中学或者刚参与 EPPE 研究时）的发展成果。

幼儿园质量（Quality of pre-school）。幼儿园质量是由研究者运用观察量表《学前教育环境等级量表修订版》《学前教育环境等级量表增补版》《保教人员互动量表》测得的幼儿园质量的分值。

教学质量（Quality of teaching）。教学质量是指使用 IEO（Stipek）和 COS-5（Pianta）等工具在五年级课堂观测到的分数。

取样程序或过程（Sampling profile/procedures）。EPPE 研究的样本由以下几个部分构成：

（1）在全国随机选取的五个地区（由六个地方政府管理），但注意到城市、农村和内城地区的代表性。

（2）幼儿园是在某一地区的六种目标类型幼儿园（托儿班、托儿学校、公立日托中心、私立日托中心、游戏小组和综合中心）中随机选取的。

显著性水平（Significance level）。这是判断不同组别儿童、不同类型幼儿园得分之间的差异是否是偶然因素引起的标准，最常见的标准是 95% 的水平（$p<.05$）。也就是说，100 个样本资料中有 95 个期望值符合“真实”值（即由偶然因素引起的差异只有二十分之一的可能性）。

社会行为发展（Social/behavioural development）。社会行为发展是由幼

儿园教师测评的儿童与成人、与其他儿童“交往”的能力以及在其他人面前的行为表现。

社会经济地位（Socio-economic status，SES）。在招募儿童参与这项研究时，我们通过家长访谈收集了家长的职业信息。人口普查办公室（the Office of Population Census and Survey，OPCS，1995）的职业分类系统将父母从事的职业分为八个组别：专业人员 I、其他非体力劳动专业人员、非体力劳动的技术工人 III、技术工人 III、半技术的体力劳动者 IV、无技术的体力劳动者 V、无业和未填写。家庭社会经济地位按职业地位最高的那位家长的情况对照社会经济地位分类获得。

标准差（Standard deviation，sd）。标准差是指一组数据分布与平均值的离散程度。在正态分布时，68%的数据在一个标准差的范围内，95%的数据在两个标准差的范围内。

英国能力量表总得分（Total BAS score）。将儿童刚参与研究时在四个《英国能力量表》分量表（两个言语量表和两个非言语量表）的得分加起来就获得一个认知能力总得分，可以用于计算机处理。这个总得分代表总体认知能力。

增值模型（Value added models）。增值模型是一种纵向多层模型，用于分析在控制了儿童的先前发展水平和儿童自身、父母和家庭学习环境等方面的重要特征之后，儿童认知学习的进步程度。

幼儿园有效性的增值残余量（Value added residuals：pre-school effectiveness）。幼儿园有效性的增值残余量是指幼儿园的预期效果和实际效果之间的差异（预期效果是使用增值模型计算出来的）。

小学学业成绩有效性的增值残余量（Value added residuals：primary school academic effectiveness）。小学学业成绩有效性的增值残余量是指从第一学段到第二学段小学生的预期学业进步和实际学习进步之间的差距（见 Melhurish et al.，2006a，2006b）。

附录8　专有名词中英文对照表

Abecedarian full-day care programme	初学者全日制保育方案
Adaptive Social Behaviour Inventory, ASBI	《社会适应行为评估表》
additional effect	附加效应
age-adjusted	经年龄校正的
Anti-social behaviour	反社会行为
area deprivation	地区缺陷
assessment point	评估点
at-risk children	“高危”儿童
Audit Commission	审计署
baseline measurement	基线调查
best evidence synthesis	最佳证据综合法
Birth Cohort Study	出生组群研究
Birth to Three Framework	《0—3 岁计划》
Birth to Three Matters	《0—3 岁很重要》
British Ability Scale Ⅱ, BAS Ⅱ	《英国能力量表Ⅱ》
British Ability Scale, BAS	《英国能力量表》
Cabinet Office	内阁办公室
Caregiver Interaction Scale, CIS	《保教人员互动量表》
Childcare Review	《学前儿童保育审查报告》
Children at risk	“高危”儿童
childminder care	育儿员照看
Children's Centre programme	儿童中心计划

续表

Child Care Act	《儿童保育法案》
Child Health Education	儿童健康教育研究
childminders	育儿员
Children's Plan	《儿童规划》
Children's Services	儿童服务部门
Children's Trusts	《儿童托管法案》
Children's Workforce Strategy	《儿童工作者计划》
Child Social Behavioural Questionnaire	《儿童社会行为问卷》
Choice for Parents, The Best Start for Children: A Ten Year Strategy for Childcare	《为父母提供选择，儿童的最佳起点：学前教育十年战略》
Code of Practice for Special Educational Needs	《特殊教育实用手册》
Code of Practice on the Provision of Free Nursery Education Places for Three-and Four-Year-Olders	《为3—4岁幼儿免费开放保教场所实用手册》
common entitlement curriculum	普通授权课程
contextual models	情境模型
Cost, Quality and Childcare Outcomes	成本、质量及保教成果研究
Counting to Five: Education of Children Under Five	数到5：5岁前的教育
cycle of disadvantage	处境不利怪圈
Curriculum Guidance for the Foundation Stage, CGFS	《基础阶段课程指南》
Department of Children, Schools and Families	儿童、学校与家庭部
Department for Education and Employment, DfEE	教育与就业部
Department of Education and Skills	教育与技术部
Department of Education in Northern Ireland, DENI	北爱尔兰教育部门
Desirable Learning Outcomes, DLO	《理想的学习成果》
Desirable Learning Outcome for Pre-school Education	《理想的学前教育成果》
Early Childhood Environment Ratings Scale, ECERS	《学前教育环境等级量表》
Early Children Environment Rating Scale Extension, ECERS-E	《学前教育环境等级量表增补版》

续表

Early Children Environment Rating Scale Revised, ECERS-R	《学前教育环境等级量表修订版》
Early Excellence Centres, EECs	早期培优中心
Early Head Start, EHS	早期开端计划
Early Learning Goals, ELGs	早期学习目标
Early Years Childcare and Development Partnerships	早期发展与保育协作关系
Early Years Consultative group	早期教育顾问组
Early Years Foundation Stage, EYFS	《早期奠基方案》
Early Years Professional, EYP	早教师
Early Years Specialists	学前教育专家
Early Years Transition and Special Educational Needs, EYTSEN	幼小衔接与特殊教育需要
Early Years Professional Status, EYPS	早教师专业资格
Educational Action Zone	教育行动区
English as an additional language, EAL	英语作为第二语言
English National Curriculum	《英国国家课程》
evidence-based policy	循证政策
extended school	延展学校
Education and Library Board	教育与图书馆委员会
educational disadvantage	教育不利
Effective Pre-school, Primary and Secondary Education	有效学前、小学与中学教育项目
Effective Provision of Pre-school Education, EPPE	有效学前教育项目
Effective Pre-school Provision in Northern Ireland, EPPNI	北爱尔兰有效学前教育项目
effect size, ES	效应值
emergent literacy	读写萌发
Equalities Review	平等审查组
Every Child Matters	《每个孩子都重要》
experimental randomized controlled trial, RCT	随机对照实验

续表

Extension to the Nursery Education Grant for 3 year olds	（扩展到）3 岁儿童接受学前教育津贴
father absent	父亲缺席
feedback loop	反馈循环
Field Officer	实地调查员
Foundation Phase	基础阶段
Foundation Stage，FS	《奠基方案》
free school meal，FSM	免费校餐
General Certificate of Secondary Education，GCSE	普通中等教育证书
General Cognitive Ability，GCA	一般认知能力
Graduate Leader Fund	大学毕业生领袖基金
group pre-school education and care	集体学前保育和教育
group care	集体照料
High/Scope programme	高瞻课程
home children	居家儿童
higher psychological processes	高级心理过程
home learning environment	家庭学习环境
House of Commons' inquiry into Early Years	《下议院学前教育咨询报告》
Hyperactivity behaviour	多动行为
Inclusive Schooling：Children with Special Educational Needs	《全纳学校教育——有特殊教育需要的学生》
ideographic knowledge	具象知识
Index of Home Learning Environment，IHLE	家庭学习环境指数
Index of Multiple Deprivation，IMD	综合贫困指数
Inner London Education Authority，ILEA	内伦敦教育局
inter-rater reliability	评价者信度
iterative triangulation	三角互证
Key Stage 1	第一学段

续表

Key Stage 2	第二学段
Key Stage 3	第三学段
Leadership for Learning	学习领导力
Local Authorities, LAs	地方政府
Local Authority Education or Social Services Department	地方政府的教育或社会服务部门
low birth weight, LBW	低出生体重
medical disability	医学失能
Meeting the Childcare Challenge, The National Childcare Strategy	《迎接学前教育的挑战：国家学前教育战略》
Millennium Cohort Study, MCS	新千年出生组群研究
Multilevel model	多层模型
multiple disadvantage	多重不利
National Child Development Study	(英国) 国家儿童发展研究
National Institute of Child Health and Development, NICHD	(美国) 国家儿童健康与发展研究所
National Numeracy Strategy	(英国)《国家数学教育实施方案》
National Primary Strategy	《国家小学教育实施方案》
National Standards for Under 8s Day Care and Childminding	《8岁前儿童保育国家标准》
Neighbour Nurseries Initiative	《邻里托儿所改革方案》
net effect	净效应
nomothetic knowledge	常规知识
Nursery Education: The Next Steps	托儿所教育：接下来的步骤
Nursery Nursing Education Board, NNEB	托儿所保教委员会
nursery classes and schools	托儿班或托儿学校
Nursery Education Grant for 4 year olds	4岁儿童接受学前教育津贴
Office for Standards in Education, Ofsted	教育标准办公室

续表

Parliamentary Select Committees	议会特别委员会
Perry Preschool study	佩里学前教育研究
pedagogy	教学法
Perry Pre-school Project	佩里学前教育方案
playgroups	游戏小组
pre-schools	幼儿园
Pre-school Learning Alliance	学前机构学习联盟
process quality	过程质量
program structure	课程结构
Promoting Equality in the Early Years	《增进儿童早期的平等》
Pro-social behaviour	亲社会行为
proxy measures	替代指标
Qualified Teacher Status，QTS	教师资格证
randomized controlled trial，RCT	随机对照实验
raw average scores	原始平均得分
reception classes	小学预备班
Researching Effective Pedagogy in Early Years，REPEY	学前教育有效教学研究
resilience	抗逆力
Rose Review of Primary Education	《罗斯小学教育报告》
Rumbold Report	《朗博尔德报告》
School Effectiveness	学校有效性
schoolification	学校化
School Improvement	学校改进
school readiness	入学准备
Select Committee	特别委员会
selective attrition	选择性耗损
self-regulation behaviour	自我调节行为
social cohesion	社会凝聚力
social mix	社会融合

续表

socio-economic spectrum	社会经济光谱
socio-pedagogy	社会教学法
special educational needs，SEN	特殊教育需要
Special Educational Needs Code of Practice on the Identification and Assessment of Special Educational Needs	《特殊教育需要鉴定和评估实务手册》
Special non-verbal composite	特殊非言语综合能力
standard of provision	办学标准
Starting Strong Ⅱ	《优良开端（2）》
Start Right	《正确开端》
'Start Right' Enquiry	正确开端研究
Steering Committee	指导委员会
Strengths and Difficulties Questionnaire	《强项与弱项问卷》
strong cognitive risk	严重认知风险
Sure Start	确保开端计划
Sure Start Children's Centres	确保开端儿童中心
Sure Start Local Programmers	确保开端地方项目
sustained shared thinking	保持共同思考
Target Child Observations	《目标儿童观察量表》
Technical Papers	技术报告
Te Whāriki	新西兰《幼儿教育课程大纲》
Tracking Officer	目标追踪员
Transformation Fund	改革基金
Treasure Spending Reviews	（英）财政部支出审查
Tukey's Honestly Significant Difference	图基 HSD 检验
value added	增值
Vulnerability	脆弱性
Vulnerable children	弱势儿童
universal services	普及服务
Warnock Report	《沃诺克报告》
working parents	劳工家长

出 版 人　所广一
责任编辑　白爱宝　王春华
版式设计　沈晓萌
责任校对　曲凤玲
责任印制　叶小峰

图书在版编目（CIP）数据

学前教育的价值：关于学前教育有效性的追踪研究／（英）西尔瓦（Sylva，K.）等主编；余珍有，易进译．北京：教育科学出版社，2011.11（2019.4 重印）
书名原文：Early Childhood Matters：Evidence from the Effective Pre-school and Primary Education Project
ISBN 978－7－5041－6006－5

Ⅰ.①学…　Ⅱ.①西…　②余…　③易…　Ⅲ.①学前教育—教学研究　Ⅳ.①G612

中国版本图书馆 CIP 数据核字（2011）第 172413 号

北京市版权局著作权合同登记　图字［01－2011－0593］

学前教育的价值——关于学前教育有效性的追踪研究
XUEQIAN JIAOYU DE JIAZHI——GUANYU XUEQIAN JIAOYU YOUXIAOXING DE ZHUIZONG YANJIU

出版发行	教育科学出版社		
社　　址	北京·朝阳区安慧北里安园甲 9 号	市场部电话	010－64989572
邮　　编	100101	编辑部电话	010－64989395
传　　真	010－64989419	网　　址	http://www.esph.com.cn
经　　销	各地新华书店		
制　　作	北京金奥都图文制作中心		
印　　刷	保定市中画美凯印刷有限公司		
开　　本	720 毫米×1020 毫米　1/16	版　　次	2011 年 11 月第 1 版
印　　张	20	印　　次	2019 年 4 月第 2 次印刷
字　　数	305 千	定　　价	58.00 元

Original English Title:
Early Childhood Matters: Evidence from the Effective Pre-school and Primary Education Project
By Kathy Sylva, Edward Melhuish, Pam Sammons, Iram Siraj-Blatchford and Brenda Taggart